David Kusek
Gerd Leonhard

DIE ZUKUNFT DER MUSIK

Warum die digitale Revolution die Musikindustrie retten wird

aus dem Amerikanischen von Gabriele Ruttloff

Die Originalausgabe erschien 2005 unter dem Titel „*The Future Of Music - Manifesto for the digital music revolution*"
bei Berklee Press, Boston

© 2005 David Kusek und Gerd Leonhard

© Für die deutsche Ausgabe
2006 Musikmarkt GmbH & Co. KG, München

Übersetzung: Gabriele Ruttloff, Wallisellen, Schweiz, grmedia.biz

Redaktionelle Bearbeitung: Markus Lohmüller, Margaretha Löffler, Martin Schrüfer

Alle Rechte vorbehalten

Umschlaggestaltung: David Ehlers und Rob Heath

Nachdruck, auch auszugsweise, nur mit ausdrücklicher Genehmigung des Verlages

Druck: Vereinigte Verlagsanstalten GmbH, Niederlassung Wesel Kommunikation, Baden-Baden

ISBN: 3-9811024-0-1

Stimmen aus der Branche

„Alle die keine Angst vor Veränderung haben, werden in diesem Buch Chancen für die Musikwirtschaft entdecken, alle die den Status quo retten wollen, werden es hassen. Das spricht eindeutig für David Kuseks und Gerd Leonhards ‚Die Zukunft der Musik'."
Tim Renner, Geschäftsführender Gesellschafter motor entertainment GmbH, Berlin

„‚Die Zukunft der Musik' erklärt deutlich und prägnant, was mit der Art und Weise passieren wird, wie wir Musik konsumieren. Falls noch jemand in Zukunft Musik von glänzenden Plastikscheiben hören will, wird er einen Schock erleben."
Dave Goldberg, Senior Vice President and General Manager, Music, Yahoo!

„‚Die Zukunft der Musik'" bietet eine fesselnde und provokative Zukunftsvision für eine Industrie, die sich dringend neu erfinden muss. Kusek und Leonhard zeichnen ein Bild des Musik-Business von morgen, das zugleich dynamisch und herausfordernd ist, sich ständig verändert und in seinen Potenzialen uneingeschränkt ist."
Eric Beall, Vice President Sony/ATV Music

„Manche werden dieses Buch kontrovers finden, andere werden es eine Prophezeiung nennen. Egal, wo diese Revolution anfängt oder endet, die Industrie muss lernen, ihre Konsumenten zu respektieren und auf sie zu reagieren. Dieses Buch enthält wertvolle Einsichten für uns alle."
Steve Schur, Worldwide Executive of Music, Electronic Arts

„Gerd ist einer der wenigen, die verstanden haben. Er hat eine richtige und klare Vision davon, wohin sich die Entertainment-Branche entwickelt. Jeden Monat gibt es einen wichtigen Fortschritt in der Branche, die seinen Ansatz und seine Voraussagen bestätigt."
Paul Hoffert, Vice President Hoffert Communications Corp.

Zum Buch

In den vergangenen Jahren mußte die Tonträgerbranche nicht nur Umsatzeinbußen einstecken, sondern auch harsche und teilweise ungerechtfertigte Kritik: Zu unflexibel, zu teuer, zu abgehoben, zu technologiefeindlich lauteten vielerorts die Urteile – gerade die Hardware-Branche und auch Konsumenten nahmen kein Blatt vor den Mund. Klammheimliche Schadenfreude über das angeblich längst feststehende Sterben der Plattenfirmen gehörten und gehören zum Standardrepertoire.

Die beiden Musikexperten David Kusek und Gerd Leonhard widersprechen dieser Aussage energisch und stellen in ihrem internationalen Bestseller "The Future Of Music", der nun erstmals in deutscher Übersetzung vorliegt, ihr ebenso revolutionäres wie provozierendes Modell der zukünftigen Musikvermarktung vor. "Music like water" – freifließend, für alle jederzeit und an jedem Ort verfügbar und dennoch präzise abrechenbar!

Dieses Modell stellt die bisherigen Grundlagen der Tonträgerbranche in Frage und wird entsprechend polarisieren. Der Musikmarkt Verlag will mit der Publikation von "Die Zukunft der Musik" einen Diskussionsbeitrag zu einer Debatte liefern, in der es um nicht weniger als die künftige Existenz der Tonträgerbranche geht. Ideen und Visionen, die heute noch utopisch erscheinen, könnten vielleicht morgen schon die Basis für neue Geschäftsmodelle im 21. Jahrhundert bieten.

Kuseks und Leonhards Thesen sind es jedenfalls wert, sich mit ihnen intensiv auseinanderzusetzen. Das große internationale Echo, das die Veröffentlichung der Originalausgabe erhielt, ist eindrucksvoll. "Das in klaren Worten geschriebene und bahnbrechende Buch ist das erste Major-Statement über die neue digitale Realität der Musikindustrie der Zukunft", urteilte beispielsweise das Branchenblatt "Publisher's Weekly". Wir freuen uns auf eine spannende Diskussion.

Musikmarkt Verlag, München, September 2006

Inhalt

1. Musik wie Wasser 1
2. Unsere Top 10 Wahrheiten über das Musikbusiness 19
3. Die gängigen Mythen der Musikindustrie - und wie sie in Zukunft aussehen könnten 35
4. Die Zukunft von Musik-Marketing und Promotion 56
5. Die Zukunft von Musikvertrieb und Akquisition 80
6. Die Digitalen Kids und der Wandel des Marktes 97
7. Das neue Wirtschaftssystem der Musik 107
8. Die Technologie verkabelt das Musikbusiness neu 139
9. Megatrends, die die Zukunft der Musik beeinflussen werden 161
10. Auf in die Zukunft 175
11. Die Autoren 178
12. Danksagungen 181

Entdecken Sie

- die wahren Gründe, warum die Platten-/Musikindustrie heute so viele Probleme hat
- legale Alternativen zu Downloads von illegalen Musikdiensten
- coole Methoden, neue Musik zu entdecken und mit Ihren Lieblingskünstlern in Kontakt zu treten
- wie Jugendliche das Bild des Musikmarketings verändern
- wie die Plattenindustrie Sie soweit bringt, Musik zu kaufen
- warum Videospiele mehr Einfluss auf die Musik haben als Radiosender
- wie Sie von dem Boom der digitalen Musik profitieren können
- die Top 10 Wahrheiten über die Musikindustrie, die Ihnen bisher unbekannt waren
- was Musik vom Kabelfernsehen lernen kann
- wie Technologie das Musikbusiness komplett umkrempeln wird

Musik wie Wasser

DIE ZUKUNFT DER MUSIK

Wir schreiben das Jahr 2015. Sanft werden Sie von einer vertrauten Melodie geweckt, die Sie gutgelaunt aufstehen lässt. Auf dem Weg ins Bad aktiviert Ihr „Personal Media Minder" das Video-Display im Badezimmerspiegel. Während Sie sich auf den Tag vorbereiten, verfolgen Sie ein wenig das Neueste aus Ihrer persönlichen Nachrichtenauswahl. Als Sie in die Dusche treten, erwartet Sie schon Ihr persönliches Musikprogramm mit dem Live-Mitschnitt eines Songs, den Sie neulich mal heruntergeladen haben. Der ist ja besser als die Originalaufnahme, denken Sie sich, und während Sie sich anziehen, fordern Sie Ihr „TasteMate"-Programm auf, diesen Titel in Ihre „Playlist Rotation" aufzunehmen.

Sie setzen Ihre neue Brille mit dem neuen, vernetzten Audio-Headset auf. Kleine Ohrstöpsel gleiten in Ihre Ohrmuscheln. Sie schalten das Headset ein, und ein Mix, den Ihnen ein Freund zusammengestellt hat, beginnt zu spielen. Musik fließt in Ihr Bewusstsein. Sie werden eins mit ihr.

Nach dem Frühstück im Kreise Ihrer Familie gehen Sie zur Arbeit. Ihr „Personal Media Minder" fragt Sie, ob Sie das Hörbuch, das Sie gestern begonnen haben, zu Ende hören möchten. Sie bestätigen, und während Sie zum Zug gehen, hören Sie eine Weile zu.

Im Laufe des Tages helfen Ihnen das Headset und andere kabellose Geräte, mit Ihren Freunden, Partnern, Netzwerk-Teilnehmern und „Digitalen Freunden" zu kommunizieren. Das Headset ermöglicht Ihnen auch den direkten Zugang zu der Hardrock-Kollektion, die Sie so gerne hören. Unterdessen sind Ihnen auch eine Vielzahl neuer Songs, neuer Versionen, Remixes von Tracks, auf die Sie wirklich stehen, sowie Ihre alten Lieblingssongs beschert worden. Mittels „TasteMate" greifen Sie auf Playlists zu, tauschen sie, empfehlen Ihrem Freund in Hamburg ein paar Titel, der sie wiederum in seine Rotationen aufnimmt. Musik begleitet Sie den ganzen Tag.

Auf dem Nachhauseweg lassen Sie sich von der üblichen Dosis Nachrichten, Sport, Wettervorhersagen und dem neuesten Klatsch über Ihre Lieblingsbands und Filmstars berieseln. Das Headset synchronisiert diese auf den aktiven 3D-Display, der die Bilder direkt vor Ihre Augen projiziert, oder auf einen öffentlichen Bildschirm im Zug oder zu Hause. Sie bestimmen, was Sie sehen und hören und mit wem Sie diese Erfahrungen teilen möchten. Der „Personal Media Minder" mischt und liefert Programme nach Ihrer Wahl zusammen mit einer Vielzahl neuer Musik, die Sie entdecken möchten. Mit der Hilfe des „TasteMate"-Programms legt er außerdem fest, wie diese neue Musik selektiert werden soll.

KAPITEL 1 | MUSIK WIE WASSER

Zuhause angekommen, geleitet Sie Ihre Hausanlage in den Abend, mit sanftem Dinner-Jazz auf verschiedenen Lautsprechersystemen im Haus, während Sie eine Ihrer kulinarischen Spezialitäten servieren und danach Ihre Rechnungen zahlen. Eine dieser Rechnungen ist Ihr Media- und Unterhaltungs-Abonnement, das Ihre monatlichen Musik-, Video-, Netzwerk- und Kommunikationsgebühren enthält. Und diese Kosten sind immer niedriger als die Heizungs- oder Wasserrechnung. Anrufe von Ihren Freunden mischen sich so unter das Unterhaltungsprogramm, wie es gerade für Sie passt. Nach dem Abendessen schaffen Sie noch etwas Ordnung, vergnügen sich vielleicht noch mit ein paar Spielen mit Ihren Freunden im virtuellen Netzwerk, und entspannen sich bei ein paar New Age-Derivaten von Mozarts Werken, die Sie neulich noch spät nachts bei einer Tour durch einen Musik-Tauschkanal entdeckt haben ...

So könnte sich die Zukunft der Musik in etwa abspielen, glauben wir – eine Zukunft eben, in der Musik genauso wie Wasser frei fließen und allgegenwärtig verfügbar sein wird. Unsere Vorstellungen sind nicht endgültig, genau oder absolut. Es sind nur Momentaufnahmen der Zukunft. In unseren Vorstellungen wird Musik allgegenwärtig, mobil und frei nutzbar sein. Und genauso überall vorhanden und vielfältig, wie die Kulturen, die sie erschaffen. Das Copyright und intellektuelles Eigentumsrecht wird an das von uns empfohlene „Musik wie Wasser"-Modell angepasst worden sein – und zwar so, dass es dem Vergnügen und dem Nutzen der Gesellschaft dient, und es den Beteiligten gut gehen lässt.

In einem Artikel in der *New York Times* im Juni 2002 hat David Bowie die heutige Situation so zusammengefasst:

> Alles, was wir jemals über Musik dachten, wird sich innerhalb der kommenden zehn Jahre komplett umwandeln, und daran werden wir nichts ändern können. Ich sehe auch keinen Grund in der Behauptung, dass diese Umwandlung nicht passieren wird. Ich bin überzeugt, dass es in zehn Jahren zum Beispiel kein Copyright mehr geben wird, und dass Autorenschaft und geistiges Eigentum ganz schön was abkriegen werden. Die Musik selber wird verfügbar sein wie fließendes Wasser oder wie Strom [...] Man sollte diese letzten, wenigen Jahre einfach ausnutzen, denn danach wird es nie mehr so sein wie früher. Man richte sich lieber darauf ein, viele Konzerte zu geben, denn das ist der einzig bekannte Bereich, der noch übrig bleiben wird. Das ist alles schrecklich spannend. Aber letztendlich ist es egal, ob man das spannend findet oder nicht. Es ist genau das, was passieren wird ...

Digital Music: ein Crashkurs

Mit der Markteinführung der Compact Disc (CD) in den frühen Achtzigern wandelte sich die Musikindustrie von analog zu digital – ein Wandel, der die Transformation der Musik als Produkt in Musik als Unterhaltungsservice herbeiführte. Durch die Digitalisierung der Musik und ihren Vertrieb auf CD ermöglichte es die Musikindustrie für jeden, eine beliebige Anzahl von perfekten, digitalen Kopien von jedem jemals auf CD veröffentlichten Song zu machen. Dadurch hat die Musikindustrie den massiven Wandel, den wir heute erleben, selber ausgelöst.

Die Entscheidung, das digitale CD-Format zu adaptieren, bereitete den Boden für die laufenden Debatten und Kämpfe sowie für die andauernden Prozesse über Copyright, Eigentum und Kontrolle von Musik, was schlussendlich zu der weitreichenden Frage führt, ob Zugang Eigentum ersetzt. Wenn man schließlich anhören kann, was immer einem gefällt und wann immer man das möchte, muss man sich Musik auch nicht „aneignen" oder physisch besitzen.

Die CD ist ein gänzlich ungeschütztes Format, üblicherweise ohne „Digital Rights Management" (DRM) oder Kopierschutz. In den späten Neunzigern sahen PC-Hersteller wie Dell, Gateway, Compaq, Hewlett Packard und Apple das Potenzial von Audio-Anwendungen, und begannen mit der Entwicklung von bezahlbaren Computern mit integrierten CD-ROM-Laufwerken. Kurz darauf wurden hochwertige Lautsprecher zu einem festen Bestandteil von PCs, oft im Angebot enthalten oder fest eingebaut. Die Kombination von CD-ROM- und DVD-ROM-Laufwerken, Software und Internet-Anbindungen ermöglichte es den Konsumenten, Musik von ihren CDs zu ziehen und als digitale MP3-Dateien über das World Wide Web, über Chat Rooms und E-Mails zu tauschen.

MP3 steht für einen Software-Algorithmus, der für die Komprimierung von Audio- und Video-Dateien für den vereinfachten Einsatz in Multimedia-Anwendungen entwickelt wurde. Dieser Kompressions-/Dekompressions-Algorithmus, oder Codec, ist Teil des internationalen Standards bekannt als ISO-MPEG Audio Layer-3, der am Fraunhofer-Institut für integrierte Anwendungen in Erlangen entwickelt wurde. Der Codec (Coder/Decoder) konvertiert die Daten auf einem Computer innerhalb von Sekunden in eine MP3-Datei (per 1:10-Kompression). Die Kombination von CD, Computer und Internet war ein echter Technologie-Verbund, der in dieser Konstellation begann, der Musikindustrie die Kontrolle über ihre Produkte zu entziehen.

KAPITEL 1 | MUSIK WIE WASSER

Es war nur eine Frage der Zeit, bis Studenten begannen, große MP3-Sammlungen auf Uni-Servern und Web Sites verfügbar zu machen, wo Songs frei heruntergeladen werden konnten. Die starke Verbreitung von MP3-Dateien online, und das damit verbundene Problem, eine bestimmte Datei auch zu finden, zog die Aufmerksamkeit von Shawn Fanning auf sich, Student an der Boston Northeastern University. Fanning setzte sich das Ziel, eine einfache Online-Methode zur Organisation und zum Auffinden von MP3-Dateien einzurichten. So entwickelte Fanning Napster, eine Software-Anwendung, die schnell zu einem der bekanntesten und meist verbreiteten Programme der Geschichte wurde.

Napster war das erste einer ganzen Reihe von P2P(Peer-To-Peer Filesharing)-Systemen, mit deren Hilfe man Dateien durch eine Art Fernbedienung für die Festplatte anderer Nutzer teilen und tauschen konnte, anstatt auf einen zentralen Server zuzugreifen. Die dezentrale Natur der P2P-Anwendungen ermöglichte den gleichzeitigen Zugriff auf eine gewaltige Menge von Dateien durch Millionen von Benutzern.

Die großen Plattenfirmen – Universal, Sony BMG, Warner und EMI – fühlten sich durch Napster und seine Abkömmlinge so bedroht, dass sie sich zusammenschlossen und Napster aus dem Geschäft klagten. Angeführt von der Recording Industry Association of America (RIAA) und seiner damaligen CEO Hilary Rosen, ging man gegen Firmen, Privatpersonen und Technologien vor, von denen die Branche glaubte, dass sie die weitverbreitete Piraterie ermöglichen. Diese Aktionen wurden geschützt durch das Urheberrecht und vorangetrieben durch den Digital Millennium Copyright Act (DMCA).

Die Publicity um diese Gerichtsverfahren war außergewöhnlich, aber die Ergebnisse waren nicht unbedingt das, was sich die Plattenfirmen erhofft hatten. Sie gingen so energisch in der Verfolgung der „üblen" Napster-Musikpiraten vor, dass sich die Maßnahmen auch gegen ihre eigenen Kunden richteten. 2002 beantragte Napster Konkursschutz, aber Softwareentwickler auf der ganzen Welt hatten das Napster-Vakuum bereits mit P2P-Anwendungen gefüllt, so dass der MP3-Datenaustausch unvermindert weiterging.

Mit Ansätzen ähnlich dem Napsters entstanden Firmen und P2P-Filesharing-Systeme wie KaZaA, Morpheus, Grokster, iMesh und Limewire, die es in kurzer Zeit zu mehr Volumen brachten als Napster jemals erreichte. Es werden schätzungsweise hunderte Millionen Kopien dieser kostenlosen Softwareanwendungen heruntergeladen und Millionen Menschen auf der ganzen Welt tauschen minütlich online Musik-Dateien. Kein Wunder, dass sich die Plattenfirmen Sorgen machen.

Im Jahr 2003 begann sich ein legaler, jedoch provisorischer digitaler Musikmarkt abzuzeichnen. Steve Jobs und sein Team bei Apple Computer überzeugten die damals noch fünf großen Plattenfirmen, ihre Musik an Apple zum Vertrieb im neuen iTunes Music Store zu lizenzieren. Diese Bemühungen, unterstützt von Apples digitaler Musik-Marketingkampagne „Rip, Mix, Burn", waren der Durchbruch des legalen digitalen Online-Musikmarkts.

Trotz Apples Bemühungen mag es unmöglich erscheinen, mit Gratis-Angeboten zu konkurrieren. Der P2P-Angriff könnte tatsächlich die heutige Plattenindustrie zerstören, was aber die momentanen Rechteinhaber nicht davon abbringen wird, die Kontrolle behalten zu wollen. Die mangelnde Bereitschaft zu Zusammenarbeit und Kompromiss, um die Erprobung neuer Geschäftsmodelle zu ermöglichen, hat Filesharing und die unterstützenden Systeme sogar angespornt. Die Zukunft mag ungewiss sein, doch die Gegenwart ist bekannt: Die Existenz dieser weitverbreiteten Filesharing-Systeme ist das direkte Ergebnis des Unvermögens der Verantwortlichen, die neue digitale Realität zu akzeptieren.

Musik heute

Im Gegensatz zu dem, was in den letzten drei Jahren berichtet wurde, ist das *Musikbusiness* heute immer noch sehr gut in Form. Das Problem sind die *Plattenindustrie* und die CD-Verkäufe. Darunter leiden alle großen Labelgruppen der „Big 4": Sony BMG, Universal Music Group, EMI und Warner. Schaut man aber einmal über die CD-Verkäufe hinaus, dann wird schnell klar, dass der Musikmarkt im Allgemeinen recht pulsierend und lebendig ist. Während der vergangenen zwei oder drei Jahre wurde mehr Musik genossen als je zuvor. Die Musikfans können sich bei den Erfindern und Lieferanten neuer Technologien bedanken – speziell bei Filesharing-Diensten wie Napster und KaZaA. Aber auch bei Unternehmen in der Unterhaltungselektronik, den Herstellern von Computerspielen, DVDs, Handy-Klingeltönen und CD-Technologien, die das Herunterladen und Brennen von eigenen CDs auf Computern ermöglicht haben. Die Konsumenten werden mit Musik total überflutet, und die digitale Musik wird zum neuen Radio für die Internetgeneration. Digitale Technologien werden in den Lebensstil der neuen Generationen von Teens und jungen Erwachsenen integriert.

Der Zugang zu Musik war nie einfacher, und Musik entwickelt sich sowohl regional als auch auf globaler Ebene. Rock, Singer/Songwriter, Bluegrass, Hip-Hop, Heavy Metal, DJ-Versionen, Remixes und ethnische Stile aller Art aus z.B. Brasilien, Kuba und Afrika sind nur einige der Musikstile, die sich heute großer Erfolge erfreuen. Das Internet und die digitalen Netzwerke beginnen, die Nischen-Genres in den Vordergrund zu rücken.

Trotz eines deutlichen Rückgangs der CD-Verkäufe während der vergangenen vier Jahre, legten die Umsätze des amerikanischen Konzert-Business laut dem Magazin *Pollstar* von 1,3 Milliarden US$ im Jahr 1998 auf 2,1 Milliarden US$ 2003 zu. Live-Musik ist wichtiger als je zuvor.

Allerdings wird die Situation für die Plattenindustrie eher schlechter, besonders für Plattenläden und CD-Händler. Im Jahr 2003 waren die CD-Verkäufe seit ihrem Hoch 2000 um 26 Prozent gefallen, was einem Umsatzverlust von zwei Milliarden US$ entspricht. Während dieses Zeitraums haben mehr als 1200 Plattenläden in den USA ihre Pforten geschlossen, und man schätzt, dass einige mehr folgen werden. Der Grund für diesen traurigen Zustand des Plattenhandels hat eher mit dem Verhalten der Plattenindustrie selber zu tun als mit den Auswirkungen von digitaler Musik. In den neunziger Jahren verschoben die Plattenfirmen ihre Hauptabsatzkanäle von den traditionellen Plattenläden hin zu Großanbietern wie Best Buy, Target und Wal-Mart, die CDs teilweise zu Dumpingpreisen anbieten, um Käufer in die Läden zu locken. Diese Kursänderung im Einzelhandel existiert für die meisten Konsumgüter nun schon seit zehn Jahren. Dadurch wurde der Verkaufsraum für Angebote der Plattenfirmen stark beschnitten, was auch die Vielfalt der angebotenen Titel für die Fans in den Läden reduzierte.

Ein Lehrbuchbeispiel für die Funktionsweise des traditionellen Musikbusiness ist Colonel Tom Parker, Elvis Presleys Manager. Colonel Parker kann auf manche Weise als die Verkörperung des überlebensgroßen Managers betrachtet werden. Er profitierte davon, dass er Elvis dreist ausbeutete. „The Colonel" setzte in der Plattenindustrie genauso wie im Managementbusiness den Standard für so einige Menschen, die nach ihm kamen. Während der „Colonel Parker"-Modus anscheinend lange Zeit gut funktionierte – jedenfalls für einige –, so ist dieses Modell heute ganz klar durch die Technologie unzeitgemäß geworden.

Die Technologie bewirkt in der Musikindustrie enorme Umwälzungen. Das Gleiche passierte der Filmindustrie, als das Fernsehen eingeführt wurde. Die Filmtheater betrachteten das Fernsehen ursprünglich als große Bedrohung. Ähnliches passierte, als das Radio auf den Markt kam. Die Musikverleger zogen vor Gericht, um die Schließung der ersten Radiostationen herbeizuführen. Wenn ganze Industriezweige dazu gezwungen werden, sich mit äußerst mühsamen und manchmal nicht einsehbaren

Veränderungen auseinanderzusetzen, dann können selbst etablierte Unternehmen allmählich verschwinden. Das schafft dann wiederum Platz für beweglichere Unternehmer. So konnten wir beobachten, wie Bill Gates mit Microsoft den Markt umwälzte.

Bei jedem größeren, wirtschaftlichen Wechsel machen die erfolgreichsten Unternehmen nicht den Fehler, das Neue erstmal abzulehnen. Im Gegenteil. Sie finden heraus, wie man die neuen Entwicklungen am besten integrieren kann, bevor der Zug für sie abgefahren ist. Man ist doch nicht der Eismann, der immer noch versucht, den Menschen Eisblöcke zu verkaufen, obwohl jeder bereits einen Kühlschrank zu Hause hat.

Warum wehrt sich nun die Musikindustrie im Großen und Ganzen immer noch mit Händen und Füßen gegen die „Musik wie Wasser"-Vision? Weil sie gefangen ist in einem Sturm der gegensätzlichen Ideologien: Hier die flüchtige und sicher erschreckende Anarchie des freien Informationsaustauschs in den digitalen Netzwerken, dort ihre Besessenheit zu Kontrolle und Medien-Oligopolen. Dazwischen sitzt sie mangels Bewegungsfreiraum fest. Musikverlagsrechte zu verhandeln ist mit am schwierigsten, denn der Markt wird geografisch kontrolliert. Die Rechte für alle Länder zu sichern ist fast unmöglich.

Anstatt Trends vorauszuahnen und auszuwerten – darin war die Branche einmal gut – versucht die Musikindustrie, sie auszubremsen und erstickt damit jede Gelegenheit, bisherige Handlungsweisen zu verändern. In Kürze jedoch wird sich immer deutlicher zeigen, dass man Menschen, die bereits Zugang zum gesamten Reservoir der Musik haben, keine überteuerten Plastikscheiben mehr verkaufen kann. Das ist wie der Versuch, mit Schnee am Nordpol Geschäfte zu machen.

Die Allgegenwart des Wassers

Wasser spielt in unserem Leben eine essentielle Rolle – nichts geht ohne Wasser. Hunderttausende von Menschen auf der ganzen Welt arbeiten daran, alle anderen mit Wasser zu versorgen. Milliarden werden ausgegeben, um eine stete Wasserversorgung zu gewährleisten, und eine Armee von Forschern und Arbeitern beschäftigt sich mit Projekten rund um das Wasser. Das Verlangen nach Luft und Wasser ist Grundbedürfnis. Wir zahlen nicht für Luft – noch nicht – aber für Wasser, und folglich zählen einige Wasserversorgungsunternehmen zu den reichsten Firmen auf diesem Planeten.

Trotz der großen, wirtschaftlichen Bedeutung von Wasser und des

KAPITEL 1 | MUSIK WIE WASSER

Einflusses, den diese „Versorger"-Unternehmen haben: Wie zahlen wir dafür? Denken wir, dass Wasserunternehmen übermäßige Monopolstellungen haben, und betrachten Wasser daher als „Produkt"? Ja, wir zahlen mehr oder weniger freiwillig dafür, aber das fällt uns gar nicht mehr auf. Diese Kosten gehören zum Leben und sie sind integriert in unsere alltäglichen finanziellen Verpflichtungen. Es werden ja auch keine Gebühren verlangt, wenn man im Fitnesscenter duscht, die Hände auf einer öffentlichen Toilette wäscht, man Wasser aus einem Brunnen trinkt oder den Autokühler auffüllt.

Es ist interessant zu beobachten, dass es trotz der allgegenwärtigen Verfügbarkeit von Wasser in den Industrieländern einen großen Markt für Pellegrino- oder Evian-Wasser gibt – Marken, die vorgeben, besser oder jedenfalls anders als Leitungswasser zu sein. Schnell zahlt man heute für eine Flasche Pellegrino oder Evian mehr als für einen Schoppen Bier oder gar eine Gallone Benzin! Man zahlt dafür, besonderes und garantiert keimfreies Wasser zu erhalten. Dann zahlt man noch für die Verpackung, die den Transport erleichtert, man zahlt für den Kühlschrank, der es kühlt, und in einigen Fällen noch für Zusätze wie Kohlensäure und Aromen.

Ließe sich dieses Modell auf das Musikbusiness anwenden? Können wir eine Art öffentliches Versorgungsmodell für Musik konzipieren, das sämtliche Musik auf der Basis einer Pauschale verfügbar macht, oder nach einem sehr günstigen „Pro Liter"-Plan? Wäre Musik als ein Teil unserer Lebenshaltungskosten akzeptabel, eine nominelle Ausgabe, die wir fest einplanen?

Vor nicht allzu langer Zeit hat sich eines der führenden Wasserunternehmen, Frankreichs Compagnie Général des Eaux, in ein globales Medien- und Unterhaltungsunternehmen verwandelt (Vivendi-Universal) und versuchte damit, den Musikbereich zu dominieren. Der damalige CEO, der heute berühmt-berüchtigte Jean-Marie Messier, initiierte ein Projekt, das auf einem sehr ähnlichen „Versorgungs"-Konzept basierte. Sein Ansatz mag heute finanziell riskant erscheinen und zeitlich schlecht gewählt, aber die Zukunft konnte ihn wenigstens teilweise rechtfertigen.

Wenn wir uns an die Zeiten zurückerinnern, bevor Wasser überall verfügbar war (und überall dafür bezahlt wurde), *mussten* einige Menschen von Fall zu Fall zahlen, um Wasser zu erhalten. Streitigkeiten wurden über den Zugang zu Wasser ausgetragen, und im Mittleren Osten und in Afrika wurden ganze Kriege wegen des Wassers geführt. Im mittelalterlichen Europa war der Zugang zu Wasser oft nur nach umfangreichen Verhandlungen und Gebührenzahlungen möglich. Als dann aufgrund der fast überall gelegten Rohrleitungen jeder nur noch den Wasserhahn aufdrehen musste, da wandelte sich das gesamte Preissystem ganz schnell in eine *öffentliche Versorgungs*-Struktur. Neue Unternehmen und Dienstleister entstanden, zum Nutzen der Verbraucher. Zeichnet sich nun der gleiche Prozess im Musikbusiness ab?

Die Versorgung

Werfen wir einen Blick auf ein Versorgungsmodell in der Rundfunk- und Fernsehbranche. In einigen europäischen Ländern, wie Deutschland und Österreich, müssen alle Bewohner, die einen Fernseher oder ein Radio besitzen, eine Monatspauschale an den Staat zahlen, und zwar egal ob sie die Geräte benutzen oder nicht. Der Staat wiederum setzt diese Mittel für öffentlich-rechtliche Fernseh- und Radioproduktionen ein. Dieses Modell, das dem „Musik wie Wasser"-Konzept gleicht, wird im Großen und Ganzen von Millionen von Menschen akzeptiert. Man zahlt eine Gebühr von durchschnittlich 100 bis 150 US$ pro Jahr für etwas, das sich wie eine kostenlose, unbegrenzte und nicht überwachte Lieferung von Medienprogrammen anfühlt.

Dagegen verlässt sich das amerikanische System der Fernsehübertragung gänzlich auf Werbeeinahmen. Auch dieses System hat sicher seine Vorzüge, aber genau wie das europäische System kreiert es das, was Musik-Futurist Jim Griffin von Cherry Lane Digital als „Geld-Pool" bezeichnet, der die Kosten für die Produktion und Verbreitung von Fernsehprogrammen trägt. Das einfache Handelsprinzip „Du schaust dir die Werbung an, und wir liefern dir kostenlos die Programme" leistet einen interessanten Beitrag für unser „Musik wie Wasser"-Mantra: Könnte es sein, dass ich Musik in ein paar Jahren über digitale Netzwerke hören kann, wenn ich auch etwas Werbung akzeptiere? Oder werde ich die Möglichkeit haben, gegen eine ziemlich niedrige Pauschale digitalen Zugang zu erhalten und, wenn ich mich gezielter Werbung aussetze, zusätzlich auch Zugang zu Premium-Angeboten bekommen? Das Kabelfernsehen in Europa hat den Weg schon vorgegeben. Die meisten Bewohner zahlen sowohl für den Empfang öffentlich-rechtlicher Programme als auch für Kabelfernsehenanbieter – und mieten auch noch Videos und DVDs.

Wenn wir die Idee eines solchen Versorgungs-Modells mit Pauschale weiterentwickeln, dann wären der Basiszugang zu den digitalen Musiknetzwerken und zur „himmlischen Jukebox" fast unentgeltlich. Tatsächlich könnte das Netzwerk mit anderen Mediendiensten wie in den genannten

Beispielen gebündelt werden und wäre somit kostenneutral. Wir wären in der Lage, Basis-Musikdienste für ein „kleines Geld" zu genießen. Für uns wäre es halb gratis, würde aber insgesamt immer noch einen wesentlichen Ertrag generieren. Und dies ist der Wert von großen Netzwerken: Der Einzelne bezahlt wenig, aber im Ganzen bildet sich ein beachtliches Kapital.

Man beachte, dass es in den meisten Regionen der Welt relativ wenig Beschränkungen gibt, wie und wann wir Wasser benutzen. Wenn wir unsere Schwimmbäder täglich mit Frischwasser füllen wollen, dann macht uns niemand deswegen das Leben schwer – außer während einer Trockenperiode –, obwohl unsere Wasserrechnung sicher vergleichsweise höher wäre. Keine Richtlinien, keine Beschränkungen, keine Echtzeit-Kontrollen und, was noch wichtiger ist, kein Theater. Wir zahlen wenig für die Grundversorgung und akzeptieren eine höhere Rechnung für Mehrwert. Keine „Wasserrechtsverwaltung", keine zusätzlichen Zahlungspunkte, kein Sprung durch den Feuerreifen.

Wie würde sich das Modell auf das Musikbusiness anwenden lassen? Wie können wir eine Grundversorgung mit Musik anbieten, die frei verfügbar ist, überall und jederzeit? Bis jetzt wurde Musik nur in „Pellegrino-Flaschen" verkauft, aber die Kunden beginnen das „Leitungswasser" zu entdecken, das unaufhaltsam aus dem Netz fließt. Ja, die Qualität ist nicht die gleiche, und es ist auch nicht ganz legal (gelinde gesagt), aber die Vorteile für die Benutzer überwiegen die Nachteile. Es gibt bestimmte Unterschiede zwischen CD-Qualität und MP3-Musikformaten, aber wenn es um die „Preisgestaltung" geht, ist der Unterschied bedeutungslos.

Stellen Sie sich einmal vor, wie viel es kosten würde, Ihre Badewanne mit Gallonen von Evian zu füllen! Ist es da überraschend, dass die Menschen nach einem „Online-Wasserhahn" suchen, anstatt auch weiterhin überteuerte Flaschen-Musik zu kaufen? Warum also nicht den Menschen ein noch besseres „Evian" anbieten, die es nach wie vor haben möchten, *und* die bestehenden Technologien nutzen, um ebenfalls „Leitungswasser"-Musik zu liefern?

Könnten Unternehmen nicht mehr Geld machen, indem sie alles Wasser liefern, anstatt nur eine begrenzte Menge? Die Firmen könnten doch florieren, wenn sie überall Zugang anbieten würden, anstatt den Markt durch die Begrenzung des Musikangebots zu verkleinern, um folglich den Wert zu steigern und ein Szenario der künstlichen Verknappung zu erschaffen? In diesem Buch werden wir versuchen, die Konsequenzen einer

Zukunft aufzuzeigen, in der Musik mit geöffneten „Musik-Wasserhähnen" überall und jederzeit wie Wasser angeboten wird und wo Großkunden auch mehr zahlen, um mehr nutzen zu können.

In Flaschen abgefülltes Wasser, das heißt neue Musikprodukte, werden ein ganz neues Leben vor sich haben. Aber dies wird nicht der einzige Weg sein, wie Sie zu Ihrer Musik kommen.

Musik: Ein Produkt oder eine Dienstleistung?

Drehen wir die Zeit zurück in das Jahr 1887, als Emil Berliner das Grammphon erfand. Das war damals eine große Sache, denn das Grammophon erlaubte den Menschen Musik zu hören, ohne dazu in eine Konzertaufführung gehen zu müssen. Das Konzept Musik wandelte sich dadurch von einem dynamischen und interaktiven Unterhaltungserlebnis zu einem fixen Produkt. Musik wurde fast gleichbedeutend mit dem Medium, auf dem sie geliefert wurde. Das waren zunächst Wachszylinder, dann Vinylplatten, gefolgt von Kassetten und schließlich den Compact Disks. So verschob sich die Vorstellung von Musik als Aufführung und Dienstleistung hin zu Musik als Produkt.

Deshalb haben wir uns an die Perfektion und wiederholbare Qualität der heutigen Musik gewöhnt. Vor dem 19. Jahrhundert wurde ein Musikstück nicht mehr als einmal auf die gleiche Weise gespielt, weil es unmöglich war, die Umstände der Aufführung exakt zu reproduzieren. Die Instrumente und die Orchestrierung wechselten, ebenso die Musiker, ihre Launen, das Publikum und die Umgebung der Aufführung. Die Stücke wurden so gut aufgeführt, wie es in dem Moment möglich war, und die Komponisten arbeiteten hart daran, einen kontinuierlichen Strom von neuer Musik für Volksfeste, Opern, Konzerte, Messen, Theater usw. zu kreieren. Für die Komponisten jener Tage war es nicht ungewöhnlich, sich Material voneinander zu borgen, um es für die vorhandenen Spieler und Musiker zu adaptieren, zu aktualisieren und zu verbessern.

Nach mehr als einem Jahrhundert, in dem Musik hauptsächlich als statisches Produkt angeboten und verkauft wird – mit Musikern, die gegen Bezahlung auf solchen Produkten spielen – kehren wir irgendwie wieder zu jenen frühen Tagen zurück, und Musik kann noch einmal mehr zu einem Erlebnis werden als zu einem Produkt. Natürlich gibt es einige Musikstile, die niemals aufgehört haben, eine Dienstleistung zu sein, etwa in Nischenmärkten wie Klassik, Weltmusik und Jazz. So wurden die finanziell erfolgreichsten Musiker zu Lieferanten von Produkten, und hofften, einen beträchtlichen Teil ihres Einkommens durch den „Verkauf von Plastik" zu machen.

Vielleicht können wir genauso wie damals noch einmal Teil des Erlebnisses Musik werden anstatt zu statischen Käufern derselbigen. Wir können dabei sein, wir können unsere Lieblingskünstler bejubeln, wir können an Veranstaltungen teilnehmen und darauf reagieren, und wir können das Erlebnis sogar verändern – als Publikum oder Verfasser oder beides. Das passt gut in einen generellen Trend in unserer Gesellschaft, die sich schrittweise von der „Informations-Gesellschaft" über die „Wissens-Ökonomie" zur „Erlebnis-Gesellschaft" bewegt, was wir in diesem Buch untersuchen – also von einem Ort, an dem wir reine Empfänger von Daten-Informationen wie in den traditionellen Medienmodellen sind, hin zu einem Ort, wo viel mehr Wert darauf gelegt wird, die Dinge aus erster Hand und ungefiltert zu erleben.

Heute ermöglicht die Technologie den Künstlern, direkt mit ihren Fans zu kommunizieren. Der digitale Vertrieb wird langsam, aber sicher die Pro-Produkt-zahlen-Mentalität zurückbilden, die das Musikbusiness über ein Jahrhundert lang dominiert hat, und die Technologie kann letztendlich mehr Mitspracherecht für mehr Beteiligte schaffen. Dies wird trotz des offensichtlich darwinistischen „Der-Stärkere-überlebt"-Drucks eintreten, der ein effizienteres System von Interaktion und Kommerz hervorbringen wird. Für neue Künstler wird es noch schwieriger werden, zu jedwelchem aussichtsreichen Bekanntheitsgrad zu gelangen, wenn mehr Künstler versuchen, Aufmerksamkeit durch verschiedene Vertriebskanäle zu erhalten.

Allerdings ist es nicht das Mitspracherecht des Konsumenten (und noch weniger das des Künstlers), das sich die meisten Plattenfirmen, auch bekannt als Produktlieferanten, vorstellen. Tatsächlich kämpfen ihre Lobbyisten heftig, um genau das zu verhindern. Wenn Musik nicht mehr als Produkt existiert, wie können dann Plattenfirmen noch den Zugang und die Preise kontrollieren und damit den direkten Weg in ihre Brieftaschen, wie bestimmen, was verfügbar ist und was nicht, oder diktieren, was ein Künstler veröffentlichen wird und wann und wo? Der Gedanke, dass Sie und ich, die Konsumenten, in diesen Prozess *involviert* sein werden, klingt für viele Entscheidungsträger im Musikbusiness wie Blasphemie. Ihr veraltetes System funktionierte bestens mit Elvis, Janis Joplin, Jimi Hendrix und den Backstreet Boys – einem sorglosen Club von willigen Co-Abhängigen –, aber: „The times, they are a-changing."

Jeder Künstler hat doch den brennenden Wunsch, sich aus diesem

Sumpf der Ungereimtheiten zu befreien. Zusammen mit laufend neuen Technologien bildet dies den Antrieb dafür, dass Musik in digitale Netzwerke zu fließen beginnt, egal ob bezahlt oder nicht, und egal ob befugt oder nicht. John Perry Barlow, Texter von Grateful Dead und Gründer der Electronic Frontier Foundation ermahnt uns: „Die Natur verabscheut das Vakuum."

Des Weiteren arbeiten digitale Netzwerke drahtlos schneller als man „Sie haben Post" sagen kann. „Mobile" wird mehr eine umwandelnde Aktivität werden als „Online" es jemals war. Technologien, die von Kabeln und Drähten abhängig sind, werden langsam aber sicher der Vergangenheit angehören, weil die Menschen Innovationen bevorzugen, die sich nahtlos und ohne Hindernis in ihr Leben integrieren lassen. Das menschliche Leben ist nicht verdrahtet und man ist meist in Bewegung. Dieser grundlegende Aspekt der Menschheit muss sorgfältig berücksichtigt werden, wenn über das Musikbusiness der Zukunft gesprochen wird: Die Menschen werden zunehmend mobil. Sie haben immer irgendwelche Dinge dabei und kommen immer weiter herum. Daher gehört die Zukunft der Musik wahrlich mobilen Produkten und Dienstleistungen: Alles, jederzeit, überall.

Die aufkommenden „mobilen" Märkte ermöglichen Ihnen jederzeit und überall Zugang zu Ihren Musiksammlungen, in einer heißgeliebten, himmlischen und auf Ihre Bedürfnisse zugeschnittenen Jukebox. Der Welt größte Telekommunikationsfirmen, inklusive AT&T, SEC, France Telecom, British Telecom und Deutsche Telekom, haben bereits begonnen, ihre Strategien zu ändern, indem sie mehr Augenmerk auf Dienstleistungen und Partnerschaften legen, um den globalen Vertrieb von Angeboten zu ermöglichen. Mittlerweile haben andere Unternehmen begonnen, die nächste Generation von Mobile Music-Technologien zu entwickeln. Apple, Creative, Philips, Roku, Netgear und andere entwickeln vernetzte Media Player, die MP3-Musik von Ihrem Computer drahtlos in Ihr Zuhause oder Ihr Büro senden.

Aber diese digitale Mobilität passt nicht wirklich in das gültige Wertesystem, das den Speck zum Musikbusiness brachte. Allgegenwärtige digitale Mobilität erfordert Interfunktionalität zwischen Geräten in allen Gebieten, Pauschalen und Abonnements, global koordinierte Marketingaktivitäten und die totale Umgestaltung von Musik-Einzelhandel und Verpackung. Darum muss wohl das alte Schiff erst sinken, bevor das neue zu Wasser gelassen werden kann.

Aufgrund der Art und Weise, wie die Menschen Musik konsumieren, bleibt kein Zweifel offen, dass Mobilität der stärkste Antrieb hinter den

KAPITEL 1 | MUSIK WIE WASSER

neuesten Entwicklungen ist. Die Menschen wollen überall Musik hören – zu Hause, unterwegs, beim Warten oder in Gesellschaft. Diesem Vorbild der Mobilität gänzlich zu entsprechen, hat in seinen ersten Tagen schon das Radio angespornt und wird auch die Entwicklungen in der digitalen Musik bestimmen. Sobald der Zugang zu den kabellosen Netzwerken zu einem erschwinglichen und zuverlässigen weltweiten Standard wird, startet die digitale Musik durch.

Schauen wir uns einmal die beispiellosen Optionen an, die ein kabelloses Gerät dem Musikfan ultimativ anbietet: Es kann permanent angestellt bleiben – und demnach konstant aktualisiert und mit den Freunden des Nutzers und den persönlichen Programm-"Agenten" abgestimmt werden, was Empfehlungen, Diskussionen über Musik und das einfache Teilen von Interessen, Meinungen und natürlich von der Musik selbst ermöglicht. Die Musik zu streamen statt sie herunterzuladen wird schnell zur brauchbaren Alternative, sobald die Netzwerke wirklich akzeptable Soundqualität und eine simple Preisgestaltung anbieten.

Die wachsende Auswahl der Angebote wird zielstrebige Lieferanten intellektuellen Eigentums überholen, die uns „Kultur" als feste Ware während der vergangenen 100 Jahre verkauften. Dieser Prozess ist so unvermeidbar wie derjenige, der die Menschen dazu brachte, ihre Pferde auszuspannen und auf Autos und Flugzeuge als primäre Transportmittel umzusteigen. Niemand wird bei den Pferden bleiben, nur weil einige Schmiede einen sinkenden Hufeisenabsatz befürchten. Die Menschen werden von ihrem Recht auf freie Wahl Gebrauch machen. Mehr Optionen werden zu mehr Vielfalt führen, zu mehr Nischenmärkten und zu mehr Chancen für Künstler, Autoren und das Musikbusiness.

Der durchschnittliche Konsument wird vermehrt dem eingeschlagenen Kurs der frühen Anwender der neuen Technologien folgen – sozusagen den „Technologie-Flüsterern". Neueren Forschungen zufolge sind diese permanent online und ziehen das Internet ganz klar jedem anderen Medium vor. Die Computerspiel-Industrie ist eine der Branchen, die diesem Ruf bereits folgt. Sie hat einfach zu bedienende, interaktive Produkte eingeführt, die den Konsumenten genau das geben, was sie wollen. Damit erzielen sie Umsätze, die die Verantwortlichen der Musikindustrie vor Neid erblassen lassen.

Sobald die Künstler aufhören, sich selber als Lieferanten von physischen Produkten zu sehen, werden sich die Pforten für ein viel breiteres Musikangebot öffnen. Dann bedarf es auch keiner fünf oder zehn oder gar 20 Unternehmen mehr, um den Content-Fluss zu regeln, der nun durch unbegrenzte, reibungsarme Vertriebskanäle fließen kann. Andererseits jedoch wird es wichtiger denn je werden, all diese neue Musik so zu präsentieren, dass die Musikfans mit einfachen, spannenden und lohnenden Mitteln auch finden können, was ihnen gefällt.

Wild Card: Universal Mobile Device (UMD)

01. Juni 2015. Unser Universal Mobile Device (UMD) ist konstant online mit einer Durchsatzrate von acht MB pro Sekunde, mit jederzeit und überall möglichem Zugang zu Musik, Filmen, Spielen, Büchern, Nachrichten, Streaming-Video, Online-Banking, Börsentransaktionen, Instant Messaging, E-Mail und Chats. Es ist ein Welt-Telefon, ein digitales Kommunikations- und Datenübermittlungsgerät, ein Gerät zur globalen Positionsbestimmung (GPS), ein persönlicher, digitaler Assistent, ein Musik-Bilder-Film-Speicher, ein Aufnahmegerät, ein Personal Computer, eine Spielekonsole – und noch einiges mehr, was wir noch gar nicht ausprobiert haben. Dennoch ist es nur unwesentlich größer als eine Zigarettenschachtel. Sein Prozessor ist einhundert Mal schneller als der gute alte Centrino Chip, und mit mehr als fünf Terabytes Speicherplatz gibt es eine Menge Platz für alles, was wir wollen. Unser UMD kann ein großes, gestochen scharfes Bild auf jeden weißen Untergrund projizieren. Es kann gesicherte, kabellose Verbindungen zu anderen Computern, Beamern, Monitoren, Bildschirmen und Druckern herstellen, und es kann sich mit anderen UMDs verbinden, um Dateien und Dokumente zu übertragen, sofort und sicher.

Die „Off-Road"-Version des UMDs ist so stabil, dass man mit einem Lastwagen darüber fahren oder es auch mal tagelang im Regen vergessen kann. Die Batterie hält zehn Tage lang und macht es unnötig, nach der nächsten Steckdose zu jagen. Kurz, unser UMD ist unwiderstehlich, und manchmal mögen wir es gar nicht mehr aus der Hand legen.

Und wie viel kostet dieses Gerät mit seinen kabellosen Diensten? Weniger als ein Internet-Einwahl-Abo noch vor zehn Jahren gekostet hat. Apropos, wir sind so froh, mit all den Kabeln, den unterschiedlichen Abrechnungsverfahren, der begrenzten Benutzung, den endlosen Anrufen in den Kundencentern, um herauszufinden, wie was funktioniert, der mangelnden Kompatibilität und all den anderen Mühen nichts mehr zu tun zu haben. Heute sind die Preise – und was man für sein Geld bekommt – so spannend, dass man das UMD genauso zu den Lebenshaltungskosten zählt, wie die Rechnungen für Telefon, Kabelfernsehen oder Autoversicherung.

Heute wird der Basisdienst in ein monatliches Abo verpackt und auf das Gerät selber wird eine Content-Gebühr erhoben. Die Gerätehersteller, Softwareanbieter und Unterhaltungsfirmen brauchten zehn Jahre, um sich auf ein freiwilliges Lizenzschema zu einigen. Doch heute machen die Anbieter viel mehr Geld als in den Zeiten vor UMD. Zusätzlich sind ihre Marketingkosten auf ein Zehntel gegenüber früher geschrumpft, ihre Nebenkosten fallen weiter, Administration und Buchhaltung werden von smarten, automatisierten Software-Agenten erledigt und ihre Budgets für Prozesskosten haben sich mit der Zeit auf einen Bruchteil reduziert, da es niemanden mehr zu verklagen gibt. Coole neue Sachen zu finden steht auf der Tagesordnung. Mach auf dich aufmerksam und wir verbinden.

Musikfirmen, Buchverleger, Computerspielfirmen und Filmemacher warten darauf, dass wir ihre Sachen ausprobieren, ihre Filme schauen, ihre Spiele spielen oder ihre Anwendungen ausprobieren. Je mehr ihrer Angebote wir nutzen, desto mehr Einnahmen fließen ihnen zu. Wir zahlen immer noch die gleiche Pauschale, es sei denn, wir wählen Premium-Angebote – was wir natürlich nur all zu oft tun, wie wir uns eingestehen müssen. Es mag nur einen Dollar kosten, um bei der aktuellen Studiosession des Lieblingskünstlers zuzusehen oder die Kopie einer Ausgabe von *Twilight Zone* zu bestellen, die nicht im UMD-Netzwerk zu haben ist, oder ein Backstage-Special der Grammy Awards anzuschauen. Unsere UMDs machen Medien- und Unterhaltungsangebote so unwiderstehlich, dass unser Bares nur so in das Netzwerk fließt – da „werden Träume wahr" für jeden Anbieter, der unsere Aufmerksamkeit gewinnen konnte.

Der UMD-Dienst und seine eingebaute Tracking-Software gestattet Anbietern und ihren Agenten herauszufinden, wie mit ihren Angeboten im Netzwerk umgegangen wird – wie viele Menschen sie ausprobiert haben, wie viele sie verteilt haben, wie viele sie bewertet haben und wer darüber spricht. Es steht uns frei, nur einige, viele oder alle unsere Daten und Meinungen mit dem UMD-Dienst, mit unseren Freunden oder mit den Anbietern zu teilen. Wir können auch detailliertes Feedback liefern und damit UMD-"Punkte" sammeln, die wir wiederum für Angebote nutzen können. So machen einige unserer Freunde mehr Geld über das UMD, als sie für Angebote aus dem Netzwerk ausgeben! Sie rezensieren neue Bands, empfehlen neue Songs und Filme an ihre Kollegen, testen neue Spiele oder treten einer Fokusgruppe bei, die neue UMD-Dienstleistungen evaluiert.

Wir sind nicht länger an unseren Computer gebunden, an einen LAN oder eine Steckdose. UMDs sind so selbstverständlich geworden, wie es vor einem Jahrzehnt die Mobiltelefone waren. Vorbei die Tage, als wir uns damit beschäftigten, wo es coole Klingeltöne gibt, wie man aus dem Mobiltelefon eine echte Spielkonsole macht oder wo wir uns das Länderspiel anschauen.

Das UMD ist mit allen Lizenzen erhältlich. So können wir damit machen, was wir wollen, denn viele Anwendungsmöglichkeiten sind schlicht bereits im Kaufpreis des Geräts und den entsprechenden Dienstleistungsgebühren enthalten. Hier zählt Fairness, und als Kunden schätzen wir das Gefühl des

Mitspracherechts. Wenn wir Zugang zu speziellen Angeboten haben wollen, dann nutzen wir einfach die verschiedenen Premium-Abrechnungsoptionen unseres UMDs, die entweder direkt unser elektronisches Bankkonto belasten, oder wir zahlen mit einem der Cyber-Cash-Dienste, die wir abonnieren können.

Wie sind nun die Preise beschaffen? Wir schreiben das Jahr 2015 und für 59 US$ pro Monat erhalten wir Zugang zu allen Basis-Diensten des Netzwerks, natürlich zuzüglich Tausenden von Freiminuten für Telefon- und Videophonegespräche. Stream es, lad es runter, hör es an oder schau es an on demand, übermittle es, verteile es – was immer wir auch wollen, jederzeit, überall. Peer-to-Peer erhält eine völlig neue Bedeutung, und für die Anbieter und Medienfirmen fühlt es sich einfach gut an.

Das Beste ist, dass die schiere Menge von Angeboten im Netzwerk mehr ist, als wir jemals konsumieren können: Mehr als fünf Millionen Musiktitel von fast jedem Plattenlabel, Produzenten, oder seit neuestem auch direkt von den Künstlern. 200.000 Filme, Fernsehshows und Video-Clips, 20.000 Spiele und Tausende von Softwarepaketen. Und wir reden hier über die aktuellen Angebote und nicht von Katalogen und Archiven.

Diese Angebote sind immer verfügbar, sofort archiviert, man kann sie mit Bookmarks versehen, mit unseren Angebots-Agenten durchsuchen und mit dem Netzwerk unserer Kumpel und Freunde verknüpfen.

Das Einzige, was uns jetzt nur noch fehlt, ist die Zeit, das alles auszuprobieren!

Unsere Top 10 Wahrheiten über das Musikbusiness

2

DIE ZUKUNFT DER MUSIK

Diese Top 10 Wahrheiten werden die Zukunft der Musik lenken. Sie werden die Art der Beziehung zwischen Künstlern und Fans definieren und sich als wichtig für all jene im Business erweisen, die wichtig bleiben wollen. Unsere Denkweise wurde von unseren Erfahrungen aus Hunderten von Gesprächen mit vielen Menschen aus dem Musikbusiness geformt. In diesem Kapitel wollen wir die Beziehungen und die Dynamik zwischen den Hauptgruppen betrachten, die die Musikindustrie ausmachen. Das sind jene, die Musik erschaffen: Künstler, Autoren und Produzenten, und jene, die sie vermarkten, liefern und vertreiben: Plattenfirmen und Musikverleger. Und es sind die Konsumenten und Fans der Musik, die letztendlich für alles zahlen.

1 Musik ist wichtiger denn je: Der Musikmarkt ist rege und dynamisch

Während der vergangenen fünf Jahre wurde mehr Musik konsumiert als jemals zuvor. Die Musikfans und „Nutzer" können sich bei den frühen digitalen Musikpionieren wie MP3.com und eMusic (www.emusic.com) sowie bei den Peer-To-Peer-Unternehmen Napster, KaZaA und Gnutella „bedanken". Zusätzlich sind sie dem bisher ungeschützten CD-Format zu Dank verpflichtet, das es den Menschen ermöglicht, mit ihren Computern CDs zu brennen. Milliarden von ungeschützten CDs haben das Feuer des digitalen Datentauschs geschürt.

Heute werden Musikfans von Musik total überflutet, und die meisten werden den ganzen Tag lang regelrecht mit Musik bombardiert. Jeder, der willens ist, kann streamen, herunterladen, zuschauen, editieren und seine Musik kopieren, 24/7/365. Filesharing, Transcoding (die Kunst, einen Audio- oder Video-Stream in eine haltbare Datei zu wandeln) und Online-Musik sind zum neuen „Radio" für die digitale Generation geworden. Die Musik und die *Musikindustrie* erhalten viel Interesse und Aufmerksamkeit, obwohl sich die *Plattenindustrie* auf dem Weg in den Fleischwolf befindet. Wir erleben eine wahre Explosion des Interesses an Musik. Wenn technologische Verbesserungen das Entdecken neuer Musik vereinfachen, wird das große Geld unweigerlich folgen. Warum also dem *Platten*business nachtrauern, wenn sich im *Musik*business ein viel größerer Fisch braten lässt?

2 Das Plattenbusiness ist nicht das Gleiche wie das Musikbusiness

Das ist ein sehr wichtiger Unterschied. Viele von uns haben sich an den Gedanken gewöhnt, dass die ganze Industrie auf einer einfachen Formel basiert: Anzahl CDs = Wert des Industriezweigs. Das heißt, weniger CD-

KAPITEL 2 | UNSERE TOP 10 WAHRHEITEN

Verkäufe ergeben einen zwangsläufig niedrigeren Wert. Das ist ein Mythos, denn tatsächlich hält die Plattenindustrie nicht mehr als ein Stück vom gesamten Musikindustrie-Kuchen – und viele der anderen Stücke sind dem durchschnittlichen Musikfan gar nicht bekannt. Musik- und Event-Merchandising, Konzerte und Tourneen sowie der Live-Entertainment-Bereich im Allgemeinen bringen weltweit etwa 25 Milliarden US$ ein, während das Musikverlagswesen ungefähr zwölf Milliarden US$ wert ist. Gemäß Quellen in *Pollstar, Billboard* und *Music Week* verdienen Plattenfirmen fast zwei Milliarden US$ pro Jahr mit Spezialprodukten wie Werbe-CDs, Firmengeschenken und diversen Business-To-Business-Lizenzierungsaktivitäten. Das bedeutet, dass ein Musiker kein Plattenstar oder Live-Performer sein muss, um in der Musikindustrie zu reüssieren. Man kann auch, immer wieder wechselnd, Autor, Texter, Bandmitglied, Lehrer oder der Manager eines kleinen Unternehmens sein. Ein „Kreativer" im Musikbusiness zu sein bedeutet oft, in verschiedene Rollen zu schlüpfen, verschiedene Dinge gleichzeitig zu machen und neue Fachkenntnisse sozusagen im Vorbeilaufen aufzuschnappen. Die Summe der Einnahmen aus diesen verschiedenen Aktivitäten ergibt den Lohn eines professionellen Musikers – und macht ihn eventuell zu einem erfolgreichen Musiker. Man muss der geborene Unternehmer sein *und* wie ein Geschäft funktionieren.

Ja, das Plattenbusiness leidet, aber die Musikindustrie als Gesamtheit lebt, und es geht ihr gut.

❸ *Künstler, Marken* und *Entertainment* sind die Hauptattraktionen

Ein Plattenlabel ist nicht unbedingt eine unabhängige Marke. Mit einigen Ausnahmen – ECM Records, Def Jam, Motown und vielleicht noch Blue Note. Der Künstler und das Plattenlabel sind zwei ganz verschiedene Dinge. Jeder ist an der *Arbeit des Künstlers* interessiert, während Identität, Stellung und Bestand eines Plattenlabels für die meisten Fans nicht unbedingt von Interesse sind, besonders wenn es sich beim Plattenlabel um einen großen, weltweit aktiven Konzern handelt. Keiner kauft eine CD von Britney Spears, weil Sony BMG (ehemals Zomba Records) sie herausgibt, und wenige Menschen schätzen Columbia Records (Sony BMG), weil dort Santana beheimatet ist.

Vor den zwanziger Jahren des vergangenen Jahrhunderts vertrieb fast jeder Künstler seine Musik „zu Fuß", indem er durch seine Auftrittsorte bestimmte, wer ihm zuhören sollte. Von den mittelalterlichen Minnesängern bis zu den frühen Vaudeville-Spielern kannten die Musiker ihr Publikum persönlich und pflegten Umgang auf unterschiedlichste Weise.

Sie boten ihre Unterhaltung in den Wohnzimmern der Herrenhäuser an, in Kirchen, auf Tanzfesten, Aufführungen, Messen, in Clubs, an der Oper, auf Straßenfesten, Geburtstagen, Begräbnissen, Hochzeiten und zu anderen Anlässen. Bei Musik ging es nicht um Verpackung, Vertrieb oder Verkauf. Es ging um Live-Unterhaltung.

Aber trotz der von der Plattenindustrie erschaffenen Produktorientierung, legen die meisten Menschen immer noch größten Wert auf ihre Verbindung zum Künstler. Wir verehren Künstler, weil sie in uns Gefühle hervorrufen, spezielle Momente erzeugen, Erfahrungen schaffen, die wir schätzen. Wir kreieren alle möglichen Arten unbewusster Interaktionen mit Künstlern, zu denen wir uns hingezogen fühlen. Wir finden ihre Aufenthaltsorte heraus, wir denken über jede ihrer Veröffentlichungen nach, wir studieren ihre Randnotizen. Wir pflegen tiefe persönliche Bindungen zu ihnen, was Künstler zu Personen mit großem wirtschaftlichen Einfluss macht.

Heute ist der Beitrag des Künstlers – Talent, Vorstellungskraft, Rolle und kreative Energie – wichtiger als je zuvor. Man könnte argumentieren, dass die digitale Technologie es den Künstlern *einfacher* gemacht hat, ihre Kreativität wirksam einzusetzen. Aber wenn dem so ist, dann könnte Musik in kürzerer Zeit erschaffen werden, vielleicht mit einem kleineren Budget und mit viel weniger Hilfe von außen, die traditionell von den Plattenfirmen kommt. Das gibt dem Künstler mehr Selbständigkeit und macht die Angebote der Plattenfirmen vergleichsweise weniger interessant. Die Künstler sind auf die mächtigen Scheckbücher der Plattenfirmen nicht länger angewiesen. Musikproduktionen werden erschwinglicher, kleine und mittlere Marketingfirmen bieten den Künstlern ihre Dienste direkt an, Vertriebsoptionen sind sprunghaft gewachsen und Manager und Agenten übernehmen aktivere Rollen.

Sobald netzwerk- und technologiegesteuerte Produktion und der entsprechende Vertrieb für Künstler und ihre Manager verfügbar sind, liegen die größten Stärken der Plattenfirma in Finanzierung und Marketing – wobei auch das Marketing von kleineren Dienstleistern wirksam ausgeführt werden kann. Man sollte allerdings die Bedeutung eines starken Profi-Netzwerks nicht unterschätzen, und die Plattenfirmen verfügen oft über riesige Netzwerke mit viel erfolgsentscheidender Unterstützung, welche manchmal nur einen Anruf erfordert. Die Macht dieser Netzwerke mit ihren hochrangigen Geschäftsverbindungen verliert nicht an Bedeutung – und ist einer der Schlüssel zum erfolgreichen Musiker-Business der Zukunft.

Die neue Technologie dringt nun auch in diese Bereiche vor. Gute Beispiele dafür sind die blühenden Social-/Business-Netzwerke, vernetzte

Blogs, und „Dating"-Anwendungen wie Friendster, Ryze und LinkedIn. Man kann davon ausgehen, dass diese Technologien ab dem Moment einer breiteren Nutzung es den Menschen ermöglichen werden, durch „Business Dating und Matching" im Internet– mit darauffolgenden Anlässen zum persönlichen Kennenlernen – umfangreichere private und geschäftliche Netzwerke zu entwickeln. Spätestens dann ist der einzelne Künstler nicht mehr länger auf das Netzwerk einer Plattenfirma angewiesen, um Zugang zu einflussreichen, geschäftlichen Kontakten zu erhalten. Vielmehr ist abzusehen, dass Künstler und ihre Manager direkt im großen Teich der Geschäftsverbindungen fischen können, der von virtuellen und Echtzeit-Konferenzen, von Messen und letztendlich von den Märkten selbst gefüllt wird.

Die verbleibenden Aufgaben, die eine Plattenfirma erfüllen kann, rechtfertigen nicht mehr länger den finanziellen, künstlerischen und persönlichen Preis, den Künstler zahlen, wenn sie ihre Rechte für einen herkömmlichen Plattenvertrag weggeben. Für den Künstler ergeben die alten Vertragsstrukturen keinen Sinn mehr – wenn sie überhaupt jemals Sinn ergaben.

Eine Arbeitsgemeinschaft oder ein kooperatives Vorgehen ist der nächste Schritt nach vorne, und ein paar fortschrittliche Player der Plattenindustrie, wie z.B. Sanctuary, EMI und Artemis Records, sind schon vorausgegangen. Da sich die Geschäftsstrukturen im Allgemeinen von „besitzen" hin zu „teilen" bewegen – also von Produkt zu Dienstleistung –, wird die Musikindustrie zum Mitmachen gezwungen sein. Künstler, die bisher im Auftrag einer Plattenfirma produzierten, heuern nun die ehemaligen Führungskräfte der Plattenindustrie an. Was für eine gewaltige Veränderung für alle Beteiligten! Wenn sie es wollen, dann rücken sich die Künstler in eine Machtposition, in der sie *mit* den Plattenfirmen arbeiten und nicht *für* sie.

4. Künstler und ihre Manager werden die Zukunft gestalten

Getreu der allgemeinen Auffassung sind viele Musiker schlecht organisiert und gewöhnlich aller strikten Order und straffer Organisation gegenüber abgeneigt. Da sie sich eher auf der kreativen Seite bewegen, sind Künstler in finanziellen oder organisatorischen Dingen nicht immer versiert oder erst gar nicht daran interessiert. Oft ändert sich das erst, nachdem ein Künstler einen bestimmten Stand erreicht hat, der genügend Anreiz schafft, sich einmal mit der eigenen finanziellen Situation auseinanderzusetzen. Ein gutes Beispiel ist Mick Jagger, der sich nun schon seit einiger Zeit eifrig für die Geschäfte des Rolling Stones-Imperiums interessiert. Die Band hat ihre eigenen Budgets, Buchhalter, Rechtsanwälte, Bankiers sowie Hard- und Software zur Lizenzverwaltung, zur Absatzförderung von Fanartikeln, für Tourneen und zur Investitionsverwaltung.

Traditionell wurden bisher die administrativen Rollen von Managern und Agenten sowie Rechtsanwälten und Buchhaltern wahrgenommen. Sie haben ihre Dienstleistungen denjenigen Musikern angeboten, die es sich leisten konnten. Während der vergangenen zehn Jahre haben die Manager begonnen, mehr und mehr Aufgaben zu übernehmen, und es ist zu erwarten, dass dieser Trend aufgrund der rapide wachsenden Entfremdung zwischen den Plattenfirmen und ihren Künstlern noch zunimmt. Bestimmt hat der 2004 durchgeführte Zusammenschluss von BMG und Sony Music dahingeführt, dass so einige Führungskräfte den Hut nehmen mussten und Künstler fallen gelassen wurden.

Verbände wie die International Music Managers Foundation (IMMF) sind bereit, die Führung zu übernehmen. Gute Manager bieten ihren Künstlern unzählige Möglichkeiten, um im Business zu bleiben und voranzukommen. Die Beziehung zwischen Künstler und Manager ist im Vergleich zum üblichen Dreiundvierzig-pro-A&R-Künstlermanagement-Ansatz in den Plattenfirmen sehr persönlich. Manager haben eine ganz andere Einstellung dazu, wie sie mit einem Künstler arbeiten und, im Weiteren, wie sie honoriert werden. Manager bekommen oft nur eine sehr niedrige Einkommensgarantie, zumindest am Anfang. Dafür erhalten sie aber 15 bis 25 Prozent der gesamten Einkünfte des Künstlers, die normalerweise viele Einnahmequellen umfassen.

Folglich haben Manager einen direkteren und unmittelbareren Einfluss auf alle Geschäftsentscheidungen. Im Laufe der Zeit werden die Manager wahrscheinlich eine viel größere Rolle als Dreh- und Angelpunkt für Geschäftsentscheidungen spielen, von Verlag über Marketing und Touring bis hin zum Verkauf von Fanartikeln. Die Manager werden in Führung gehen, da sie unmittelbar mit dem Künstler verbunden sind. Das kann eine sehr vorteilhafte Form für den Künstler sein und zu einer viel intensiveren Zusammenarbeit führen, als sie sie jemals von einer traditionellen Plattenfirma erwarten können. Manager werden Vertriebskanäle definieren, Marketing- und PR-Agenturen auswählen, neue Technologiebedingungen für ihre Zwecke nutzen und Sponsorendeals aushandeln. Geschickte Manager werden dadurch ihre Künstler erfolgreichen und unabhängig machen und damit die neue Musikwirtschaft wachsen lassen.

5. Verlagsarbeit ist eine bedeutende Einnahmequelle

Es ist bekannt, dass das Einkommen aus den Erträgen, die ein Musikverlag erwirtschaftet, eine wertvollere und verlässlichere Einnahmequelle darstellt als die Einnahmen aus CD-Aufnahmen – vorausgesetzt, der aufnehmende Künstler ist zugleich der Komponist. Es braucht einfach länger, einen guten Song-Katalog aufzubauen und diese Songs in die richtigen Kanäle zu bringen, so dass sie gespielt werden. Als man kürzlich die Bewertung für die Übernahme der Warner Music Group ermittelte, wurde der Musikverlag mit zwei Milliarden US$ eingeschätzt, im Vergleich dazu wurden 1,5 Millionen US$ für den Tonträgerbetrieb angegeben.

In den USA wird eine gesetzlich festgelegte Lizenzgebühr für jeden Song auf jeder verkauften CD an die Komponisten und ihre Verleger gezahlt, egal ob der Komponist der Interpret war oder nicht. In Europa ist dies ein fester Prozentsatz des veröffentlichten Händlerabgabepreises (HAM), was oft einen etwas höheren Betrag ergibt. Aufführungen, Synchronisation (der Einsatz eines Songs in Film, Video oder Werbung) und andere songbezogene Lizenzeinnahmen liefern oft beträchtliche Zusatzeinnahmen aus der Verlagsarbeit.

Man darf nicht vergessen, dass das Internet und andere digitale Netzwerke tatsächlich gigantische Verlagsapparate sind – alles dreht sich um das Verbreiten von Daten (auch bekannt als „Information" und „Inhalt") und darum, von den Menschen gesehen oder gehört zu werden. Daher profitieren die Musikverlage von den technologischen Verbesserungen, die die Verbreitung von Daten ermöglichen – wenn sie lernen, sich diese Möglichkeiten zu Nutze zu machen, anstatt sie zu bekämpfen, was viele ihrer Plattenfirmen-Kollegen auch weiterhin tun. Ohne Zweifel nützt es Musikverlagen, wenn die Arbeit ihrer Komponisten so weit wie möglich Verbreitung findet. Die digitalen Netzwerke können dies ermöglichen und wirtschaftlich auswerten wie keine andere Technologie zuvor. Sobald wir unser Augenmerk darauf richten, wie daraus Einnahmen zu generieren sind, und die neuen Modelle annehmen, werden die resultierenden Gewinne höher sein denn je. Ansätze davon sieht man im florierenden Klingelton-Geschäft, bei Musik für Videospiele und Einkommen aus Synchronisationen.

Sobald die Urheberrechte dahingehend geändert sind, für was sie ursprünglich einmal gedacht waren – die Komponisten für einen begrenzten Zeitraum zu schützen, so dass eine Erfindung oder Arbeit zum Nutzen aller an die Öffentlichkeit herausgegeben werden kann –, werden sich die Erlösschleusen öffnen und die Musikverleger können wirklich Nutzen aus den neuen Technologien ziehen. Man stelle sich die Entlastung durch die Reduzierung der guten alten, mechanischen Reproduktionslizenz zugunsten einer „Zugangslizenz" vor, die es der Öffentlichkeit ermöglicht, frei über jeden Song auf der Basis einer neuen Pauschallizenz zu verfügen. Die mechanische Lizenz wurde zusammen mit dem Erscheinen von Pianolas als gesetzliche Lizenzgebühr auf den Verkauf von Pianorollen eingeführt. Warum sollen wir weiter an einer derartigen Lizenz in einer digitalen Welt hängen, in der jeder beliebige Song frei und ohne wirkliche Kosten reproduziert werden kann? Wenn sich die Kosten einer Reproduktion Richtung Null bewegen, dann ist es an der Zeit, einen neuen Weg zu finden, wie der „Wert" eines Songs zu messen ist – und dazu gibt es viele Wege.

Sobald die Mechanismen des Inkassos von Lizenzgebühren für Aufführungen den neuen Modi der Songnutzung angepasst wurden, dann wird das Inkasso von Lizenzgebühren für Aufführungen und für Tonträger die Liste der Haupteinnahmequellen für Musiker anführen. Technologien wie jene, mit denen Mediaguide, YesNetworks und Yacast Pionierarbeit leisteten, gestatten uns, die aktuelle Produktion in den Netzwerken mit 99-prozentiger Genauigkeit zu überwachen, anstatt uns auf die bisher übliche, auf Schätzung basierende Abrechnung zu verlassen. Unter der bestehenden Struktur hatten nur jene, die in der Lage waren, solche Kontrollen durchzuführen, aufgrund des auf Schätzung basierenden Systems eine größere Chance, auch Lizenzgebühren zu kassieren. Die reichen Künstler wurden reicher und die kleineren Künstler fielen durchs Netz. Aber jetzt können wir jeden Komponisten für die tatsächliche Produktivität seiner Songs in jedem überwachten Netzwerk bezahlen. Letztendlich lässt sich die Verlagsarbeit nicht mehr vom Vertrieb trennen. Die Aufgaben, die von ehemaligen „Plattenfirmen" ausgeführt wurden, haben sich nun in Musikverlagsarbeit gewandelt – vielleicht ist das die nächste Generation des Musikbusiness.

6 Die Menschen entdecken neue Musik nicht mehr nur über das Radio

Die Tage des Massenmarketings von Tonträgern über Formatradio stehen vor dem Aus. Moderiertes Radio begann musikbasiertes Radio schon vor einer Weile zu ersetzen. Die Programmlisten der monolithischen Radiomaschinen wurden im Großen und Ganzen zu einem homogenen Brei von Gleichklang und die Sender beliefern eher Inserenten als ihre Hörer. So ist Radio auf mancherlei Art ein Vehikel für Werbung, ähnlich wie das Privatfernsehen. Keine Aussage konnte das besser erklären als jene im *Fortune*-Magazin von Clear Channels CEO Lowry Mays: „Unser Geschäft ist nicht, vorselektierte Musik zu liefern. Unser Geschäft ist ganz einfach, Produkte zu verkaufen."

KAPITEL 2 | UNSERE TOP 10 WAHRHEITEN

Heute wissen wir, dass sich viele Menschen das Radio im herkömmlichen Sinne abstellen und sich in das Internet einklinken, in Mobilfunknetze und kabellose und interaktive Technologien. Gerade dort, wo starke Internetnutzung das Fernsehen verdrängt, verliert Radio zugunsten digitaler Medien – oder verwandelt sich in ein solches. Ein Grund hierfür ist, dass Musikmarketing und Vertrieb nicht mehr länger an der Hüfte zusammengewachsen sind. Fans und Konsumenten verfügen über viel bequemere Optionen, um neue Musik zu entdecken als jemals zuvor, inklusive Internet, Videospielen, Fernsehen und Empfehlungen von Freunden über E-Mail, Instant Messaging oder soziale Netze und Benutzergruppen.

Digitale Musikdienste wie iTunes, Musicmatch, Rhapsody, MSN und Virgin Digital melden, dass Onlinecommunitys bedeutende Antreiber für die Entdeckung neuer Musik sind. Angebote wie das Tauschen von Playlists mit anderen Usern, oder Listen der „Top 10/20/100 Songs" oder „Kunden, die dies kauften, haben auch das gekauft"-Empfehlungen helfen den Fans, online neue Musik zu entdecken.

Die große Chance für die Zukunft ist, unkomplizierte Wege zu finden, neue Musik zu präsentieren. Radio, so wie wir es kennen, wird durch digitale Musikdienste ersetzt, die nahtlos in Musikvertriebssysteme übergehen. Zugang und Eigentum werden letztendlich zusammenlaufen. Wenn mein digitaler „Radiosender" meine Lieblings-Playlist auf Abruf liefert – jederzeit und überall – dann wäre der einzige Grund, einen anderen Dienst anzunehmen der, dass dieser noch mehr auf meine Bedürfnisse eingeht. Es ist höchstwahrscheinlich, dass der Begriff „Radio" den Weg des Wortes „Schallplatte" gehen wird – in den Abfalleimer.

Das terrestrische Radio (im Gegensatz zum Satellitenradio) in den USA wird bereits von seiner eigenen Konsolidierung bedroht, von fehlender Programmvielfalt und zunehmender Zensur. Man schaue sich dazu die fallenden Aktienkurse von Clear Channel und Infinity an. Clear Channel verfolgt auch eigene politische Ziele, wenn es bestimmte Künstler wegen ihrer kritischen Äußerungen über die amerikanische Kriegsführung im Irak aus dem Äther bannt, weil von Seiten der Regierung Bush und der FCC *[Anm. Übersetzer: Federal Communications Commission, USA]* Druck ausgeübt wurde. Die meisten Menschen werden diese Art von Zensur in einer Welt, in der legitime, alternative Programme nur ein paar Mausklicks entfernt verfügbar sind, nicht tolerieren.

Das Radio, *wie wir es kennen*, wird weniger wichtig werden, weil die Menschen Zugang haben zu sorgfältig zusammengestellter und nach Maß katalogisierter Musik, überall und jederzeit. Digitale Musik in ihrer Perfektion ist genauso gut, wie das beste Radio es jemals war. Terrestrisches Radio wird Kopf an Kopf mit digitalen Musikdiensten konkurrieren müssen, die Musik über Satellit oder drahtlose Netzwerke liefern, genauso wie Fernsehsender gegen das Bezahlfernsehen und digitale Fernsehanbieter antreten müssen.

Was das Radio attraktiv bleiben ließe, ist die durch den Faktor Mensch geformte emotionale Bindung. Wenn das Radio überleben will, dann muss es den persönlichen Ansatz der Präsentation von Musik und Nachrichten beibehalten, aber es muss auch die neuen digitalen Technologien annehmen, so wie es die Satellitenradiosender Sirius und XM bereits praktizieren. Und es muss sich daran gewöhnen, dass es für mobile Menschen nur eine der Optionen, Musik zu konsumieren, darstellt.

7 Digitales Nischenmarketing schlägt Massenmarketing

Die Ansicht, dass ein Künstler mehr als 500.000 Platten verkaufen muss, um erfolgreich zu sein, ist der merkwürdige, von Musiklobbys propagierte Mythos, die einen riesigen Kostenapparat zu tragen haben. *Sie* müssen so viele Platten verkaufen, um an einem Künstler zu verdienen. Dies trifft aber nicht auf einen Musiker oder ein kleines Indielabel zu. Wenn Musiker ihre Nische definieren können, sich selber klar abheben und effektive Wege finden, sich den Menschen, die sich für ihre Einzigartigkeit interessieren, zu präsentieren, dann können sie mit kleinerem Verkaufsvolumen und weniger Publikum erfolgreich sein. Auf jeden Künstler, der eine Million CDs verkauft hat, kommen Hunderte, die ihr Auskommen mit dem Verkauf von lediglich 5000 CDs hatten, da ihnen davon mitunter 80 Prozent der Einnahmen verblieben!

Zunächst einmal müssen Künstler ihre Sicht über Erfolg erweitern – in eine Sicht nämlich, die großartige und andauernde Karrieren auf einer kleineren Anzahl von Tonträgerverkäufen, physisch oder digital, direkt an die Fans aufbaut. Der Künstler kann auch andere Wege verfolgen, um Geld mit der Beziehung zu seinen Fans zu verdienen. Ohne eine dazwischengeschaltete Plattenfirma kann der Künstler oft einen höheren Grad an Nähe und Teilnahme aufrechterhalten und so im direkten Dialog mit dem Publikum bleiben.

Der Schlüssel zum Erfolg im Musik-Nischenmarketing besteht darin, Ausgaben für Promotion dort anzulegen, wo die größten Einnahmen zu erwarten sind – das heißt, mit minimalem Einsatz das meiste erreichen. Dies kann durch Technologien unterstützt werden, die eine höchstmögliche Konvertierung von „Interessenten" in „zahlende Kunden" erreicht. Matchmaking – dem richtigen Kunden zur richtigen Zeit die „perfekte" Musik vorstellen – ist hier die Kunst des Marketings. Den passenden, digitalen Angebotskanal zu finden und festzulegen, ab wann und für was es zu kassieren gilt, dies wird in der Zukunft der wichtigste Job der Musikmarketingmitarbeiter sein.

Einmal gesät und gut gepflegt können Nischenmärkte extrem profitabel sein, besonders mit immaterieller Ware wie Musik. Dieser Sektor bietet großartige Chancen für findige Unternehmer genauso wie für Dienstleistungs- und Technologiefirmen. In zwölf bis 15 Jahren könnten Nischenmärkte bis zu 40 Prozent der Einnahmen im weltweiten Musikbusiness ausmachen, eine neue „Mittelklasse" von Künstlern wird letztendlich gut davon leben können.

8 Die Kunden verlangen – und erhalten – zunehmend Komfort und Wert

Viele Jahre lang ging man in einen Plattenladen, um die Songs zu kaufen, die man im Radio gehört hatte. Es war einfach und komfortabel, eine Platte, Kassette oder CD zu einem offensichtlich vernünftigen Preis zu erwerben. Musik schien noch ihren Wert zu haben. Das Geld floss vom Fan in den Laden, von dort zu den Plattenfirmen und weiter zu den Künstlern, Komponisten und Produzenten der Musik. Die Menschen fanden es praktisch, neue Musik im Radio zu hören – was sie übrigens als „gratis" empfanden – und sie im Gegenzug ganz einfach im Plattenladen zu kaufen. Die CD war die Favoritin des Musikfans der vergangenen 20 Jahre, denn sie ist klein, transportabel, einfach zu benutzen, hört sich großartig an, ist bequem zu kaufen und scheint zu dieser Zeit ihr Geld wert gewesen zu sein.

Die Zeiten haben sich geändert. Verglichen mit den vielen digitalen Alternativen scheint die CD in den Augen vieler nicht länger einen besonderen Wert zu haben und sieht auch längst nicht mehr so aus. Sie hat einfach nicht den *entsprechenden Wert* im heutigen, komplexen und konkurrenzbetonten Markt ... einem Markt, der alternative Produkte wie DVDs, Videospiele, Mobiltelefone und digitale Kameras anbietet. Und sobald die Plattenindustrie zu kopiergeschützten CDs wechselt, die nicht mehr auf die Festplatte des Computers kopiert werden können, werden ganze Populationen von Musikfans die CD für immer hinter sich lassen. Wenn man die Berge von Pressemitteilungen liest, die sich mit den Sicherungsbemühungen für digitale Tonträger beschäftigen, kann man sich nur wundern, warum noch irgendjemand meint, dass der durchschnittliche Kunde etwas anderes als Ablehnung für diese Art von Produkten empfinden wird. Um die Aufmerksamkeit der Kunden zu erlangen, bedarf es mehr Wertschöpfung als Ausgleich für die zusätzliche Sicherheit. Schließlich haben die Nutzer durch die Technologie Mitspracherecht, und wer kann schon erwarten, dass sich Kunden zurücknehmen und ihre Rechte aufgeben?

Einige Konsumenten werden in absehbarer Zukunft auch weiterhin CDs oder andere Medienträgerprodukte kaufen – besonders jene, die noch keine passenden Computer, PDAs oder schnelle Internetanbindungen haben oder jene, die hohe Audioqualität vorziehen. Sobald es aber in hohem Maße einfacher und günstiger wird, qualitativ hochwertige Aufnahmen auf vielerlei Wegen zu beziehen, werden ganze Heerscharen wechseln – eine einfache Geschäftsweisheit, die sich laufend bestätigt: Das Wasser findet immer wieder einen Weg.

Vergessen wir nicht, dass das Internet nur die erste Welle der Entwicklung ist, bis es vom explosiven Wachstum der mobilen Dienste in den Schatten gestellt wird. Breitband erzeugt Inhalt erzeugt Breitband – sobald die Lawine ins Rollen kommt, werden wir erstaunt sein über die Geschwindigkeit, mit der sich Inhalt in den digitalen Netzwerken verbreitet. Wir sind vielleicht in der Lage, ein oder zwei kleine Löcher in den Dämmen zu stopfen, die den Inhalt zurückhalten, aber wenn der Damm bricht, dann wird es eine unaufhaltsame Springflut geben. Anstatt nun bessere Dämme zu errichten, lasst uns breite Kanäle für den leichten Fluss der Inhalte bauen. Lasst uns unwirtschaftlichen Produktschutz durch effektive Methoden zu Tauschkontrolle und Supervertrieb ersetzen!

Nun zu den Opfern ... wenn man es einmal objektiv betrachtet, dann lebte die Musikindustrie in der komfortablen Situation, jedes Jahr Milliarden einzunehmen und das trotz der Tatsache, dass die Konsumenten immer wieder grundlegende Bedürfnisse und Wünsche opfern mussten, um überhaupt Musik zu bekommen.

Nennen wir einige der wortlos akzeptierten und tief verwurzelten Opfer beim Namen: Es ist unmöglich, nur einen bestimmten Song der Lieblingsband zu erhalten, ohne das ganze Album kaufen zu müssen. Es ist unmöglich, irgendein Produkt von weniger bekannten Künstlern zu erhalten, wenn man nicht in der Region lebt, wo es angeboten wird. Und es ist unmöglich, vergriffene Aufnahmen zu erhalten. Bis zum Beginn des Internets hatten die Musikkonsumenten scheinbar beschlossen, ihre wahren Bedürfnisse zu opfern, nur um überhaupt was von der Musikindustrie zu bekommen. Ein Vogel in der Hand ist besser als ein Spatz auf dem Dach! Aber jetzt haben die Kunden in den digitalen Netzwerken ein

Mitspracherecht und müssen sich nicht länger damit begnügen, diese Opfer zu erbringen.

Häufiger als angenommen sind die zeitgemäßen Unternehmer diejenigen, die diese Möglichkeit besser ausnutzen als andere. Einiges zeigt sich schon heute und wird in der Tat das Standardmodell von morgen werden: Jede Information über irgendeinen Künstler und seine Arbeit kann beschafft werden, Nachrichten verbreiten sich in Minuten, Downloads und Streams sind augenblicklich überall verfügbar, regionale Beschränkungen werden bedeutungslos. Das wäre sicher ein Segen für Nutzer und Konsumenten – genauso wie E-Trade, Amazon, Mapquest, Google, Yahoo, Expedia und EasyJet. Dieser Trend wird so stark um sich greifen, dass wir im Musikbusiness noch mehr Konsumenten sehen werden, die sich weigern, diese alten Grenzen zu akzeptieren, und die nicht weiter bereit sind, ihr Recht an Informationen auf dem Altar der altertümlichen Musikindustriebedingungen zu opfern. Einen gewaltigen Wechsel, aber auch eine gewaltige Chance, bezeugt der enorme Erfolg von Firmen wie eBay, der ganz auf dem Mitspracherecht der Kunden basiert, anstatt auf Opfern.

9 Die gegenwärtige Preisgestaltung geht in die Binsen

Singles waren nie auch nur annähernd profitabel für einen Künstler, und das neue „pro-Track-zahlen"-Onlinemodell, eingeführt von iTunes, Rhapsody, BuyMusic und anderen, wird letztendlich auch nicht besser funktionieren. Apple berichtet, dass einige iTunes-Downloads für ganze Album-Pakete sind, zu Alben-Preisen, aber es wird schwierig, den Preis für ein digitales Album bei zehn bis 12 US$ zu halten, wenn der Reiz des Neuen verpufft ist. Im Endeffekt ist es unwahrscheinlich, dass diese Verkäufe die hauptsächliche Methode sind, um Einkommen in die Säckel der digitalen Musikdienste zu füllen. Unsere Vorahnung sagt uns, dass 50 oder 60 Prozent der zukünftigen Einnahmen aus dem Verkauf anderer Produkte und Dienste kommen werden sowie aus Werbung, Sponsorenverträgen und Marketing-Kooperationen. Die Musik selber mag oft nur die Standardzutat im Mix sein anstatt der ausschließliche Zweck der Transaktion. Die Tage, an denen viel Geld mit dem Verkauf von 100 Prozent „Inhalt" gemacht wurde, sind für die Musik vorbei.

Das traditionelle Denkmuster hinter den Plattenverträgen ist konsequenterweise nicht länger anwendbar und braucht eine komplette Überholung. Das Modell der fünfziger Jahre ist in der heutigen Zeit wahrlich veraltet. Wenn man die eigentliche Natur einer digitalen, immateriellen und unbegrenzt wiederholbaren Transaktion berücksichtigt, dann steht den Künstlern ein deutlich größerer Anteil aus den Einnahmen zu, als die acht bis 15 oder sogar 20 Prozent, die ihnen theoretisch zufließen, *wenn* die Buchhaltungen der Plattenfirmen fair wären, *wenn* die Verkäufe korrekt aufgeführt würden und *wenn* es da nicht all diese Abzüge und Rückzahlungsverpflichtungen in den Verträgen gäbe. Dieses Kolonialstil-Geschäftsmodell („Du arbeiten – Ich besitzen") ist eine Beleidigung für die Künstler von heute und wird schnell zugunsten eines Ansatzes ersetzt, der die Annehmlichkeit und den Wert der digitalen Musik mit dem Hunger der Konsumenten nach Musik vereint, in einer Art und Weise, die für die heutigen Künstler und Fans wirklich Sinn ergibt.

Immer mehr Musikfans sprechen heute ihren Unmut über die Preisgestaltung und den endlosen Hindernislauf aus, den sie absolvieren müssen, wenn sie Musik kaufen möchten. Ihnen wird klar, dass die Plattenfirmen zwischen sechs und 15 Mal mehr von ihnen verlangen, als die Künstler selber vom Verkauf einer CD erhalten. Es wird ihnen klar, dass dies ein recht ineffizienter Weg ist, Musik zu vertreiben, wenn man bedenkt, wie viel bezahlt wird und an wen, um Musik zu erhalten. Die Kunden feilen an ihren Internetverbindungen und leben ihre Lust auf den Musiktausch aus. Ihre Message ist: „Ihr gebt mir, was ich will, zu keinem vernünftigen Preis, also geh ich woanders hin."

Wir müssen die Art und Weise herausfinden, wie Menschen derzeit Musik entdecken, selektieren und legal erwerben. Wir müssen die Realität der digitalen Marktplätze wiedergeben, nicht die der sechziger und siebziger Jahre. Das Spiel läuft heute anders. Um ein Geschäft zu haben, das gedeiht und wächst, müssen wir die Interessen der Fans und Künstler voranstellen und nicht das bestehende Business der Verantwortlichen.

Bestehende CD-Preisgestaltung (geschätzt)					
Künstler	Label	Herstellung	Versand	Einzelhandel	Konsument
8 %	49 %	8 %	5 %	30 %	= 100 %

Die heutige Preisgestaltung wird von den tief greifenden Gewohnheitsänderungen der Musikfankulturen und von der ständig steigenden Zahl der Unterhaltungsprodukte der Mitbewerber in Stücke gerissen. Konsumenten, die herausgefunden haben, wie man Musik gratis findet – legal oder nicht, werden sich nicht überzeugen lassen, auch weiterhin für die heutige CD zu zahlen. Die gegenwärtige Preisstruktur wird durch effizientere Preissysteme ersetzt werden, die Abonnements, Bündel verschiedener Medientypen, Mehrfachzugriff-Deals und Dienstleistungen mit Mehrwert einschließen. Und die faire Nutzung, an die der Kunde gewöhnt ist, wird beibehalten, wie das Recht zu tauschen und weiterzuverkaufen. Letztendlich hat es sich als unmöglich erwiesen, große Technologiesprünge zu machen und gleichzeitig hinsichtlich der Nutzerrechte rückwärts gewandt zu agieren.

Um die Standarddienste voll nutzen zu können, wird allen Konsumenten wahrscheinlich eine zusätzliche, relativ geringe „Gebühr" auferlegt werden. Ähnliche Abgaben, Steuern und Gebühren werden möglicherweise für alle auf digitalen Netzwerken verfügbaren Basis-Contentangebote eingeführt werden, wie die von Mobile Carriern, WiFi-Anbietern und Internet-Service-Providern. Da die Gebühren höchstwahrscheinlich stufenweise ansteigend strukturiert werden, stellen sie auch keine wirkliche Last für den einzelnen Nutzer dar. Wenn man sich nun einmal vorstellt, dass alle 1,4 Milliarden Mobiltelefonbenutzer weltweit jeden Monat einen US$ zahlen, um Zugang zu den Basisdiensten zu erhalten, dann würde das bereits die Hälfte des Wertes der jährlichen, weltweiten CD-Verkäufe ausmachen. Das zu realisieren ist angesichts der heutigen Musik-Mogule wohl eher unwahrscheinlich, wäre in der Zukunft allerdings durchaus denkbar.

Darüber hinaus können die Konsumenten aus einer Reihe von vorteilhaften „Paketpreisen" und „Modulzahlungen" wie erweiterte Abonnements, Mitgliedschaften, Beiträgen und Pro-Sendung-Gebühren, wählen. Wenn sich die Preismodelle insgesamt geändert haben und die Musik frei fließen kann, dann werden bis zu 80 Prozent der Bevölkerung in den führenden Märkten zu aktiven Musikkonsumenten. Man vergleiche das mit den heutigen durchschnittlich zehn bis 15 Prozent, die wirklich Musik auf physischen Tonträgern kaufen, und man kann das Profitpotenzial dieses fundamentalen Wandels erahnen.

10 Musik ist mobil und braucht flexiblere Verwertungsmodelle

Musik will mobil und beweglich sein. Dies war ständig ein Knackpunkt bei den Musikfans. Das Grammophon war der Sache nicht förderlich. Der Walkman war ein großer Erfolg, weil er die Mobilität vergegenständlichte. Der Erfolg der CD ist ebenfalls in der Mobilität begründet. Und digitale Musik ist der Gipfel der Mobilität. Wenn wir Mobilität als Möglichkeit definieren, von überall jederzeit Zugriff auf Musik zu haben, als Fähigkeit, sie ohne größeren Aufwand mitzunehmen, und als Fähigkeit, Musik mit anderen zu tauschen, so ergibt sich eine genaue Definition von digitaler Musik. Den einzigen Weg, den das Ganze noch nehmen kann, ist der nach oben!

Die Musikindustrie sollte sich einige der Taktiken anschauen, die Entwickler von Videospielen und Softwarehersteller anwenden: Entwerfe

Produkte, die erst ausprobiert, dann gekauft werden können und aufrüstbar sind, entwickle eine sich laufend erweiternde Linie von Dienstleistungen und Produkten oder Formaten, in denen die Produkte verkauft werden: bündeln, neu verpacken und Mitvertrieb. Aufgenommene Musik wurde zu lange eher als „statisches" Produkt angesehen, anstelle eines fließenden oder teilnehmenden Unterhaltungserlebnisses – aber im Letzteren liegt der Wert. Eine ungefähre Vorstellung davon, wie dies in der Praxis aussehen kann, erhält man, wenn man sich die verschiedenen digitalen Musikunternehmungen anschaut, die mitgeschnittene Konzerte unmittelbar nach der Show liefern, wie Instant Live, Disc Live, eMusic Live (ehemals DCN), Livephish.com und LiveMetallica.com.

Prozess und Tempo der Veröffentlichung sollten mit den neuen Mitteln zur Produktentwicklung und den neuen Aktivitäten im Nischenmarketing synchronisiert werden. Vermögen werden von denen gemacht, die die „geheimen Zutaten" kennen, die genau verstehen, was die involvierten Marktteilnehmer wollen, und wer die geeigneten Technologien zur Lieferung der Dienstleistungen entwickeln kann.

Mehrfachzugriff auf Musik wird in der Zukunft zum Standard, was es den Konsumenten ermöglicht, ihre mobilen oder statischen Abspielgeräte und On-Demand-Dienste an Tankstellen, Bahnhöfen, in Shoppingcentern und Coffee Shops „aufzufüllen". Mobiltelefone, wie wir Sie heute kennen, werden durch unendlich leistungsstärkere, mobile Kommunikations- und Unterhaltungslösungen ersetzt, die naht- und mühelos vernetzen. Mobile Player verbinden zu den digitalen Musikdiensten per GPRS, UMTS, Bluetooth und WiFi-ähnlichen Anschlüssen und werden in der Lage sein, Musik zu streamen und herunterzuladen. Und diese Geräte werden Mobiltelefone, PDAs, mobile Spielekonsolen und soziale Softwareplattformen sein. Mobile Musiksysteme werden die Interaktivität zwischen den Benutzern unterstützen und den Tausch von Playlists und anderen Kommunikationsanwendungen ermöglichen.

Speicherkapazität kommt praktisch unbegrenzt daher, mit Geräten, die innerhalb der nächsten zwei bis drei Jahre mit bis zu einem Terabyte Speicher ausgerüstet sein werden. Zugang per Pauschalgebühr, günstigem, internationalen Roaming und „Inhalt und Anschluss"-Bündel werden Mobile-Musikangebote nahezu unwiderstehlich machen.

Die gängigen Mythen der Musikindustrie – und wie sie in Zukunft aussehen könnten

3

In diesem Kapitel wollen wir uns mit den fünf gängigsten Mythen der Musikindustrie befassen. Geschlagene 50 Jahre nach Elvis sind diese weitverbreiteten, falschen Vorstellungen immer noch der Grund dafür, dass sich kaum etwas geändert hat – jedenfalls nicht bis zu dem Zeitpunkt als vor ein paar Jahren das Internet, MP3, Napster und Filesharing am Horizont erschienen. In den Fünfzigern und Sechzigern war das Musikbusiness eine relativ einfache Sache, und nur ganz wenige wussten, was hinter den Kulissen wirklich ablief. Heute hat man per Mausklick oder Instant Messaging sofort Zugang zu den ausführlichsten Informationen, was dazu beiträgt, die verzerrten Geschäftspraktiken des Musikbusiness zu entblößen.

Durch das Internet, also durch die digitalen Technologien im Allgemeinen, lassen sich die wahren Gegebenheiten nicht mehr so einfach verbergen. Tatsachen kommen ans Licht, Künstler äußern sich öffentlich, jeder kann über alles nachlesen, und schon zeichnen sich so einige Veränderungen ab. Diese Art von geschäftlicher Informationstransparenz schafft Klarheit, und sie erzeugt auch einen gewissen Druck, was sich beides üblicherweise in Vorteile für den Konsumenten umsetzt. Der Autor William Gibson schreibt dazu: „Im Zeitalter von undichten Stellen und Blogs, wo Hinweise auftauchen und Verbindungen entdeckt werden, kommen die Wahrheiten später, wenn nicht früher, heraus, oder werden herausgebracht. Das ist etwas, das ich gerne jedem Diplomaten, Politiker und Firmenchef klarmachen würde: Die Zukunft wird dir letzten Endes auf die Schliche kommen." Und mit jedem Tag, den wir uns weiter in Richtung digital vernetzte Gesellschaft bewegen, gewinnt dieser Umstand an Bedeutung.

Genau wie zu den Zeiten, die der Erfindung von Druckerpresse, Automobil und Fernsehen folgten, hat der technologische Fortschritt des Internets die Dinge zunächst auf den Kopf gestellt. Wir werden einen Zeitraum von beachtlichem, kreativem Chaos durchlaufen, bevor die neue Technologie für den Durchschnittsbürger *wirklich* brauchbar wird. Die gute Nachricht ist, dass wir das überstehen werden. Die schlechte, dass es für einige Leute recht mühsam werden wird.

1 Mythos 1. Musik ist ein Produkt.

Mit ein Grund, warum die Musikindustrie heute in einem so bedauernswerten Zustand ist, ist die Tatsache, dass die Menschen, die die „alte" Industrie kontrollieren, davon überzeugt sind, dass sie das Musikbusiness *sind*, und dass Erfolg in der Musik bedeutet, Produkte zu vertreiben, die sie

KAPITEL 3 | DIE MYTHEN DER MUSIKINDUSTRIE

kontrollieren müssen – dass nur *sie* liefern können, richtig vermarkten und Profit generieren. Nicht nur, dass sie ihrer eigenen Presse glauben, sie sind dazu geworden!

Haben Sie sich jemals gefragt, warum Mengen ununterscheidbarer, eingeschweißter Musik aus Radio und Fernsehen auf uns einströmen? Weil die Plattenfirmen glauben, dass sie Produkte verkaufen, dass MTV Produkte zeigt, Einzelhändler Produkte in die Regale stellen. Und wir Konsumenten waren bisher willig, diese zu kaufen. Schön einfach – einfach zu kontrollieren und einfach zu manipulieren. Verkaufe Singles, verkaufe Alben, verkaufe CDs, verkaufe Downloads.

Definieren wir doch mal ein Produkt als etwas, das von einer Person oder Maschine für den Verkauf gemacht oder kreiert wurde. Kann man Musik so definieren? Ist Musik ein Produkt? Oder ist sie nur etwas, womit man „beträchtlich Profit" machen kann? Das glauben wir nicht. Musik ist eine Kombination aus Unterhaltung, Kommunikation und Leidenschaft, eine flüchtige Erscheinung, etwas Immaterielles und etwas, das zum täglichen Leben gehört. Heute vermehrt und verbreitet sich die Musik in noch nie da gewesenem Ausmaß. Musikmachen ist ein weltweites Phänomen und es wird mehr Musik gemacht als jemals zuvor. Es gibt mehr Bands, Komponisten, Songs, CDs, Shows und für alles mehr Beachtung.

Das macht es heute so schwierig, den Erfolg der Mega-Stars wie Madonna, Michael Jackson und The Who zu duplizieren: Es gibt zu viel Auswahl, zu viele Wege an Musik zu kommen und natürlich viele andere spannende Dinge, für die man Geld ausgeben kann. Mit anderen Worten, die Konsumenten fangen an, die engen, vorgegebenen Pfade der Medienlieferanten zu verlassen. *Vielfalt* ruiniert nun den Plan, der so viele Jahre so gut funktioniert hat.

Als die ersten Vinylschallplatten 1915 auf den Markt kamen, da gab es noch gar keine Musikindustrie im heutigen Sinne. Musik war Tanzen, Kabarett, Gesangsvereine, instrumentale Aufführungen, Konzerte und schließlich Radio. Die Menschen „besaßen" Musik nicht, sie hörten sie, erlebten sie und hatten Freude daran.

Während der letzten mehr oder weniger 100 Jahre haben wir aus Musikern, Künstlern und sogar Ideen Produkte gemacht, und von da ab alles auf eine einfache Formel gebracht: Man schreibt einen Song, der einem einzigartig erscheint (man bedenke, dass es immer schwieriger wird Einzigartigkeit zu erreichen bei den Millionen von Songs, die es schon gibt), man registriere ihn als den seinigen, man verwerte ihn exklusiv und mache damit einen Haufen Geld. Natürlich passt das schön zu der Tatsache, dass die hauptsächlichen Verwertungsmethoden der Verkauf oder die Benutzung eines physischen Produkts sind.

Aber Moment mal. Ist dies nicht die „Unterhaltungs"-Branche? Ist Musik nicht eine *Form* von Unterhaltung für Vergnügen und Pläsier? Wir definieren Unterhaltung als „etwas, das amüsiert, erfreut oder zerstreut". Die meisten Künstler lieben es, Musik zu hören, zu spielen und mitzuwirken. Mal abgesehen davon, dass sie Musik selber mögen, spielen sie Musik, um bei ihrem Publikum etwas zu bewirken. Sie lieben es, sich darzustellen und den Menschen *Gefühle* zu vermitteln. Darum geht's doch bei der Musik, oder nicht?

Die verzerrte Auffassung von Musik als Produkt ist eine Manifestation des späten Industriezeitalters, als die Firmen in der Lage waren, Musik auf Tonträger zu bringen, um sie dann zu ihrem Nutzen zu kontrollieren und auszuwerten. Uns Konsumenten wurde glaubhaft gemacht, dass wir Musik nur genießen können, wenn wir sie „besitzen". Platten oder CDs zu kaufen ist ein Weg, unsere Lieblingsmusik zu „markieren", um sie uns später anzuhören. Aber die digitalen Netzwerke fangen an, dies zu ändern. Der Zugang zu Musik wird den Besitz von Musik ablösen. Wir sind durch das Industriezeitalter in das Informationszeitalter übergegangen, und Musik wird nie mehr so sein wie früher.

Nehmen wir zum Beispiel die Verwertung von Bildern als Produkte. Vor 1900 wurden Bilder von Hand gemalt oder über verschiedene Druckmethoden reproduziert, und ihr Vertrieb war gesichert und kontrolliert. Zur gleichen Zeit, als Musik zum „Produkt" mutierte, wurden Standbildkameras populär. Die Fotografie entwickelte sich zu einem beliebten Hobby und wuchs exponentiell gleichzeitig als Beruf. Um 1945 wurde die Polaroid-Kamera vorgestellt. Seither wurden die Beschaffung, Entwicklung und Verarbeitung von Fotografie zunehmend raffinierter, was zum heutigen Boom in der digitalen Fotografie führte. Wenn die Stellen, die den Vertrieb von Bildern in den späten 1890ern kontrollierten, wie die heutigen Plattenfirmen gehandelt hätten, um die Verwertung von Bildern über fotografische und digitale Wege zu verhindern, hätten wir niemals das reichhaltige Netz von kommerziellen Aktivitäten im Bereich der Fotografie, Bildentwicklung, Filmherstellung, Videos und Computergrafik erlebt.

Hier kommt die Idee von „Musik als Dienstleitung" ins Spiel. Ökonomisch gesehen wird Musik mehr beinhalten als je zuvor, sobald wir sie von den Fesseln, ein Produkt sein zu müssen, befreit haben. Mit anderen Worten: Befreie Musik von der Vorstellung, mindestens zwölf Titel in einem bestimmten Stil und von bestimmter Länge zu einem bestimmten Datum

KAPITEL 3 | DIE MYTHEN DER MUSIKINDUSTRIE

in den Läden haben zu müssen – und das wahre Leistungsvermögen von Musik wird explodieren, digital *und* physisch, in Atomen, Bytes und Cash.

Im Foto- und Video-/Filmbusiness sehen wir, dass neue Technologien den Industrie-"Kuchen" größer machen und nicht kleiner. Eine Musikindustrie, die sich selber als Dienstleistungsindustrie gestaltet, wird wahrscheinlich um einiges größer ausfallen als das produktbasierte System von heute. Wir werden nach wie vor die gleichen physischen Produkte (wahrscheinlich in neuen Formaten) haben, aber es wird uns eine große Anzahl von zusätzlichen, digitalen Musikprodukten und Diensten zur Verfügung stehen. Jedoch werden sich auch die Spielregeln ändern, und die heutigen Unternehmen, die das Schiff noch steuern, werden das Ruder loslassen müssen, damit alle vorankommen.

Und genau hier wird es natürlich ungemütlich. Das Ende der „Musik als Produkt" könnte das Ende der Plattenfirmen bedeuten, so wie wir sie kennen. Darum geht es ja bei den ganzen Kämpfen. Plattenfirmen in der heutigen Form können nur ohne drastische Veränderungen überleben, sofern Musik ein Produkt bleibt, und dafür kämpfen sie mit Händen und Füßen. Sie wollen alles so lassen, wie es war, und gehen lieber unter anstatt sich zu verändern. Sie kämpfen nicht nur aus ökonomischen Gründen sondern auch für eine Lebensform. In seinem Statement aus dem Jahr 2004 geht Jack Valenti, ehemaliger Präsident der Motion Picture Association of America (MPAA) und alter Kollege der Leute bei der Recording Industry Association of Anlerica (RIAA), noch weiter: „Die Unternehmen haben eine Verpflichtung, Produkte zu entwickeln, die sich im gesetzlichen Rahmen bewegen und ihre Kunden nicht illegalen Handlungen aussetzen." Internet-Provider, Telekommunikationsunternehmen und Softwarefirmen sind nun verantwortlich für die Nutzung ihrer Produkte? Und um diese Logik fortzuspinnen: Demnach sollten Waffenhersteller für den Tod tausender Menschen verantwortlich gemacht werden?

Valenti ging noch weiter, als er über faire Nutzungsrechte für Konsumenten sprach. Er sagte im November 2003 gegenüber Associated Press: „Wenn man eine DVD kauft, dann hat man eine Kopie erworben. Wenn man eine Sicherheitskopie möchte, dann kauft man eine weitere." Mit anderen Worten: Wer seinen iPod mit iTunes-Songs im Werte von 4000 US$ verliert, der muss die Songs noch mal kaufen? Lange lebe die Freiheit der Konsumenten.

Produkte sind nett und sauber, also können die Plattenfirmen segmentieren, produktisieren, synergetisieren und die „Dinger" vermarkten bis das Licht ausgeht. Diese unverfrorene, Produkt-zentrische Philosophie hat uns auf einen Weg gebracht, auf dem Musiker und Komponisten wie Fertigprodukte verpackt und um 90 Prozent ihrer wahren Stärke und Bedeutung beschnitten werden. Die restlichen zehn Prozent werden als „The Real Thing" verkauft, um die Taschen der Leute zu füllen, die sich selber an den Geldquellen positioniert haben.

Zuvor wurden Musiker vor enorme Grammophon-Aufnahmetrichter platziert und gebeten, ihre Darbietung auf eine akzeptable und verpackungsfähige Länge zu beschränken. Musik war im Wesentlichen eine kurzlebige Kunst. Man musste anwesend sein, um sie zu hören. Genau die gleichen Musiker spielten in Hotels, Bars, Konzerthallen, Kirchen, privaten Wohnungen und auf der Straße. Einige wurden hoch geschätzt, und einige wenige waren wohlhabend – wenn sie wirklich gut waren und man ihren Namen kannte. Die wirtschaftlichen Umstände waren für Musiker damals nicht viel anders als heute.

Man muss nicht viel weiter gehen als in einige sogenannte „Entwicklungs-"Länder wie zum Beispiel Indien, um zu erkennen, wie dies heute immer noch funktioniert. In Indien werden riesige Mengen an CDs illegal kopiert und nur einige wenige „bezahlte" Musikprodukte verkauft – dennoch hat Indien eine der pulsierendsten Musikszenen, die man sich vorstellen kann. Es gibt nur keine besonders vermögende Platten*industrie*. Das Gleiche gilt für Jamaika, Kuba und Nigeria.

Werden die Menschen aufhören, Musik zu machen, nur weil sie auch weiterhin hauptsächlich als Produkt verkauft werden kann? Keineswegs. Die Plattenfirmen und Verleger möchten uns das zwar glauben machen, aber die Wahrheit ist weit davon entfernt. In der Ausgabe des Magazins *The New Yorker* vom 7. Juli 2003, wird Chris Blackwell, der Gründer von Island Records, wie folgt zitiert: „ ... die Menschen, die Sie zu erreichen versuchen, sehen in Musik im Großen und Ganzen keinen Handelsartikel, sondern eine Beziehung zu einer Band." Weiter so, Chris – darum geht es ja, und um das, was uns die Technologie (zurück)geben kann: Sinnvolle, direkte Beziehungen mit Künstlern und Bands als Dienstleistung.

Das Produkt-Mantra ist auch im Spiel, wenn die Musikindustrie ihre Kunden verklagt, weil sie sich nicht an die Regeln gehalten haben, so wie es zum Zeitpunkt der Entstehung dieses Buchs passiert und wahrscheinlich auch noch eine ganze Weile weitergehen wird. Studenten, Großmütter, Kinder, Matrosen, passt alle auf, die Musik- und Plattenindustrie wird euch kriegen, wenn Ihr es wagt, das allmächtige Produkt-Mantra in Frage zu stellen! Sie werden euch verklagen. Entweder Ihr kauft das Produkt oder Ihr landet im Gefängnis.

Wir denken, dass das ist nicht richtig ist. Wir schlagen neue Wege vor. Leihen wir uns Brian Enos einfaches Motto aus, zu lesen in einer *Wired*-Ausgabe von 1995: „Es ist der Prozess, nicht das Produkt." Und wir können zusehen, wie es sich schlussendlich bewahrheitet.

❷ Mythos 2. Filesharing vernichtet die Musikindustrie.

Es gibt keinen direkten Beweis dafür, dass Filesharing der Musikindustrie allgemein schadet. Die Plattenfirmen posaunen diese einseitige Theorie heraus, um die tief verwurzelten Probleme eines antiquierten Business zu rechtfertigen, das das Ende seiner Lebensspanne erreicht hat. Natürlich kann man argumentieren, dass Filesharing die günstigste Form des Musikmarketings ist, die es je gab.

Danny Goldberg, Chairman und CEO von Artemis Records, schrieb 2004 in *Frontline*:

> Wissen Sie, ich denke, dass vergangenes Jahr (2003) kaum ein anderer Song so oft heruntergeladen wurde wie 50 Cents letzter Release, und dennoch wurden neun Millionen Alben verkauft. Also waren neun Millionen Haushalte der Meinung, dass sie – trotzdem sie das Video gesehen hatten, und trotz der Tatsache, dass sie es online kriegen können – 50 Cents komplettes Album hören wollten.

Global betrachtet hat die herkömmliche Piraterie sicherlich Auswirkungen auf die Musikindustrie. Zunächst jedoch wollen wir die Bedeutung des Worts „Piraterie" definieren. Im herkömmlichen Sinne bezieht sich Piraterie im Musikbusiness auf die Aktivitäten von Kriminellen, die illegal Kopien von CDs, DVDs, Kassetten, Platten, Fotokopien des Bookletcovers machen, und das illegale Produkt mit viel Profit auf der Straße verkaufen. In vielen Ländern unterhalten Piraten Presswerke, die am laufenden Band CDs herstellen, ohne die Rechteinhaber zu bezahlen, das heißt, ohne die Vervielfältigungsgebühren an die Urheber und ohne die Leistungsschutzgebühren an die Eigentümer der Masters zu entrichten. (In den meisten Ländern werden erstere Lizenzen von den Verwertungsgesellschaften, wie die GEMA in Deutschland oder JASRAC in Japan, administriert.)

Die IFPI International Federation Of The Phonographic Industry schätzt, dass die Zahl der illegal kopierten und/oder hergestellten CDs im Jahr 2002 um 14 Prozent gestiegen ist, und 2003 um weitere 4,3 Prozent auf 1,1 Milliarden Exemplare. Rund 35 Prozent aller weltweit verkauften CDs sind illegale Kopien. Der Wert der verkauften, raubkopierten Musik wird auf 4,6 Milliarden US$ geschätzt, und diese Zahlen schließen noch nicht einmal Online-Filesharing oder „Transcoding" (aufnehmen) von Audio Streams ein. Die CD-Piraterie alleine, wie oben definiert, könnte den Hauptteil der Verluste ausmachen.

Nun passt die gleiche Definition von Piraterie auf die Menschen, die MP3-Dateien über die mehr als 50 bestehenden Filesharing-Netze tauschen? Wir behaupten, dass es hier einen großen Unterschied gibt. Ja, es ist (derzeit) illegal, Dateien zu tauschen, aber wo ist das Motiv, das der Piraterie zu Grunde liegt? Vielleicht sind diese Filesharer einfach ernsthafte Musikenthusiasten, denen eine ansprechende, kommerzielle Alternative zur Erfüllung ihres Musikbedürfnisses fehlt. Seien wir ehrlich: CDs sind heutzutage zu teuer. Sie kosten fast genauso viel wie DVDs, die ein reichhaltigeres, kostspieligeres und technisch ausgereifteres Medienformat sind. Und diesen Filesharern muss es in der Tat mit ihrer Mission sehr ernst sein, wenn sie die unzähligen Probleme hinnehmen, die beim Herunterladen von Musik aus den Peer-To-Peer-Filesharing-Netzwerken entstehen.

Darüber hinaus, steckt da eine üble Absicht dahinter? Wollen sie dem Künstler oder der Plattenfirma Leid zufügen oder die Musikindustrie ruinieren? Sicher nicht. Die 50 Millionen oder mehr Menschen, die Musik über das Internet tauschen, wollen Musik günstig erwerben, mit anderen Menschen Kontakt knüpfen, Musik mit ihnen teilen, neue Musik kennenlernen und direkten Zugang haben zu dem, was sie wollen. Das Radio stillt das Bedürfnis nach Musik nicht mehr. Die Technologie hat ihnen eine turbogeladene Version des Kassettentauschs ermöglicht, eine Aktivität, die in der Vergangenheit extrem populär war und die der Promotion vieler erfolgreicher Bands diente, darunter Grateful Dead, Metallica, Phish und zahllose andere.

Ist Filesharing über die P2P-Netzwerken wirklich gratis? Die Menschen zahlen viel Geld für Computer, Modems, DSL-Anschlüsse und monatliche Providergebühren, um auf diese „Gratis"-Musik, zusammen mit all den Myriaden von Onlineangeboten und Dienstleistungen, zugreifen zu können.

Betrachten wir einen Moment lang, was diese „vorsätzlichen Rechtsverletzer" tatsächlich erhalten, wenn sie Dateien heute auf den P2P-Netzen tauschen. Wir sprechen über Dateien, die meist viel schlechter klingen als ein Song auf CD, vielleicht falsch kodiert sind oder vor dem Ende abbrechen, die mitten im Download abbrechen, die meist keine Meta-Daten enthalten und so weiter. Sind die Menschen, die dies tun (wohl fast jeder,

KAPITEL 3 | DIE MYTHEN DER MUSIKINDUSTRIE

den wir kennen) alle Piraten, genauso wie die Leute in den organisierten CD-Fälscherfabriken der russischen CD Mafia, und die Gangs in den großen, amerikanischen Städten und überall auf der Welt? Kriminelle? Verdammt zu Gefängnisstrafen? Das glauben wir kaum.

Von der Musikindustrie werden wir permanent einem Trommelfeuer der Beteuerungen ausgesetzt, dass der kostenlose, unkontrollierte Download von Musik der Hauptgrund für den Ärger der Musikindustrie ist. Das ist grotesk. Mit den „Sperrt die Filesharer ein"-Kampagnen, die die RIAA und andere verbreiten, haben wir nichts anderes als eine weitere Runde des oligopol-geführten McCarthyismus – vielleicht einige der letzten, absurden Zuckungen von Big Music, auch bekannt als Major-Plattenfirmen. Haben Sie einen Track heruntergeladen ohne Berücksichtigung unserer Einschränkungen? Haben Sie es gewagt, sich für neue Musik zu interessieren? Wollten Sie einen weiteren Künstler der Dunkelheit entreißen? Böse Kinder!

Ob das ungezügelte Herunterladen von Musik der Plattenindustrie schadet, oder ob es ihr in der Tat zu Wachstum verhelfen könnte, ist letztendlich eine unwichtige Frage. Man könnte auch die Frage stellen, ob Mobiletelefone den Festnetzbetreibern schaden, ob Fotokopierer dem Buchhandel schaden, Faxgeräte der Post, WiFi den Internet-Providern, oder ob intakte Reifen den Abschleppdiensten schaden. Die Antworten spielen keine Rolle.

Millionen Menschen tauschen online Musik – 60 Millionen zum Zeitpunkt der Entstehung dieses Buches alleine in den USA. Mehr als 500 Millionen Benutzer haben verschiedene Softwareprogramme für Filesharing heruntergeladen, und es werden jede Minute mehr. Die Einführung von P2P-Software ging schneller als jede andere Technologie-Einführung vor sich, schneller als die Einführung von Telefon, PC und Internet selber. Und die Plattenindustrie will die Entwicklung aufhalten, indem sie einfach ihre Kunden verklagt?

Schließlich wollen wir nicht vergessen, dass Kabelfernsehen als Piraterie begann. Es stimmt: 85 Prozent aller Amerikaner zahlen heute für etwas, das einmal Piraterie war. Als Kabelfernsehen ursprünglich verfügbar wurde, da waren die ersten beiden Programme einfach mitgeschnittene terrestrische Sendungen, die zu einem anderen Zeitpunkt wieder ausgestrahlt wurden. Letztendlich entschied das amerikanische oberste Gericht, dass es nicht illegal oder eine Verletzung des Copyrights sei, terrestrisches Fernsehen aufzufangen und wieder auszustrahlen. Und was haben wir heute? Das Kabelfernsehen ist ein boomendes Business, jeder hat mehr Auswahl und fast jeder zahlt eine Gebühr.

Warum rätseln wir immer noch, ob Filesharing der Musikindustrie schadet oder hilft? Was haben die höheren Mächte vor? Das Internet abstellen, es in die Luft jagen, seine Benutzung strafbar machen und die Menschen aus ihrer Existenz prozessieren? Das macht uns zu völligen Orwellianern, lächerlich und kurzsichtig. Das Musikbusiness ist schon lange für eine Überholung fällig, mit einem Schubs von hinten, um einige echte Innovationen zu angeln und sich selber neu zu erfinden. Die Umstrukturierung hat begonnen. Die Party ist vorbei. Anstatt mit Fingern auf andere zu zeigen und zu prozessieren, um etwas zu konservieren, dessen Zeit abgelaufen ist, sollte man Folgendes versuchen: Erneuere, adaptiere oder lass es bleiben. Das ist schon seit Langem die Regel in vielen anderen Wirtschaftszweigen. Vielleicht ist es einfach an der Zeit, die Gnadenfrist der Musikindustrie zu beenden?

③ Mythos 3. Copyright ist linear und Ideen kann man besitzen.
Wenn wir uns die Copyright-Thematik anschauen, dann erscheinen viele Fragen auf unserem Radar. Bedarf es nicht eines gewissen Umfangs von kreativem Chaos und von Freiheit, um Neues zu schaffen? Sollte man Schöpfern nicht erlauben, inspiriert zu sein und in gewissem Maße Vorhandenes frei auszuleihen? Wem gehört eine Sprache, und kann man den Leuten dafür Lizenzgebühren auferlegen? Wem gehört die Idee zur Erfindung des Rads? Steht nicht jeder Schöpfer irgendwie auf den Schultern von Riesen? Hat sich nicht schon Walt Disney großzügig bei den Gebrüdern Grimm bedient, um seine Ikonen des modernen Cartoons zu erschaffen, und wurde er nicht für seinen Mickey Mouse-Cartoon *Steamboat Willy* von Buster Keatons Darbietung in *Steamboat Bill, Jr.* inspiriert?

Letztendlich wurden weder Kultur noch Kunst in einem Vakuum geschaffen. Sie sind vielmehr eine Mischung aus vielen Einflüssen, einige völlig neu und andere uralt. Sollten wir nicht in der Lage sein, uns davon die Teile zu nehmen, die wir brauchen, ihnen Ehre erweisen, wo es gebührt, und sie mit unseren Neuschöpfungen fortführen?

Mit dem atemberaubend schnellen Fortschritt der Technologie nähren sich das Metcalfsche „Gesetz der Exponentialität von Kommunikationssystemen" und Moores „Gesetz des Tempos der Innovation" gegenseitig an. Metcalf sagt, dass die Leistung eines Netzwerkes exponential ist zu der Anzahl seiner Benutzer – schauen wir uns Napster, Hotmail oder Skype an –, während Moore sagt, dass sich die Leistung der Innovation alle 18 Monate verdoppelt. Beweisen lässt sich dies dadurch, dass die Menschen sich an digitale Technologie gewöhnen, um frei und mühelos Musik, Filme, Kunst,

KAPITEL 3 | DIE MYTHEN DER MUSIKINDUSTRIE

Texte und andere Dokumente zu tauschen. Jedes beliebige Musikstück lässt sich ganz einfach ausleihen, mutieren, samplen, umwandeln und in ein neues Stück adaptieren. Diese Praxis stellt jene Voraussetzungen auf den Prüfstein, die Fundament des Urhebergesetzes und den Charakter des Eigentumsgesetzes bilden.

Betrachten wir einmal eine Welt, in der Urheber vollkommene und andauernde Kontrolle über ihre Arbeit haben. Der folgende Artikel, gefunden auf der Parodie-Internetseite The Onion (www.theonion.com), illustriert dies ganz gut:

> Die Rechtsanwälte von Dr. Henry Heimlich, Erfinder der Heimlich-Behandlungsmethode, warnten Montag, dass der Doktor jeden verklagen wird, der seine patentierte Methode anwendet, ohne Lizenzgebühren zu zahlen. „Die Heimlich-Behandlungsmethode ist ein eingetragenes Markenzeichen meines Mandanten," sagte Anwalt Steve Greene. „Wir sind vorbereitet, Herrn Heimlichs Eigentumsrechte zu schützen, sogar wenn das bedeutet, gegen jedes Opfer, das keine Gebühren bezahlt und ohnehin schon auf dem Zahnfleisch daherkommt, eine einstweilige Verfügung zu erwirken."

In solch einer Welt wären geistige Eigentumsansprüche undenkbar, da fast jede Tat und fast jeder Gedanke gegen geistige Eigentumsansprüche von irgendjemand anders verstoßen würde, und man dauernd mit irgendwelchen Eigentumsverletzungen belastet wäre. Schauen wir uns die Laufzeit von Copyrights an: Angesichts des zunehmend rasanteren Lebensrhythmus und der bevorstehenden Einführung von Superdistribution von Inhalten sollte man erwarten, dass die Schutzfrist – also wie lange ein Copyright anwendbar ist – sich fortlaufend reduziert, aber das Gegenteil ist der Fall. Die Schutzfrist wurde nicht weniger als zwölf Mal im Laufe der vergangenen 40 Jahre verlängert, und steht nun bei „Leben des Schöpfers plus 75 Jahre". Diesen Ausdruck verdanken wir The Big Mouse (auch bekannt als Disney) sowie dem selbsternannten Copyright-Kreuzritter, dem verstorbenen Sonny Bono.

Allerdings beeinträchtigen die amerikanischen Copyrightbedingungen zahllose andere „einzigartige", geschützte Werke. Weil die digitale Kopie eines Mediaobjekts dem Original exakt gleicht, seinen weiteren Gebrauch aber nicht ausschließt, kann man diesen Bereich wohl kaum mit physischen Gütern vergleichen: Dort schließt die Nutzung oder der Besitz eines Produkts eigentlich aus, dass ein anderer exakt das gleiche Produkt besitzt. Wie können wir letztendlich in den Fachbereichen des digitalen Inhalts von etwas eine Einschränkung kreieren, das in Wirklichkeit unbegrenzt ist?

Was passiert zum Beispiel mit unserem Recht auf Inspiration? Wie kann mich das Werk eines anderen inspirieren, und ich etwas Neues „darauf aufbauen", wenn es mir noch nicht einmal gestattet ist, darauf Bezug zu nehmen, es zu zitieren oder nur ein winziges Sample daraus zu benutzen? Wie kann ich all die Angebote aufnehmen, die mich umschwirren, die mich überall umgeben, und dann keine davon nutzen, in keiner Weise, bis 75 Jahre nach dem Tod des Autors? Schon das allerkleinste Stück aus der Arbeit von jemand anders könnte mir viel Ärger bringen.

Die Menschen, die am meisten von der wiederholten Verlängerung der Schutzfrist profitieren sind ihre tatsächlichen Urheber – die Medienfirmen und Verleger, die gewerblichen oder Quasi-Rechteinhaber. Die amerikanische Verfassung besagt, dass der Kongress das Copyright den „Autoren" einräumt. Aber diese Rechte scheinen gestattet, gewandelt und verlängert worden zu sein, um ein virtuelles Monopol rund um die Kreativität zu bilden, bei dem nur eine Handvoll von sehr großen Firmen den großen Brocken am kulturellen und künstlerischen Ergebnis der vergangenen 50 Jahre innehaben und alles tun, was in ihrer Macht steht, um daraus mehr unmittelbaren Profit zu machen.

Professor Lawrence Lessig an der Stanford University, einer der brillantesten Köpfe auf diesem Gebiet, hat ausführlich über die große Gefahr berichtet, das bestehende Copyright unverändert für die Zukunft gelten zu lassen. Lessigs Creative Commons (www.creativecommons.org) haben eine ganze Reihe von Lizenzen entwickelt, die hinsichtlich der Benutzung eines Werkes größere Freiheit gewährleisten als „Alle Rechte vorbehalten". Lessig mahnt uns, die Motive der RIAA und den Umgang der Inhalteanbieter mit der Piraterie zu prüfen, und argumentiert damit gegen die Absicht der Medienindustrie das „Internet umzubauen, bevor es sie umbaut".

Einige amerikanische Rechtsvorlagen aus dem Jahr 2004, die von den Film-, Musik- und Unterhaltungsindustrien stark gesponsert werden, drohen die Rechte des Einzelnen einzuschränken, sich online Inhalte zu beschaffen und diese zu tauschen. Der von den amerikanischen Senatoren Patrick Leahy und Orin Hatch vorgestellte Pirateriegesetzentwurf gestattet dem amerikanische Justizministerium, mit Maßnahmen auf bundes- und zivilrechtlicher Ebene gegen Menschen vorzugehen, die nachweislich Peer-To-Peer-Technologien zum Download von Musik benutzt haben. Leahy und Hatch erhielten beide hunderttausende US$ zur Kampagnenunter-

KAPITEL 3 | DIE MYTHEN DER MUSIKINDUSTRIE

stützung von der Unterhaltungsindustrie. Ein weiterer Entwurf, genannt das Gesetz der induzierten Urheberrechtsverletzung, der amerikanischen Senatoren Hatch, Bill Frist, Tom Daschle und Barbara Boxer, würde jeder Unterhaltungsfirma gestatten, Firmen anzugehen, die Menschen „bewusst verleiten", das Copyright zu missachten. Die Rechtverfasser behaupten, dass sie dieser Vorschlag die Peer-To-Peer-Softwarehersteller verfolgen ließe. Dabei ließe aber eine großzügigere Interpretation des Entwurfs die Übertragung auf MP3 Player wie iPod, Computer, CD-Brenner und CD-Rs zu. Beide Entwürfe spielen sehr zum Schaden der Konsumenten die Content-Inhaber gegen die Technologieanbieter aus, und beide bedrohen unsere Rechte als Individuum.

„Es ist bedauerlich, dass die Unterhaltungsindustrie so viel Energie zur Ahndungsunterstützung auf Bundes- und Staatsebene aufwendet, anstatt Energie in die Lizenzierung ihrer Inhalte zum P2P-Vertrieb zu stecken, so dass genau dieselben Leute zu Kunden werden können," sagt Philip Corwin, Anwalt für Sharman Networks (KaZaA) in einem Artikel in *Wired*. „Das Piratengesetz gibt der Regierung gewissermaßen die Befugnis, mit dem Geld der Steuerzahler zivile Aktionen gegen Filesharer im Auftrag der Copyright-Inhaber durchzuführen."

Alle Beteiligten sollten jede neue Gesetzgebung hinsichtlich Copyright sorgfältig prüfen, nicht nur die Firmenanwälte der Unterhaltungsfirmen wie Universal und Disney oder sogar der Beatles. Das grundsätzliche Problem ist, dass im Internet jede Benutzung tatsächlich eine Kopie generiert und Inhalt formlos und folglich überall verfügbar wird. Da jede Konsumhandlung im Internet eine Kopie erstellt, argumentiert Lessig, dass verschiedene Gesetze plötzlich jede dieser Handlungen regulieren. Das hat so gar nichts mit den Handlungen zu tun, die wir unter dem Gesichtspunkt der fairen Benutzung von physischem Eigentum verstehen, so wie Bücher und CDs, die man frei ausleihen, kopieren und weiterverkaufen kann, zumindest in einem bestimmten Ausmaß. Dieses Dilemma erschafft ein Bedürfnis für weniger restriktive, legale Umgebungen, soweit es die digitale Musik betrifft.

Seit den ursprünglichen Entwürfen der amerikanischen Verfassung haben weitreichende Überarbeitungen des Urheberrechts durch Heerscharen von Copyrightanwälten die künstlerische Innovation erheblich behindert. Neue Künstler wurden dadurch abgehalten, von vergangenen Innovationen nach Belieben Gebrauch zu machen, und zuallererst davon, direkt von den Meistern der Vergangenheit inspiriert zu werden. Zu viele Beschränkungen auf öffentlichem Besitz sind niemandem auf der kreativen

Seite nützlich. Es begünstigt nur die Mediengiganten, denen die direkte Erweiterung des Copyrights den Nutzen bringt.

Tatsächlich wurde das ursprüngliche Konzept von Copyright dazu entwickelt, dem Autor eines Werks eine Chance zur Verwertung seiner Arbeit für einen bestimmten Zeitraum zu ermöglichen (fünf bis acht Jahre), aber nicht für immer. Die Großväter des Copyrights haben nicht für den Schutz von abgeleiteten Werken gesorgt. Diese Idee kam erst viel später ins Spiel.

Im sinngemäßen Extremfall unterstellt die derzeitige Definition des Copyrights, dass alle Rock-Komponisten irgendjemanden für den Missbrauch des Blues als Grundlage ihrer Arbeit eine Gebühr zahlen sollten. Genauso müsste es doch all den beliebten Grunge-Bands von heute passieren, dass sie Nirvana, Soundgarden und Pearl Jam Lizenzgebühren schulden für ihren Anteil an der Einführung eines neuen Genres.

Nach unserer Ansicht differenziert das heutige Copyright nicht genügend zwischen dem Vertrieb einer Kopie, die buchstäblich die Arbeit von jemand anders beinhaltet, und einer solchen Arbeit, die auf ein bestehendes Werk aufbaut, um ein neues zu kreieren. Sicher trägt das wenig dazu bei, die Kreativität anzuregen, wenn die einzigen Werke, die legitim geschützt werden können, auf gar keinen Fall ohne Erlaubnis auf einem bereits geschützten Werk basieren dürfen. So funktioniert der natürliche Prozess der Kreativität einfach nicht – man frage mal Bob Dylan oder die Beatles.

Das heißt aber nicht, dass die Komponisten weniger abbekommen sollen, von deren Arbeiten geborgt wurde, oder denen allermindestens eine Quelle zugeordnet werden kann. Eine zukünftige Herausforderung ist, Wege zu finden, um den kommerziellen Einsatz eines bestimmten Werkes mit all der Technologie, die uns jetzt zur Verfügung steht, besser zu bemessen. Heute wird die kommerzielle Nutzung eines Werkes durch seine Genehmigung von den Komponisten überwacht, aber das System von morgen könnte auf einem stärkeren Fluss von Wissen und Ideen basieren und auf der Aufteilung über eine Art von alternativem Vergütungssystem auf Beitragsbasis.

Eine wachsende Zahl von Projekten dehnt bereits die Begrenzungen des Copyrights und die des „kreativen Einfallsreichtums" aus. Der Musiker Jay-Z startete ein viel beachtetes Projekt, als er die Raps von seinem *Black Album* a-capella herausgab, und Produzenten und Remix-Künstler aufforderte, sein ganzes Album neu aufzunehmen. Binnen Kurzem waren Dutzende von Remixes im Internet verfügbar, inklusive des heute berüchtigten *Grey Album*, einem akustischen Remix von Jay-Z und dem *White Album* der

KAPITEL 3 | DIE MYTHEN DER MUSIKINDUSTRIE

Beatles. EMI, die die Aufnahmen der Beatles vertreiben, sandten dem Remixer DJ Danger Mouse ungefähr zu dem Zeitpunkt, als bereits mehr als eine Million Kopien des *Grey Album* heruntergeladen worden waren, eine Unterlassungserklärung zu. Das *Grey Album* war in der Tat bis heute das populärste Album, das es nur online gab, ohne Unterstützung eines Major-Vertriebs oder Marketingbudgets. Auf der Jay-Z Construction Set-Internetseite (www.jayzconstructionset.com) kann man seinen eigenen Remix produzieren.

Die Beatles und ihre angegliederten Unternehmen waren die prozesssüchtigsten Musiker aller Zeiten. Sie haben sich sogar gegenseitig verklagt und in unzähligen Gerichtsverfahren gegen die unautorisierte Nutzung ihrer Werke gekämpft. Sie haben sich meist standhaft geweigert, ihre Musik für Soundtracks und Compilations zu lizenzieren, und sie verteidigen energisch ihre Rechte, wenn es um die Nutzung von Samples geht. Sie haben sogar Apple Computer Inc. verschiedentlich wegen der Nutzung des Namens Apple verklagt, offenbar wegen Apples Schritt in das Musicbusiness mit der Erfindung von iTunes und iPod. Dennoch haben sich die Beatles fleißig, und manchmal ziemlich offensichtlich, bei Rock'n'Roll-Pionieren wie Buddy Holly und anderen bedient. Man kann unzählige Interviews aufzählen, in denen sie bereitwillig ihre Einflüsse zugaben. Wo ziehen wir also die Grenze? Hatten die Beatles einfach unverschämtes Glück, dass Muddy Waters, die Everly Brothers und Chuck Berry damals nicht über eine Armee von Anwälten verfügten?

„Ein schlechter Künstler kopiert, ein guter Künstler stiehlt", hat angeblich Pablo Picasso gesagt.

Ein weiteres Problem mit dem linearen Konzept des Copyrights und mit der Idee, ein bestimmtes Copyright für alle Zeiten zu besitzen, ist die Vorstellung, dass jedes Werk für immer als fertiges Produkt betrachtet wird. Dies ist natürlich eine sehr westliche Anschauung, und wir finden, dass diese Definition von „Werk" viel zu begrenzt ist. Im besten Falle könnte man argumentieren, dass ein Musikstück fürs erste oder für eine Weile fertig ist, und dass es während dieses Zeitraums eine Chance verdient, seinem Schöpfer zugeordnet zu werden, damit es ihm oder ihr hoffentlich gute Einnahmen bringen kann.

Das Copyright wurde ursprünglich als Schutz für die Autoren und Verleger von Büchern und zur Verhinderung von offenkundiger Nachahmung konzipiert – aber kann das gleiche Konzept wirklich auf eine Kunst angewendet werden, die immateriell ist, so wie die Musik? Ist ein Musikstück jemals wirklich fertig, oder „eingefroren", solange es kontinuierlich aufgeführt wird? Wie wir bei vielen Volksmusikstücken sehen können, hat die Musik die Tendenz, sich mit jedem anderen Musiker, der sie mit der Zeit spielt, ständig zu wandeln und zu verändern. Wenn sie kein festes, statisches Produkt ist, dann ist sie fast unmöglich zu definieren, zu besitzen und zu kontrollieren. Wenn man Musik nicht besitzen kann, dann gehört sie eigentlich niemandem auf Dauer.

Das Beste was wir uns als Schöpfer erhoffen können, ist, über eine vernünftige Zeitspanne verfügen zu dürfen, in der alle abgeleiteten Versionen unserem „Original" Respekt zollen müssen, einem Original, das höchstwahrscheinlich einfach von den Originalen anderer Schöpfer inspiriert wurde. Während dieser angemessenen Zeitspanne würden wir direkt vom Schutz profitieren können. Unserer Ansicht nach sollte dieses Fenster angepasst werden, um die Geschwindigkeit, mit der sich unsere Gesellschaft im Allgemeinen bewegt, zu reflektieren, da eine sich schneller bewegende Welt die Unterhaltungsangebote natürlich schneller nutzt.

In vielen anderen Kulturen wird Musik oft als dauerhaft im Werden befindliche Arbeit angesehen und gehört daher niemals einer bestimmten Person. In diesen Kulturen macht persönliches Eigentum ausschließlich einer Art von kommunalem Eigentum Platz. Das Einkommen des Musikers stammt nicht vom Verkauf seiner Produkte, sondern von seiner Position in einer Kette von Musikschaffenden und natürlich von seiner allgemeinen, gesellschaftlichen Stellung. Der Musiker profitiert nicht von seinen exklusiven Besitzansprüchen, sondern von seinen persönlichen Beiträgen zum kommunalen Musikerlebnis.

In traditionellen Gesellschaften wie beispielsweise Ghana basieren viele Songs auf regionalen „Sammlungen" von Rhythmus- und Melodiemustern, wovon die meisten allen Gemeindemitgliedern gelehrt werden und einige davon in fast jedem Song zu finden sind. Wie soll man da den ursprünglichen Erfinder einer Phrase bestimmen? War es eine Person, ein bestimmter Häuptling, eine Gruppe oder ein Stamm? Diese Frage wird wohl kaum gestellt in einer Gesellschaft, in der Musik nicht als Produkt angesehen wird, das jemand besitzen kann. Stattdessen wird ein bestimmter Rhythmus als gemeinschaftliches Eigentum oder Erbe angesehen – aber andererseits versuchen auch nur wenige Menschen in solch einer Gesellschaft mit dem Verkauf von Musikprodukten Geld zu machen.

„Ja und?" sagen Sie vielleicht. Was gehen uns diese traditionellen Gesellschaften und ihr Verständnis von intellektuellem Eigentum an? Da gibt es doch sowieso kein nennenswertes Musikbusiness! Sie werden überrascht sein zu hören, dass genau die gleiche Eigentumsfrage bei vielen Americana-

Stilen inklusive Bluegrass, alter Geigenvolksmusik und amerikanischem Jazz auftritt. Wer hat wirklich jenen Akkordverlauf erfunden, der die Basis der populären Volks- und Popmusik bildet? Wer hat die alten Spirituals geschrieben, die Bob Monroe singt? Woher hat Robert Johnson seine Songs – aus öffentlichem Besitz, von anderen Musikern oder direkt vom Teufel, wie man sich erzählt? Und wie viel populäre Musik basiert auf den Werken der Vergangenheit? Wie wäre es mit diesem Zukunftsszenario: Die Technologie verwandelt die ganze Welt in jedermanns Bistro. So können wir recht schnell Ideen verbreiten und austauschen. Der Wandel passiert augenblicklich und wir können uns viel leichter gegenseitig auf den Schultern stehen. Angesichts der bloßen Geschwindigkeit und des Viruscharakters dieses Prozesses sowie der potentiell riesigen Teilnehmerzahl, wird es sich als unmöglich erweisen, langfristig Besitzansprüche an kreative Ideen, seien es Musik, Kunst, Business, Technologie oder anderweitige zu stellen bzw. mit diesen zu verbinden. Wir werden uns wahrscheinlich an die Tatsache gewöhnen müssen, dass Copyright *nicht mehr* linear verlaufen wird, dass sich das Tempo von verwertbaren Ideen erheblich beschleunigt hat, und dass Kunst nie fertig sein werden, denn der *Prozess* selber gehört ebenso zur „Kunst". Wenn sich das wie Marshall McLuhan's berühmte Philosophie „Das Medium ist die Botschaft" anhört ... nun, sie ist es!

Wir werden akzeptieren müssen, dass es bei dem derzeitigen Copyright-Regime – und es handelt sich dabei sicher um ein Regime – nicht um ein notwendiges Bedürfnis von Urhebern handelt, die mit ihrer Kunst den Lebensunterhalt bestreiten wollen. Wir müssen erkennen, dass andere Modelle existieren, die nicht die Grundsätze der fairen Benutzung mindern und immer noch gutes Geld einbringen können. (Wir werden dies in den folgenden Kapiteln behandeln.) In Zukunft werden die Urheber ihre kreativen Ergebnisse viel schneller und effektiver zu Geld machen können, als es ihnen heute möglich ist, und zwar ohne den Gebrauch eines Kanons unzeitgemäßer Copyright-Grundsätze. Und sie müssen nicht den Legionen von Anwälten gegenübertreten, die danach trachten es durchzusetzen. Stellen Sie sich vor, wie viele Menschen auf *Ihren* Schultern stehen könnten, um auf Ihren Werken aufzubauen und denken Sie an den Nutzen, der Ihnen daraus entstünde. Wir glauben, dass sich hier das alte Mantra „loslassen, um zu empfangen" manifestieren wird.

4 Mythos 4. Musiker machen Musik, um viel Geld zu verdienen.

Dies ist eines der meistverbreiteten Missverständnisse darüber, warum Musiker tun was sie tun. Das Argument hört sich etwas so an: „Wenn wir nicht noch härtere Gesetze machen, die das Copyright abstützen und erweitern und aus jeder Übertretung ein ernstes Verbrechen machen und diese widerlichen Kriminellen verfolgen, die unsere Produkte runterladen ohne zu zahlen ... dann werden unsere armen, hungernden Künstler nicht mehr länger motiviert sein, ihr Bestes zu geben." Das entspricht einem Plantagenbesitzer aus der Zeit vor dem Bürgerkrieg, der behauptet, dass seine Sklaven keine Baumwolle mehr pflücken wollen, sobald es einen freien Markt dafür gibt.

Wer glaubt eigentlich, dass es Geld ist, was Musiker wirklich motiviert? Die allgemeine Behauptung, dass die Musikfirmen eigentlich die Künstler repräsentieren, auf die sie sich bei diesem Thema gerne regelmäßig und umfassend beziehen, ist in den meisten Fällen weit von der Wahrheit entfernt. Den Künstler besitzen oder über sein intellektuelles Eigentums verfügen wären die passenderen Definitionen, um das Verhältnis zwischen Plattenfirmen und Künstlern zu charakterisieren.

Musiker haben ihren Lebensunterhalt schon mit Musik bestritten lange bevor es möglich war aufzunehmen, zu produktisieren und eine ganze Industrie daraus zu machen. Jedoch erwartet die Musikindustrie von ihnen heute, bereitwillig einen Hungerlohn für etwas hinzunehmen, was in den meisten Fällen auf vertragliche Knechtschaft hinausläuft. Musik war immer eine kurzlebige Kunst und der Gewinn wurde nicht immer in harter Münze gemessen. Musiker unterhalten die Menschen und ziehen daraus ihren Nutzen. In Mexiko zum Beispiel grassiert die CD-Piraterie und die Musikindustrie hat zu kämpfen, und dennoch ... es wird reichlich Musik aufgeführt, kreiert und verkauft ohne irgendwelche Bindung an den kommerziellen Plattensektor. Eine ganze Musikkultur besteht aus Musikern, die auf Konzerten und speziellen Veranstaltungen spielen, und wo ihre Aufnahmen ohne ihre Genehmigung oder finanzielle Beteiligung gemacht und verkauft werden – ähnlich wie die Grateful Dead in den Siebzigern und Achtzigern. Diese Musiker profitieren zweifellos von der Popularität, die sich aus ihrer Allgegenwärtigkeit im Markt ergibt: Höhere Eintrittspreise für Konzerte, größere Veranstaltungsorte und umfangreichere Fanartikelverkäufe.

Fragen Sie Musiker, was sie im Musikbusiness am liebsten tun, dann wird die Mehrzahl antworten, dass sie gerne Liveshows spielen. Musiker, Autoren und Komponisten tun was sie tun aus *persönlichen Gründen* (wenigstens die meisten) und nicht weil sie es darauf anlegen, Millionen zu machen und das brennende Verlangen verspüren, die Musikindustrie zu nähren mit einer CD, die sie bis zu einem bestimmten Datum abzuliefern haben. Wenn den großen Profit zu machen ihr Hauptmotiv oder ihre wahre

Absicht wäre, ja *dann* könnte man sehen, wie 95 Prozent ausscheiden oder es erst gar nicht versuchen würden.

Big Music sieht das andersherum: Die Menschen machen Musik weil sie emotional und kreativ gesteuert sind. Sie tun es, weil ihnen eigentlich gar nichts anderes übrig bleibt – es ist einfach das, was sie tun – nicht weil sie potentielle Profitchancen suchen oder irgendwelche Rechte schützen wollen, die sie besitzen könnten.

Seien wir ehrlich: Die Entstehung der meisten Musik kommt von unten nach oben, und nicht von oben herunter. Musiker machten Musik lange bevor es eine Musikindustrie gab, und sie werden auch dann weiter Musik machen, wenn die Musikindustrie, wie wir sie heute kennen, genauso verschwunden sein wird wie einst der Zeppelin. Wenn ein Künstler eine Botschaft hat, er oder sie die Menschen emotional bewegt, wenn etwas wirklich außergewöhnliches passiert, wenn der Künstler auftritt und dabei die Leben der Menschen berührt, dann *wird* es sich für den Künstler lohnen. Und die Technologie war immer der Freund des Künstlers, niemals der Feind.

Darum haben einflussreiche Mittelsmänner und ihre Erbsenzähler und Rechtsverdreher künstlich aber gleichwohl geschickt die Definition von Copyright unterbaut. Die meisten Musiker wissen, dass das Leben aus Geben und Nehmen besteht, und in diesem Sinne nicht alles, was sie schöpfen, ihnen für alle Zeiten gehören kann. Der aktuelle Copyright-Grundsatz besteht größtenteils zum Nutzen der „Meister" der Künstler, nämlich die Plattenfirmen und die Verleger.

5 Mythos 5. Für den erfolgreichen Start der Karriere eines Künstlers braucht man Millionen.

Der faustische Pakt der Musiker mit dem Musikbusiness – „da brauchst du Millionen von einem Majorlabel", um Erfolg zu haben – wurde erfolgreich kultiviert, so dass der Künstler, der es auf eigene Faust versuchen will, die Gottesfurcht erlernt. Die Künstler denken: „Ohne einen Major habe ich keine Chance ... sie verlangen viel, aber ich unterschreibe wohl besser bei ihnen, denn sonst bin ich für den Rest meines Lebens pleite ... "

Der andere Mythos, der gut zum "viel Geld-Mythos" passt, ist die Illusion von Ruhm und Glamour: Dass jeder Musiker als Headliner in Madison Square Garden spielen muss, seine Videos auf MTV laufen und er die Welt mit einem Privatjet bereist. Nur eine Handvoll Musiker kommen soweit und die Chancen stehen schlecht für jeden, der es versucht.

Diese Erwartungen haben tausende Bands angestachelt, und das hat den

Tribut Hunderttausender aufstrebender Musiker gefordert. Welch verzerrte Sicht der Realität! Für jeden Musiker, der es an die Spitze der Charts schafft, gibt es tausend andere, die weniger bekannt sind und sich an sinnvollen Karrieren mit Produzieren, Lehren, Auftritten, Komponieren und einem bescheidenen Budget erfreuen. Die Wahrheit ist, dass jeden Monat mehr als 3000 neue CDs auf den Markt kommen und nur drei Prozent davon jemals mehr als 5000 Exemplare verkaufen. Die Chance, durch einen Plattenvertrag mit einem Major richtig groß zu werden, ist lächerlich gering.

Viele junge und aufstrebende Künstler glauben, dass ein Plattenvertrag der einzige Weg zum Erfolg ist. Dem ist nicht so und immer mehr Künstler kommen allmählich dahinter. Die Wahrheit ist, dass man es selber machen muss – denn das musste man sowieso schon immer.

Wie sollen es Künstler selber anpacken? Um die Aufmerksamkeit der Major-Plattenfirmen zu erlangen, müssen die Künstler bestimmte Qualitäten besitzen, die als wesentlich für ihren Erfolg betrachtet werden. Viele Künstler meinen, dass sie das alles machen müssen, um die A&Rs zu beeindrucken, damit diese ihre Karriere aufbauen können. Dabei realisieren die Künstler nicht, dass sie ihre Karriere ja bereits selber begonnen haben. Schauen wir uns ein paar Zitate von A&Rs an, die erklären, was sie in einer Band suchen:

> Die eine Sache, die ich den Leuten immer erkläre, wenn ich gefragt werde, ist, und das hört sich verdreht an, aber es ist 1000 Prozent wahr: Sei einfach außergewöhnlich! Wenn du wirklich außergewöhnlich bist, dann finden wir dich. Es ist unmöglich, dass Bands wie U2, REM, Smashing Pumpkins, Josh Rouse usw. nicht unter Vertrag genommen werden. Wenn du was machst, das sich hervorhebt, dann wird man auf dich aufmerksam werden – und es ist gleich, ob du in New York oder Bosnien bist. Das Netz (im doppelten Wortsinn) ist zurzeit so weit gespannt, du kannst wirklich überall sein, um aufzufallen.

Wenn man auf dich aufmerksam wurde, dann ist es das, was für mich den Deal zum Abschluss bringt, dass du eine gute Infrastruktur hast und ich nicht von vorne anfangen muss. Es ist sehr schwer eine Band von null Verkäufen auf 20.000 bis 50.000 zu bringen. Idealerweise hat die Band einen regionalen Bekanntheitsgrad und eine Fanbase und hat schon vorher ein paar Platten selber herausgegeben, so dass sie etwas Ahnung von der geschäftlichen Seite hat. Grundsätzlich

KAPITEL 3 | DIE MYTHEN DER MUSIKINDUSTRIE

gilt, je mehr du mitbringst, desto weniger kann die Plattenfirma dir nehmen.

- George Howard, A&R Manager, Rykodisc

Nichts erregt meine Aufmerksamkeit schneller als nachweisbarer Erfolg. Viele Bands/Künstler stellen sich vor, ohne jegliche Erfahrung vorweisen zu können. Sie warten darauf, dass eine Plattenfirma vorbeikommt und sie berühmt macht. ECHTE Künstler/Bands warten auf gar niemanden. Sie sind unterwegs und ziehen ihr Ding durch. Das ist es, was mich zweimal hinschauen lässt.

- Dean Diehl, Reunion/Provident Music Group

Künstler brauchen keine herkömmlichen Plattenfirmen, um Erfolg zu haben. Tatsächlich ist es so: Wenn man endlich bei einer unterschreiben darf, hat man die schwerste Arbeit schon getan. Warum alles aufgeben für lahme Verträge und ein paar Scheine? Schauen wir uns CD Baby an (www.cdbaby.com): Dies ist einer der wenigen Überlebenden des music.com-Schlachtfelds, aber er repräsentiert einige der nicht traditionellen Wege, Musik zu verkaufen, und lebt gut davon. CD Baby bietet unabhängigen Künstlern einen sehr einfachen Weg, ihre CDs und digitalen Tracks online zu verkaufen. Seit seiner Gründung hat es über zehn Millionen US$ an Künstler für den Verkauf ihrer Musik ausgezahlt. Sein Gründer Derek Siver ist eine Top-Adresse und er macht einen großartigen Job, indem er offen mit der Künstlergemeinschaft kommuniziert.

Die Zukunft von Musik-Marketing und Promotion
4

KAPITEL 4 | DIE ZUKUNFT VON MUSIK-MARKETING UND PROMOTION

Marketing nimmt einen großen Teil des Musikbusiness ein. Durch die neuen Technologien wird das Marketing eine zusätzliche Bedeutung erfahren. Bei der Vermarktung von Musik geht es heute genauso wie gestern um Präsenz und Auffindbarkeit. Ist die neue Musik eines Künstlers nicht präsent, so wird sie nicht gehört und hat keine Chance, neue Fans zu gewinnen. Folglich stagniert die Karriere des Künstlers. Sobald die herkömmlichen Angebots- und Verfügbarkeitsmethoden aber auf den digitalen Highway stoßen, wird alles tausendmal schneller, größer und konkurrenzbetonter.

Während der vergangenen Jahrzehnte haben die Majorlabels Marketing und Vertrieb zusammen mit ihren Radio- und Einzelhandelspartnern kontrolliert. Ihre Mogule erreichten einen gottähnlichen Status – zu sehen bei MCAs Lew Wasserman und Hollywoods Sid Sheinberg. Der größte Anteil der verkauften Musik wurde an die breite Masse vermarktet und ihr häppchenweise zugefüttert. Der Zugang lief hauptsächlich über Radio und MTV, und die wichtigsten Methoden, Musik zu entdecken, waren Live-Shows, Musikeinzelhandel, MTV, Magazine, Mundpropaganda und Radiohören.

Heute wird uns neue Musik auf unzählige neue Arten präsentiert, sowohl passiv als auch aktiv. Dabei verlieren das herkömmliche Radio und Fernsehen zusehends an Bedeutung. Gemäß einer Yahoo-Studio aus dem Jahr 2003 schauen begeisterte Internetsurfer 32 Prozent weniger Fernsehen, und Radiohören wurde von überall, außer aus dem Auto, verbannt. Musik ist bei Muzak Broadcasts auf Sendung, auf Sirius- und XM-Satellitenradio-Diensten und wird mehr denn je in der Werbung, im Film, in Spielen, in Software und im Fernsehen eingesetzt.

Die meisten Konsumenten wollen und brauchen Musiktrendsetter oder Taste Agents, die Programme verpacken und uns mit neuer Musik in Kontakt bringen. Darum funktioniert Mund-zu-Mund-Propaganda so gut. Um neue Songs in das öffentliche Bewusstsein zu bringen, baut es auf das Vertrauen in Freunde.

Wir neigen dazu, uns für Musik zu öffnen, die ähnlich oder wenigstens verwandt ist mit der Musik, die wir mögen. Der Künstler ist oft das Sprungbrett für Neuentdeckungen. Die Menschen hören lieber neue Songs von Künstlern, die sie bereits kennen, oder die künstlerisch ähnlich sind oder von anderen empfohlen wurden, die sie bereits kennen. Das ist aus vielen Studien über Konsumentenverhalten im Online-Radio bekannt. Online-Radiohörer programmieren ihre Channels mit ihnen bereits vertrauten Künstlern. Vertrautheit verankert den Hörer in seiner ganz persönlichen

Nische. Von dort kann er jederzeit herauskommen, um neue Musik zu entdecken.

Zum Glück neigen sich die Zeiten des Einheits-Massenmarketings mit seinen Weltstars für ein Weltpublikum jetzt dem Ende zu. Schon bald wird sich im Vertrieb, und noch mehr im Marketing, ein Wechsel hin zu digitalen Mitteln vollziehen. Am Ende wird sich Marketing zu Vertrieb gewandelt haben. Schon heute stehen den Konsumenten viel mehr Möglichkeiten zur Verfügung, Musik zu finden und zu kaufen, ebenso wie ganz neue Angebote zum Mieten, Besitzen oder „Ausleihen" von Musik. Nicht wenige der digital ausgerüsteten Musikfans werden die Trends setzen. Und sie werden das Business antreiben.

In welche Richtung steuert also das Musikmarketing? Neue, integrierte, direkte und persönliche Methoden zur Marktpräsenz und zum Entdecken sind überall zu finden. Das traditionelle Radio verliert an Kraft während Digital-/Online-, Kabel- und Satellitenradio sich vielversprechend entwickeln. Die Promotion von neuer Musik in der Werbung wie bei U2s „Vertigo" in iPod-Spots sowie mit einer Vielzahl von Sponsoringoptionen, gewinnen an Boden. Die Chance, mit einem Künstler online den Durchbruch in direkter Koppelung mit einem Produkt zu schaffen, wird immer größer, da sich die Welten von Mode und Design, Marken, Spielen, Filmen, DVDs und Musik vermischen. Zum Beispiel bringen Tony Hawks Videospiele neue Künstler mit Skateboard-Fanatikern auf eine Art und Weise zusammen, die unglaubliche Macht an die Band eines schlauen Marketingverantwortlichen geben.

Technologie verändert die Marketingmethoden beinahe genauso schnell, wie sich die Vertriebskanäle verändern. Wir beginnen, neue Musik auf vielen nicht-traditionellen Wegen zu finden, in Videospielen, in Spielzeug, auf DVDs, auf unseren Mobiltelefonen und im Internet. Mobile Netzwerke versprechen, das Musikbusiness radikal zu transformieren. Die Musik und ihre Vermarktung wird auf vielfältige Art und Weise mobil werden.

Das traditionelle Radio: Der DJ ist tot

Viele Jahre lang war das traditionelle Radio das einzige Mittel, der Welt neue Musik zu präsentieren. Das funktionierte gut, denn das Radio war allgegenwärtig, gratis und ohne nennenswerte Konkurrenz. Das Radio war eine großartige Quelle für Neuigkeiten, Verkehrs- und Wetterberichte, Musik im Auto, bei der Arbeit und zu Hause. Es ist eine passive, nicht interaktive

KAPITEL 4 | DIE ZUKUNFT VON MUSIK-MARKETING UND PROMOTION

Form der Unterhaltung, denn es beansprucht unsere Aufmerksamkeit nicht in der gleichen Weise wie Fernsehen, Lesen und Surfen im Internet.

Die symbiotische Beziehung zwischen Radiostationen, DJs, Promotern und Plattenfirmen wurde ausreichend dokumentiert. Am berüchtigtsten in dieser Beziehung ist der allgemeine Usus, Sendezeit für neue Musik zu „kaufen". In der Vergangenheit haben finanzstarke Plattenfirmen unabhängige Promoter eingesetzt, um Programmleiter zu ermutigen, ihre Songs zu spielen. Enorme Geldbeträge und andere Überzeugungsmittel wie Ferienreisen, Autos, Drogen und ausgewählte „immaterielle Leistungen" wurden eingesetzt, um die Zahnräder des Musikkommerz zu schmieren. Radio-DJ Alan Freed bezeichnete diese Zahlungen als „Beratergebühren" und viele große und kleine Plattenfirmen setzten sie ein, um Platten über das Radio zum Durchbruch zu verhelfen. Jedoch lohnen sich diese Methoden seit den Zusammenschlüssen von Radiosendern immer weniger, da auch die Programmlisten auf Verlangen der neuen Firmeninhaber der Radiosender homogenisiert und synchronisiert werden.

1996 wurde das Telekommunikationsgesetz mit dem Versuch verabschiedet, die „öffentlichen Hauptanliegen zur Förderung von Vielfalt und Wettbewerb" zu verfolgen. Dieses Gesetz beseitigte die etablierten Besitzverhältnisse von Radiosendern und erhöhte die Zahl der Stationen, die ein einzelner Sender auf dem Markt besitzen kann. In der Tat resultierte dies in die Bildung von zehn Muttergesellschaften, die den Radiomarkt bald dominierten und damit einen kulturellen Riegel vor die regionalen Märkte schoben, was das Radio sehr viel weniger vielfältig machte, anstatt mehr. Dies nütze den Medienkonglomeraten außerordentlich, wie Infinity Broadcasting und Clear Channel Communications. Der in San Antonio, Texas, beheimatete Konzern Clear Channel dominiert die amerikanische Radiolandschaft durch den Besitz von mehr als 1200 Radiosendern. Das Unternehmen besitzt auch mindestens 130 Konzertstätten, Arenen, Theater und Nachtclubs sowie Tausende von Plakatwänden und Außenwerbeflächen.

Clear Channel hat in der Musikindustrie großen Einfluss und durch Zukäufe für sein Kerngeschäft Radio, Live Entertainment und Werbung wächst seine Macht kontinuierlich. So sicherte sich das Unternehmen kürzlich ein bedeutendes Patent, das darin besteht, Live-Shows aufzunehmen und über das Internet zu verkaufen, und behauptet seither, dieses Patent exklusiv zu besitzen, um Konzert-CDs online nach einer Show verkaufen zu können. Clear Channel hat ebenfalls begonnen, mit einem umfassenden Blick auf Künstlermanagement, Musikverlag, Touring und anderen Aktivitäten, Anfangskapital für neue Künstler anzubieten. Diese Firma sollte man im Auge behalten.

Clear Channels Kontrolle über den Äther ist so gewaltig, dass die Firma nach dem 11. September 2001 eine Liste von 150 Songs herausgab, die von Clear Channels Managern als anstößig für amerikanische Ohren erachtet wurden, darunter Elton Johns „Bennie and the Jets," John Lennons „Imagine", James Taylors „Fire and Rain" und R.E.M.s „It's the End of the World as We Know It". Seine fast monopolistische Position hat eine beunruhigende Gleichartigkeit kreiert, die so gründlich ist, dass man die gleichen Songs in fast jedem Geschäft immer und immer wieder hört, wenn man einmal mit dem Auto durch die USA reist.

Die Medienabteilung des Berklee College of Music führte im Juni 2004 in verschiedenen Städten in den USA eine Studie über die Struktur von Radiosendungen in den Formaten Contemporary Hit Radio (CHR)/Rhythmic, Country, Urban und CHR/Pop durch. Die Studie zeigte, dass die größten Sender in den größten Geschäften die gleichen Songs durchschnittlich während 58 Prozent der Zeit spielten. Wenn man dabei die Eigentümer der Radiosender mit einbezieht, dann spielten die fünf CHR/Pop-Sender, die Clear Channel gehören, die gleichen Songs durchschnittlich während 73 Prozent der Zeit. Anscheinend lässt sich mit der Begrenzung der Auswahl von neuer Musik für den Massenmarkt Geld verdienen.

Die Programmlisten von Big Radio werden heute mit zunehmendem Blick auf Werbeeinnahmen zusammengestellt. Die Programmleiter wählen die Songs aus und kalkulieren die Programmlisten so, dass maximale Zeit für Werbung und andere Einnahmequellen bereitsteht. Die Rolle des DJs – oder was einmal ein Disk Jockey war – wurde so auf die Musikansage beschränkt.

Diese Kontrolle und Programmierung hat es für unabhängige Künstler fast unmöglich gemacht, angemessene Sendezeit zu erhalten, und das ist einer der Hauptgründe, warum die Plattenindustrie so viele Probleme hat. Clear Channel, der größte Besitzer von Radiosendern weltweit, hatte durch die Unterstützung eines Systems zur Musikpromotion, das erfolgreich das Konzept „legaler Schmiergelder" institutionalisierte, großen Einfluss auf diese Entwicklungen. Clear Channel hat dieses System als Einnahmequelle für seine Sendestationen de facto zentralisiert. Und so geht's: Ein unabhängiger Promoter schlägt den Radiostationen einen „Zusatz" auf ihren Programmlisten vor, um im Gegenzug den Radiostationen mit Bonuspreisen, Werbegeschenken oder anderen Marketingmitteln – in der Regel mit Cash – zu „helfen".

KAPITEL 4 | DIE ZUKUNFT VON MUSIK-MARKETING UND PROMOTION

Diese Praktiken und das Fehlen von regional oder individuell kontrollierten Radioprogrammen, haben das traditionelle Radio zu einem viel ineffektiveren Marketingmittel für alle gemacht, außer für jene, die es sich leisten können. Beim kommerziellen Radio in den USA geht es heute sicher nicht darum, neue Musik zu entdecken. Im Großen und Ganzen hat sich dieser Prozess nun auf das Internet verlagert, auf die Vielzahl von Filesharing-Diensten und On Demand-Radiostationen.

Während eines Zeitraums von 27 Jahren ist Radiohören derzeit so unpopulär wie noch nie. Um Marktanteile zurückzugewinnen, sehen sich die Besitzer von Radiostationen jetzt zum Handeln veranlasst. Fernsehen, Videospiele und Internet nehmen bereits viel von der Zeit in Anspruch, während der die Menschen früher Radio hörten. Während die Plattenfirmen darum kämpfen, ihre Basis im digitalen Markt zu halten, beginnen die traditionellen Radiosender zu realisieren, dass auch ihr Geschäftsmodell jeden Moment von der richtungsweisenden Veränderung hin zu digitalem Vertrieb und digitaler Vermarktung von Musik zerstört werden kann.

Internet-Radio und Podcasting: Die ultimative Auswahl

Obwohl wir die homogenisierteste Radiolandschaft erleben, die es je gab, sehen wir auch einen stetigen Anstieg alternativer Angebote. Die gängigste dieser neuen Musiksendealternativen ist das Onlineradio. Radiosendungen übers Internet – Webcasting – erreichen immer größere Hörergruppen auf der ganzen Welt und bieten ihnen genau die vielfältige Programmauswahl an, die sie sich wünschen.

Heute gibt es unzählige Internetradio-Anbieter. AOL, Musicmatch und Yahoo dominieren das Internet Broadcasting Arbitron Rating. AOLs Internet Radio Network wird mit geschätzten vier Millionen Hörern, die sich wenigstens einmal pro Monat einschalten, am häufigsten gehört. Das AOL Network umfasst Radio@AOL, Radio@Netscape, Spinner, Winamp und SHOUTcast.

Viele dieser Dienste gestatten es den Hörern, ihr Hörerlebnis anzupassen und damit einen Mehrwert zu erhalten. Bei Musicmatch Internet Radio Networks beliebtester Kanal ist der Musicmatch ArtistMatch Service. Mit ArtistMatch selektieren die Hörer ihre Lieblingskünstler, und das System programmiert den Kanal mit diesen oder ähnlichen Künstlern, etwa wie Amazons Buchempfehlungen, die beim Login erscheinen. Einige weitere meistgenutzte Internet Radio Networks, die wir zur Zeit der

Entstehung dieses Buches kennen, sind Launch, MSN Radio, Radiopass, Virgin Radio, ABC Radio Network, NPR, CBC, Educational Media Foundation, KillerOldies.com und Live365.com. Diese Liste wird noch dramatisch anwachsen, sobald das Internet-Radio die Qualität seiner Streams verbessern kann.

Das Internet-Radio ist ein grandioser Weg, neue Musik zu präsentieren und mit besonderen Genres, verwandten Künstlern und Musiktrendsettern zu verbinden. Die Musikredakteure bei den Internet-Radiostationen sorgen für eine zunehmend größere Auswahl an neuer Musik von unabhängigen und individuellen Künstlern sowie von Major-Plattenfirmen. Diese Programmquelle bietet eine großartige Gelegenheit, Künstler in einer Umgebung zu präsentieren, die kreatives Entdecken für unterschiedliche Geschmacksrichtungen bietet.

Vielleicht noch interessanter ist das Phänomen Podcasting, das wir dem ehemaligen MTV-VJ Adam Curry verdanken. Ein Podcast ist eine sehr pfiffige Methode, MP3 Audio über das Netz als einen einfachen Feed per Abonnement anzubieten, der automatisch an iTunes und auf einen iPod oder anderen MP3 Player geliefert wird und damit jederzeit gehört werden kann. Podcasting entstand Mitte 2004 und verbreitet sich nach wie vor wie Lauffeuer. Genauso wie textbasierte Nachrichten, die in einem RSS News Reader angesammelt werden können, liefern Podcasts individuell gestaltetes Radio gegen geringe Gebühr oder gratis entweder an die Podcaster oder die Hörer. Podcasting ist das Piratenradio des 21. Jahrhunderts und wird genauso einen grundlegenden Einfluss auf das traditionelle Radio haben wie Blogs auf Verlage.

Satellitenradio: Der DJ ist wieder da

Zwei konkurrierende Anbieter liefern bereits digitale Musik beinahe in CD-Qualität über Satellit ins Auto, nach Zuhause oder ins Büro. XM Radio und Sirius bieten eine große Vielfalt an Musikangeboten, die fast jede vorstellbare Nische abdeckt und das noch dazu meist ohne Werbung. Die Empfangsgeräte für Satellitenradio zeigen Titel und Interpret des gespielten Songs an, was es einfach macht, etwas Neues zu entdecken und weiter zu verfolgen. Die Benutzer können ebenfalls auf verschiedene Art und Weise durch die gewählten Stationen blättern. Vielleicht ist Ihnen schon einmal die seltsame kleine Antenne hinten oder auf dem Dach von Autos aufgefallen. Zum Zeitpunkt, als wir dies schreiben, wurden bereits fast drei Millionen Satellitenradio-Empfänger in den USA installiert.

KAPITEL 4 | DIE ZUKUNFT VON MUSIK-MARKETING UND PROMOTION

Die Sprecher der Satellitenradios erinnern einen an die Blütezeit des traditionellen Radios, als die Persönlichkeit und die Ansichten des DJs ein wichtiger Bestandteil des Hörerlebnisses waren. Diese digitalen DJs bieten Hoffnung für ein Sendeformat, das das Beste vom traditionellen Radio mit neuen Formen des digitalen Entdeckens und Interaktivität vereinen. Da diese neuen Satellitendienste reifen und ihre Popularität wächst, werden sie zu einem zunehmend wichtigeren Vehikel für Musikfans, die sich mit dem Entdecken neuer Musik vergnügen.

Musik-TV: Eine schöne Reise

1982 erschien MTV und wurde schnell zur wichtigsten „Radio"-Station der Welt. Mit seiner Reichweite direkt in die Haushalte von buchstäblich Millionen junger Musikfans, hat MTV das Business des Musikmarketings grundlegend verändert, indem es Künstler fertig verpackt fürs Fernsehen lieferte. MTV meinte, um mit einer Band den Durchbruch zu schaffen, brauche es ein Video. Die Budgets für Videos begannen die Budgets für CD-Produktionen zu überholen, und die Art und Weise, wie ein Künstler sich auf dem Bildschirm bewegte und wie er oder sie aussah, wurde scheinbar wichtiger als seine oder ihre musikalischen Qualitäten. Die Single wurde wichtiger als das Album und einige Leute meinten schon, dass es bei Musik eher um Marketing ginge und nicht mehr um die Musik an sich. Michael Jackson wurde zu einem noch nie da gewesenen Weltstar, wozu nicht unwesentlich seine Videos von *Thriller* beitrugen, eine Platte, die zum meistverkauften Album der Geschichte wurde (bis es von den Eagles überholt wurde). Das Gleiche galt für Madonna, Eminem, Britney Spears und viele andere. MTV steuerte das Musikbusiness mit Fokus auf Video-Clips, und die Künstler hatten ihre drei Minuten auf dem Bildschirm, um entweder ganz groß rauszukommen oder unter den Tisch zu fallen. Daher wurde MTV auch zur Messlatte für Plattenfirmen, um herauszufinden, welche Künstler sie weiter fördern und entwickeln sollten.

Mit der Zeit gestalteten sich, genau wie beim Radio, die Programme des Musik-TVs weniger vielseitig und wurden immer teurer für die Plattenfirmen, bis zu dem Punkt, als es nicht mehr viel brachte, Top-Aktualität zu repräsentieren. Es gehörte einfach zum Business dazu. MTV hatte begonnen, selber zu bestimmen, welche Videos laufen sollten und wurde so zum Türsteher der Popkultur. Dann allerdings musste sich MTV den Werbeanliegen beugen und das gesamte Format ändern, wobei die Musikvideos aus den meisten Sendeplätzen herausfielen und neue Showformate wie *The Osbournes* entwickelt wurden, um Zuschaueranteile zu erhöhen bzw. beizubehalten. Dieses Spielchen ändert sich deutlich und in Ländern wie Deutschland haben Musik-TV-Angebote wie VIVA die Pläne von MTV, den Weltmarkt zu dominieren, gestört. Vielleicht folgt auf Einheitlichkeit eben doch immer die Vielfalt ...

Während der vergangenen 20 Jahre wurden Musik-Kanäle wie MTV, VH1 und BET zur primären Promotionstrategie der Major-Plattenfirmen genutzt. In Kanälen wie MTV konnten Künstler alles oder nichts erreichen. Das Problem mit MTV ist, dass es hauptsächlich den empfänglichsten Marktsektor anspricht, nämlich die Teenager. Dementsprechend erwarten wir Justin Timberlake und andere zu sehen, wenn wir MTV anstellen, während die breite Masse der Musikliebhaber zum CD-Spieler greifen oder ins Internet gehen muss, um in etwas reinzuhören, was ihr wirklich Spaß macht.

Sponsoring: Die Verlockung von Coolness

Musik wurde viele Jahre bis zu einem gewissen Maß in Verbindung mit Produkten vermarktet, aber zur Steigerung des Bekanntheitsgrades neuer Musik wurde vermehrt Sponsoring eingesetzt. Mit den andauernden Herausforderungen des herkömmlichen Musikmarketings via Radio, haben sich die Plattenfirmen vermehrt Produktverbindungen und Songplatzierung in Film, Video und Fernsehprogrammen zugewendet. Wenn Sie während der vergangenen zehn Jahre Kinofilme oder Fernsehserien angesehen haben, dann ist Ihnen bestimmt aufgefallen, dass Songplatzierung in der Werbung und in populären Fernsehserien wie *The O.C. [Anm. Übersetzer: O.C. California]* ein wirksames Mittel ist, neue Künstler dem Markt vorzustellen.

Celine Dions großer Durchbruch kam mit dem Song „Beauty and the Beast", den sie für Disney sang. A&M Records erhielt einen gewaltigen Schub, als Jaguar Stings Song „Desert Rose" in einem Fernsehspot einsetzte. Als die britische Band Dirty Vegas ihren Titel „Days Go By" in einem Fernsehspot für Mitsubishis Eclispe platzieren konnte, brachte ihnen diese Präsenz eine Grammy-Nominierung als besten Dance Track ein. Jet erlebten einen Aufschwung, als ihr „Are You Gonna Be My Girl" einige der ersten iPod-Spots antrieb. Die Plattenfirmen zielen auf bestimmte Bevölkerungsgruppen mit Künstlern und mit Songs, die höchstwahrscheinlich bei ihnen ankommen. Die Hit Show, das Produkt oder der Film werden dann zum Musiktrendsetter und die Popularität der Songs wächst mit der Assoziierung.

KAPITEL 4 | DIE ZUKUNFT VON MUSIK-MARKETING UND PROMOTION

Mitsubishi Motors-Präsident und CEO Pierre Gagnon meint allerdings, dass das manchmal auch umgekehrt funktionieren könne:

Der beste Beweis ist, wenn ein Radiosprecher ansagt: „Und jetzt der Mitsubishi-Song." Dieses Phänomen lässt sich nicht so leicht erklären. Was uns sehr froh macht, ist, dass wir wissen, wir haben Erfolg, wenn diese Songs populärer werden.

Heute hofiert die Musikindustrie die großen Konzerne für Partnerschaften und Marketing-Kooperationen, und veranstaltete dazu gemäß *Rolling Stone* im September 2004 erstmals die „upfront"-Konferenz. Diese wurde konzipiert, um heiße Bands mit den heißesten Konzernen und ihren Produkten, wie z.B. Pepsi und Mercedes Benz, zusammenzubringen. „Target your brands with our bands" *[„Bewerben Sie Ihre Marken mit unseren Bands"]* war das Mantra.

Es gibt noch viele andere, weniger offensichtliche Wege, Musik über die Verbindung mit einem Produkt zu fördern. Man schaue sich die maßgeschneiderten CD-Compilations von Starbucks an, um eine Produktverbindung in Aktion zu sehen. Oder die New Age-CDs, die in Bio-Läden verkauft werden. Überall um uns herum gibt es Chancen, Musik mit einem Produkt oder mit einem Lebensstil zu verbinden.

Im Jahr 2004 gab es eine unglaubliche Menge von digitaler Musik, die in Verbindung mit Massenprodukten vermarktet wurde. Das begann mit dem Super Bowl 2004-Promotiondeal zwischen Pepsi und Apple Computer, als 100 Millionen iTunes-Downloads verschenkt wurden. Obwohl es hierbei nicht um die Promotion bestimmter Künstler ging, handelte es sich gleichwohl um die Promotion von legalen, digitalen Downloads, was den Bekanntheitsgrad von digitaler Musik steigerte. Ähnliche Kooperationen werden vom neuen Napster (von Roxio nach dem Konkurs erworben und in eine „legale" digitale Music Site umgewandelt) und bekannten Marken wie Miller Beer und Energizer-Batterien sowie zwischen Sony Connect und den Marketing-Kraftpaketen von McDonald's, United Airlines und Intel angestrebt. Bono und U2 kreischen in einem iPod-Spot ihren Song „Vertigo", um die dazu passende iPod-Sonderanfertigung anzupreisen! Interessant zu wissen, dass U2 für ihren Auftritt im Spot kein Geld verlangten, sich statt dessen aber für Tantiemen aus den iPod-Verkäufen entschieden. Schlau.

Coca Cola richtete einen digitalen Download-Shop in Großbritannien unter mycokemusic.com ein, und viele andere Marken werden diesem Beispiel folgen. Plattenfirmen und Künstler, die sich gerne mit dem Soft-drink-Giganten verbinden möchten, haben die große Chance, das Ganze dort einmal auszuprobieren. Unternehmen wie Coke, Pepsi, Heineken und Miller, die junges Publikum ansprechen, sehen ganz klar eine Verkaufschance durch den Einsatz von Musik, und nutzen bewusst den „Cool"-Faktor des digitalen Downloadings, um die Affinität ihrer Kunden mit ihrer Marke zu stärken. Es ist nicht die Promotion des Getränks selber, die dazu führt, dass die Kunden sich für eine Marke entscheiden. Es ist die Verknüpfung mit der neuen Musik. Sich mit vielen Künstlern und Genres zu assoziieren hilft den Unternehmen, ein breites Publikum zu erreichen und könnte sich zu einem echten Aufschwung für aufstrebende Künstler entwickeln – und die Technologie treibt diesen Prozess an.

Es bleibt abzuwarten, ob sich dieses Sponsoring langfristig als fruchtbar für die Plattenfirmen erweisen wird. Für Nachzügler scheint sich Sponsoring als der einfachere Weg zu erweisen, um den Durchbruch in einem zunehmend überfüllten Marktplatz der legalen, digitalen Musik zu versuchen. Klar, die führenden Konsumartikelmarken wollen mit den coolen und hippen Eigenschaften von Musik assoziiert werden, aber wollen die Künstler und Bands unbedingt mit diesen Marken in Verbindung gebracht werden? Wer wählt diese Partnerschaften aus, und werden sie eventuell Einfluss haben auf das Verhalten der Menschen? Wie genau werden die Menschen aufgefordert, für ihre Musik zu zahlen? Während Jack Daniels Jim Beam sich als Partner für Lynyrd Skynyrd zu eignen scheint, ist es eher schwer zu glauben, dass Gratisangebote von Pepsi, Sprite, Papa John's Pizza, 7-Eleven-Läden, Target, McDonalds oder dem Energizer-Häschen die Menschen dazu bringen werden, über die Gratisgeschenke hinaus für Downloads zahlen zu wollen.

Direktmarketing: Die Kunden kennen

Musik wurde von den Plattenfirmen meist an die breite Masse vermarktet. Dabei war es für die Plattenfirma oft gar nicht klar, wer ihre CDs letztendlich kaufen würde, und es gab keinen Weg, ein direktes Verhältnis zwischen den Fans und dem Künstler oder der Plattenfirma zu etablieren.

Direktmarketing, richtig durchgeführt, ist ein Weg, ein direktes Verhältnis zwischen einer Firma und ihren Produkten oder Dienstleistungen und ihren Kunden zu begründen und aufzubauen. Dieses Verhältnis wird genutzt, um die Kunden zu identifizieren und ihre Interessen und Bedürfnisse festzuhalten, so dass das Unternehmen seine aktuellen und zukünftigen Produkte und Dienstleistungen effektiver vermarkten kann.

KAPITEL 4 | DIE ZUKUNFT VON MUSIK-MARKETING UND PROMOTION

Wenn Musikfirmen direkte Beziehungen mit ihren Kunden, wie Fanclubs, entwickeln, dann können sie Musik direkt an die Fans liefern, können Fanartikel, Konzerttickets, Spezialausgaben, Livemitschnitte, Fanclubs, Kontakte mit den Künstlern vermarkten und andere ansprechende Produkte und Dienstleistrungen anbieten. Einige der am besten positionierten Unternehmen in diesem Zukunftsmarkt könnten sehr wohl die Konzertveranstalter und Betreiber von Veranstaltungsstätten sein. Sie haben direkten Kontakt mit den Musikfans und können daher die Beziehung entwickeln und fördern, die sich jederzeit in den digitalen Bereich erweitern lässt.

Viele Plattenfirmen setzen neue Technologien und neue Marketinginstrumente ein, wenn sie neue und spannende Promotionmittel kreieren. Die Mehrzahl dieser neuen Promotionmittel basiert auf den Techniken des Direktmarketings, um Beziehungen zu Fans herzustellen und zu erhalten, indem sie die Loyalität fördern, die sich oft aus diesen Beziehungen ergibt. Newsletter halten die Fans über Konzerte und Termine auf dem Laufenden und ermöglichen gleichzeitig der Band einen Einblick in die Zusammensetzung ihrer Fanbase. Eminem und Prince waren so in der Lage, mindestens die Hälfte aller Sitze in großen Arenen durch ihre Fanclubs zu füllen.

Die Band String Cheese Incident ist ein gutes Beispiel, wie man mit einem eigenen Label, mit Gratis-Musik und mit Direktmarketing erfolgreich eine treue Fanbase aufbaut. Alles begann mit Kontakten zwischen der Band und Fans in Usenet. Um eine Mailing-Liste aufzubauen, wurde die direkte Kommunikation mit den Fans gepflegt und zum Tausch von Konzert-Livemitschnitten ermutigt. SCI Fidelity, das Plattenlabel der Band, nutzt heute Direktmarketingmethoden und Affinitätsprogramme zur Promotion von Konzerten und treibt die Produkt- und Service-Metapher durch die Gründung eines Netzwerks mit acht verschiedenen Firmen auf die Spitze – darunter ein eigenes Reisebüro, das ganze Zimmeretagen bucht und sie an Fans vermietet, die die Konzerte sehen wollen, während die Band im Land herumreist. Die Band bringt heute über 1,5 Millionen US$ pro Jahr durch Live-Auftritte ein, und sie kann leicht 100.000 CDs jeder Neuerscheinung an ihre Fans absetzen. Das SCI-Modell beginnt auch für andere Künstler interessant zu werden. Die Plattenfirma SCI betreut heute elf weitere Künstler, darunter Keller Williams und Steve Winwood.

Ohne Zweifel ist das Internet ein sehr effektives Werkzeug für die Vermarktung von Künstlern und die Entwicklung von lukrativen Beziehungen zwischen Künstlern und Fans. Offensichtliche Beispiele hierfür sind Künstler-Webseiten, auf denen Musik angehört und gekauft werden kann, entweder als Download oder als physische CD, die an die Fans versandt wird. Fanartikel lassen sich ebenfalls absetzen. Eine Webseite kann eine ganze Fan-Community beherbergen, die sich trifft und miteinander über Musik chattet, um dann als ausgezeichnetes Vehikel zum Aufbau einer Mailing-Liste zu dienen, und um direkte Verbindungen zwischen den Künstlern und den Fans herzustellen. Das Internet bietet Künstlern eine exzellente Plattform, um ihre Karriere unmittelbarer in die Hand zu nehmen. Durch Direktmarketing können Künstler und ihre Manager ihre Promotionbemühungen auf ihre Art und Weise umsetzen, ohne komplett auf die Mitarbeiter bei den Plattenfirmen angewiesen zu sein.

Künstler können Tourneen, Shows und Konzerte über das Internet anbieten, und wenn die Veranstaltungsstätte es erlaubt, können Künstler sogar Tickets selber verkaufen. Dies ist bei größeren Veranstaltungsstätten oder über die großen Konzertveranstalter allgemein nicht möglich, aber Tickets für kleinere Clubs und Shows können oft online verkauft werden. Wenigstens lassen sich die Shows auf diese Weise anbieten, und Wettbewerbe und andere Angebote können genutzt werden, um die Namen der Fans zu sammeln – und als Hauptpreis werden Backstage-Pässe angeboten oder die Möglichkeit, die Künstler zu treffen oder mit ihnen zu sprechen.

Natürlich läuft das Internet zu seiner Höchstform auf, wenn es dazu eingesetzt wird, gezielt eine Nische zu erreichen. Sobald Künstler irgendwo ihr Publikum durch Auftritte gefunden haben, CDs in Konzerten verkaufen und erste Impulse setzen konnten, kann das Netz eingesetzt werden, um Publikum gezielt und vermehrt anzusprechen. Wenn man das Publikum kennt und dann mit einbezieht, es auffordert, einen Künstler an Freunde zu empfehlen, ähnliche Künstler zu finden und die Beziehung auszuweiten, dann kann daraus ein Mechanismus entstehen, der Karrieren vorantreibt, und zwar gleichgültig, wo letztendlich die Musik verkauft wird. Und es kann um einiges einträglicher für die Künstler sein, wenn sie direkt verkaufen.

Das Nischenmarketing ermöglicht den Plattenfirmen, ihre Bemühungen und Ansätze auf eine kleinere Zahl von Fans zu konzentrieren. Sie verfeinern ihre Marketingaussagen, um die Bedürfnisse einer definierten Zielgruppe anzusprechen. Plattenfirmen, die eine persönliche Annäherung und eine direkte Verbindung zwischen dem Künstler und den Fans anbieten, sollten den Austausch von Links mit Künstlern und Plattenfirmen in ähnlichen Genres in Betracht ziehen. Tell-a-Friend-Registrierungen bieten den Anreiz, sich auf der Internetseite oder für eine Mailing-Liste einzutragen. Oder Abonnements zu Music Sites, wo pro Zugang gezahlt wird, die Live-Chats mit Künstlern, Backstage-Pässe, VIP-Tickets, persönliche Fanartikel,

KAPITEL 4 | DIE ZUKUNFT VON MUSIK-MARKETING UND PROMOTION

Kleidung, Poster, Spiele und Hörproben von bevorstehenden Alben beinhalten, schaffen ein ganz neues Erlebnis für Musikfans und starke Beziehungen zwischen dem Unternehmen und ihren Kunden.

Video Games: Spieler mit neuer Musik ansprechen

Die Videospiel-Industrie hat 2002 einen Ertrag von 28 Milliarden US$ erzielt und ist damit die wohl heute wichtigste Unterhaltungsquelle. Dies ist besonders unter männlichen Jugendlichen ein sensationelles Phänomen, das einen unersättlichen Markt für neue Musik ausmacht. Diese verbringen mittlerweile schon mehr Zeit mit Spielen als mit Radiohören. Wenn Electronic Arts ihr neues „Madden"-Fußball-Videospiel ausliefert, dann wird jeder Song mehr als 700 Millionen Mal in den ersten sechs Monaten gespielt worden sein. Das ist eine unglaubliche Zahl, und es liefert jungen Fans neue Musik in einer ganz neuen Form. Man vergleiche, wie oft ein Song in einem Spiel läuft mit der Anzahl Ausstrahlungen in einem potentiellen Radiosender, und man wird feststellen, dass diese Songs in einer vergleichbaren Zeitspanne häufiger in Videospielen laufen als im Radio wenn sie der Nummer 1-Hit in den USA wären. Dies ist eine wichtige Verschiebung dahingehend, wie neue Musik entdeckt wird.

Steve Schnur, Worldwide Executive of Music and Audio bei Electronic Arts, beschreibt, wie EA aus dem Videospiel-Phänomen Kapital schlägt, um den Fans neue Musik vorzustellen:

> Eine Band ohne Plattenvertrag, Avenged Sevenfold, wurde in Madden NFL 2004 lanciert. Sie hatten das richtige Management, waren auf der Warped Tour und wurden dann in Madden lanciert. In den ersten Wochen nach Maddens Start verkaufte ihre CD 5000 Stück. Das fiel MTV auf. Die Tour und ihre Präsenz im Videospiel halfen der Band, Tausende von CDs zu verkaufen – und bei EMI Publishing und Warner Bros. Records zu unterschreiben.
>
> Die international sehr erfolgreich Band Blink-182 stellte ebenfalls eine Single, „Feeling This", in Madden NFL 2004 vor. Selbst zwei Monate nach dem Verkaufsstart des Spiels war der Song noch nicht im Radio zu hören. Die Radiosender erhielten allerdings so viele Anrufe, dass der Song direkt nach dem Start des Videospiels aufgelegt wurde und bald in die Charts kam. Während der vergangenen zwei Jahre wurden Stars wie Outkast, Radiohead, Franz Ferdinand, Green Day, the Hives, Fatboy Slim, Snoop Dog, Xzibit, Chingy, Chevelle,

Black Eyed Peas, Christina Aguilera, Busta Rhymes, Kings of Leon, the Roots, Queens of the Stone Age, the Red Hot Chili Peppers, DMX, Sum 41, Nelly, the Crystal Method, Jimmy Eat World, Jane's Addiction, the Donnas und buchstäblich Hunderte mehr zu einem wichtigen Element der EA-Spiele.

"Feeling This" wurde Blink-182's Bestseller. Die enorm populären Video- und Computerspielplattformen bieten beachtliche Möglichkeiten für die Präsenzen von Plattenfirmen und Künstlern. Man beobachte „DefJam Fight for NewYork", ein Spiel, das für den Verkaufsstart ansteht, während wir dieses Buch schreiben. Obwohl es nicht für alle Bands zugänglich ist, dient dies als Hinweis auf eine sehr erfolgreiche Form des Musikmarketings, das nicht von Radio oder MTV abhängig ist. Da mehr und mehr Fernseh-, Spiele- und Onlinekanäle entwickelt werden, kann die Musik so ihre Popularität deutlich steigern. Electronic Arts wird somit zum Türöffner und Trendsetter für neue Musik.

Direktmarketing per Handy und Mobile

Die Menschen verlassen sich mehr als je zuvor auf ihre Mobiltelefone, und die Abhängigkeit nimmt zu. Die Menschen können heute mit ihrem Mobiltelefon im Netz surfen und an einer großen Auswahl von Aktivitäten teilnehmen, wie zum Beispiel E-Mail bearbeiten, SMS versenden, Sport- und Börsenergebnisse abrufen, Klingeltöne herunterladen und Bilder an andere Handys versenden. Die Online-Kommunikation ist nicht mehr exklusiv an Computer gebunden. Ein großes Informations- und Kommunikationsnetzwerk wird für jeden verfügbar sein, der ein Mobiltelefon besitzt.

Man kreuze einen iPod mit einem Mobiltelefon und man erhält einen vernetzten Mobile Music Player. Nokia hat ein ähnliches Produkt vorgestellt – ein Mobiltelefon, auf dem auch Videospiele laufen. Apple und Motorola kündigten an, dass Motorola viele Mobiltelefone mit eingebauter iTunes-Technologie Anfang 2005 ausliefern wird. Vermutlich können wir mit einer virtuellen Explosion von vernetzten Audioplayern innerhalb der nächsten fünf Jahre rechnen.

Bis 2008 werden Klingeltöne in den USA ein Umsatzvolumen von rund sechs bis sieben Milliarden US$ erreichen, ein klares Zeichen dafür, was passieren kann, wenn es für die Menschen einfach wird, Musik legal herunterzuladen. Interessanter ist die Tatsache, dass die Menschen gewillt sind, mehr Geld für ein Zehn-Sekunden-Sample zu zahlen als für den Download

KAPITEL 4 | DIE ZUKUNFT VON MUSIK-MARKETING UND PROMOTION

eines ganzen Songs. Die Firmen verlangen 1,99 bis 2,50 US$ pro Klingelton. Das ist viel mehr Geld als Plattenfirmen für einen digitalen Track auf iTunes, Napster oder Rhapsody erhalten. Einfachheit und Bedienungskomfort sind die Gewinner.

Wir glauben, dass die Angebote beim Mobilbenutzer deshalb so nachhaltig ankommen, weil ihnen diese pure Form der Unterhaltung, also das Anpassen ihrer Mobiltelefone, ganz einfach Spaß macht und eigene Assoziationen und Identität ermöglicht. 3,5 Milliarden US$ in wenigen Jahren ist ein gewaltiges Business – aber das kann passieren, wenn man Musik als eine Form von Unterhaltung vermarktet. *Musik ist Unterhaltung* – und als solche verpackt und angeboten verkauft sie sich wie warme Semmeln. Schauen Sie, wie Mobile Carrier beginnen, diese Angebote weltweit massiv zu vermarkten. Klingeltöne überspringen eine der größten Barrieren, mit denen Konsumenten im digitalen Marktplatz konfrontiert werden: vereinfachte Zahlungsmethoden. Als Konsument zahlt man ja bereits eine monatliche Rechnung für Telefondienste, da sind ein paar kleine Extrabeträge für den Erwerb von persönlichen Inhalten keine große Sache.

Klingeltöne sind ein weiteres Vehikel für Künstler, ihr Publikum zu erreichen, und das kann einen großen Einfluss auf die Zukunft haben. Motorola arbeitet mit wohlbekannten Club-DJs/Produzenten und MTV zusammen, um neue Musik für Mobiltelefonbenutzer anzubieten. Paul van Dyk, Felix da Housecat und DJ Colette sind einige der DJs, die Musik für den Klingeltonvertrieb machen. Motorola hat die Software MotoMixer (www.hellomoto.com) entwickelt, die es Mobiltelefonbenutzern sogar ermöglicht, von DJs produzierte Klingeltöne neu zu mischen, was eine Art Plattform der Zusammenarbeit zwischen Künstler und Fan erschafft. Motorolas Manager of Entertainment Content Rob Gelick sagte neulich in einem *Billboard*-Artikel: „Wir bieten ein engagierteres Hörerlebnis an – eins, das mehr Selbstausdruck gestattet. Alben ergeben aus künstlerischer Sicht nach wie vor Sinn, aber Klingeltöne besitzen Potential für die neue Single."

Mobiltelefone werden weltweit für die Promotion von Künstlern und Bands eingesetzt. In einer Kombination von SMS-Nachrichten und Bildtransport erhalten Mobiltelefonbenutzer Informationen zu Tourdaten, Albumveröffentlichungen, speziellen Veranstaltungen und Songs. In Japan und anderen asiatischen Ländern sind Mobiltelefone zur Hauptquelle von Unterhaltung und Information geworden, die Musik, Nachrichten, Sport und alles andere liefern. In Japan ist die Promotion von Konzerttickets über Mobiltelefone reine Routine. Über ihr Mobiltelefon kaufen die Fans ihre Tickets und wählen über Bildschirm und Tastatur den Sitzplatz aus. Die

Geräte werden sogar als Ticketmaschine benutzt, die dem Fan per Code im Mobiltelefon am Veranstaltungsort Einlass gewährt.

Auch das Internet-Radio nutzt die Marketingpower der Mobiltelefone. Eine Partnerschaft zwischen dem Webcaster Radiostorm.com und dem Netzwerkbetreiber StreamGuys macht es möglich, über das Mobiltelefon Internet-Radiostreams zu hören. Die Fans benutzen dazu den für Mobiltelefone entwickelten Browser, wählen aus einer Liste verfügbarer Sender und erhalten werbefreie Musikstreams direkt auf ihr Mobiltelefon. Mit dem richtigen Adapter hören die Fans ihren Wünschen angepasste Internet-Radiosendungen in ihren Autos, während sie jeden Tag zur Arbeit fahren.

Sobald die SMS-unterstützten Technologien endlich in den USA eingeführt werden, wird es Zeit für die Künstler, auf diesen Zug aufzuspringen, so wie sie es bereits in Europa und Asien getan haben. (SMS steht für Short Messaging Service.) Mit mobilen Medien können Marketingleute ihre Nachrichten direkt dem Mobiltelefonbenutzer schicken. Studien in Europa haben ergeben, dass es sich hierbei um eine viel effizientere Werbemethode handelt als beim Fernsehen, Radio oder E-Mail.

Die mobilen Netzwerke werden die Marketingmethoden und die Bereitstellung von Musik in der Zukunft komplett verändern. Internet-Hotspots, Mobiltelefone mit Webzugang, Handheld-Computer, portable Videogame-Player und natürlich die Einführung von viel realistischeren und effizienteren Lizenzschemen werden zusammenkommen, um dieses nahtlose Erlebnis zu kreieren: *Musik wie Wasser.* Das alles ist genauso aufregend und wandlungsträchtig wie die Entwicklung des Transistorradios. Damals wurde eine technologische Revolution ausgelöst, welche die Musikindustrie in Schwung brachte, Hörerverhalten komplett veränderte und Erträge in noch nie da gewesene Höhen trieb.

Marketinglektionen mit eher zweifelhaftem Ursprung

Die Musikindustrie kann viel von anderen Geschäftszweigen lernen, die von Technologie beeinflusst wurden. Einer dieser Geschäftszweige ist die Pornographie, genauer genommen die Verwandlung, die sie während der vergangenen 20 Jahre durchmachte. In den frühen Internet-Jahren bestand die beliebteste Aktivität angeblich im Suchen von Pornoseiten. Das ist vermutlich heute noch so, obwohl für kurze Zeit das meistbenutzte Schlüsselwort in den webbasierten Suchmaschinen von „Sex" auf „MP3" wechselte. Das frühe Online-Pornobusiness steuerte die Expansion des World

KAPITEL 4 | DIE ZUKUNFT VON MUSIK-MARKETING UND PROMOTION

Wide Web und definierte weitestgehend das E-Commerce, wie wir es heute kennen. Die Menschen und Firmen, welche die Pornoindustrie in den Anfangszeiten des Webs dominierten, sind heute nicht mehr bestimmend. Tausende von neuen Geschäften blühen und das Spiel hat sich dramatisch verändert. Musiker, Unternehmer und schlaue Plattenfirmen sollten trotzdem genau hinschauen.

Vor 1980 war das Pornogeschäft hauptsächlich die Domäne von Magazinherausgebern, die Pornographie als Bilder und Geschichten anboten, bzw. Filmemacher lieferten Soft- und Hardcore-Produkte. In den frühen Achtzigern konnte die Pornoindustrie durch die Entdeckung von AIDS und der Angst, die dazu führte, dass die Menschen ihre Einstellung zu Sex hinterfragten, einen großen Schritt vorwärts machen, da sie als Safer-Sex-Alternative erschien. Ins Timing passte, dass die Pornographie in Fernsehen, Videorekorder und Telefon neue Plattformen sah.

Die Erwachsenenvideo-Industrie begann neue Videoprodukte für den Vertrieb per Mailorder und in Sex Shops zu produzieren, und die Telefonsex-Industrie explodierte. In beiden Fällen waren es nicht die etablierten Porno-Player, die von diesem Wachstum und der Einführung dieser neuen Produkte wirklich profitierten, sondern „unabhängige" Lieferanten.

Genauso wie Porno ein hauptsächlicher Motor für die Durchsetzung der VHS-Kassette als bevorzugtes Videoformat war, so spielte Porno eine wichtige Rolle bei der Einführung von E-Commerce im Internet und in der Steuerung von Geschäftsmodellen. Das Online-Pornobusiness war verantwortlich für den Verkauf vieler Router, Server und weiterer Internet-Infrastruktur in den Neunzigern. Es gibt einen unersättlichen Appetit auf Pornographie. Die gesamte Industrie verwandelte sich von einer Branche, die hauptsächlich Verlagsprodukte verkaufte, zu einem riesigen Netzwerk aus Anbietern von Produkten und Dienstleistungen, viele davon solche, die aus einem neuen Medium entstanden. Zur Erinnerung, die hauptsächlichen Nutznießer dieser Expansion waren die neuen Unternehmer – und natürlich die Kunden.

Die großen Magazinmarken jener Zeit, darunter *Playboy*, *Penthouse* und *Hustler*, führten ihre eigenen Pornoseiten ein. Zunächst waren es Online-Versionen der Magazine mitsamt ihren Archiven. Die Seiten zogen beachtlichen Traffic an, trotzdem sie nicht viel Profit generierten. Das Internet war anders. Wie diese Kraftpakete bald herausfanden, eliminierte das Netz eine große Absatzbarriere, nämlich die Kosten für Druck und Vertrieb eines nationalen oder internationalen Magazins. Sehr bald schon waren neue Mitbewerber in der Lage, bedeutenden Traffic und lukrative Einkommensströme zu generieren. Frühe Erwachsenen-Seiten konnten beachtliche Kundenkreise anziehen. Diese Geschäfte, unbelastet von bestehenden Verlagsstrukturen, waren in der Lage, die Gelegenheiten des Internets besser auszunutzen.

Die Magazine verstanden ihr Business als Verkauf von „Produkten" und handelten im Online-Pornobereich entsprechend. Zu Beginn ihrer Onlineaktivitäten waren die Magazine nicht besonders behände und sahen nicht die Vielzahl von Produkten und Dienstleistungen voraus, so wie es andere taten. Es fiel ihnen auch schwer mit den kostenlosen Pornos zu konkurrieren, die überall auftauchten, wobei viele dieser Gratisangebote aus Piraterie-Bildern bestanden, abgescannt und gestohlen aus den großen Magazinen. Diese waren nun gezwungen, das Netz selber zu kontrollieren, die Piraterie mit Gerichtsverfahren einzudämmen und Internetseiten schließen zu lassen. In kürzester Zeit gab es eine kritische Menge von freien Produkten weit über die aus den Magazinen gestohlenen Inhalte hinaus, und das Spiel wurde geändert. Kommt Ihnen das bekannt vor?

Das Internet ermöglichte neuen Pornoanbietern zu florieren und nach einigen Schätzungen die gesamten Einnahmen zu verzehnfachen. Neuen Unternehmern, die das Potential dieses Mediums erkannten, eröffnete das Internet neue Chancen und vielfältige Einnahmequellen. Dies galt besonders für Nischen-Seiten, die Inhalte gezielt online anbieten und fast immer umgehend Umsatz generieren konnten. Und es galt für einige etablierte Models und Video-Pornostars, die ihren Bekanntheitsgrad in eine URL expandierten und für Internet Traffic auf ihre persönlichen Seiten sorgten.

Heute bietet Online-Pornographie eine große Auswahl an Safer-Sex-Alternativen, und sie bietet jede erdenkliche Form der Pornographie unter Einhaltung der Anonymität des Nutzers. Zusätzlich zu Bildersammlungen und -galerien, die in den Magazinen angeboten werden, offerieren die Internetseiten Filme, Live-Chats mit nackten Models, Webcams, Live-Stripper, Zweiwege-Video- und Audiokonferenzen und mehr. Die Zeiten, in denen dieses Business von einigen wenigen Mogulen kontrolliert wurde, wie Hefner, Guccione und Flynt, sind vorbei. Jeder kann Pornographie-Anbieter werden. Und viele haben sich damit schon eine goldene Nase verdient.

Was können wir von der Pornoindustrie lernen und wie lässt es sich auf das Musikbusiness anwenden? Zum einen glauben wir, dass die Musikindustrie den gleichen Mustern folgen wird wie die Pornoindustrie und zwar dahingehend, dass das Internet das Monopol des Musikvertriebs brechen wird, an dem sich die Major-Plattenfirmen seit der Erfindung des Phonographen erfreuen. Die Major-Plattenfirmen haben zuerst ihre eigenen Markenwebseiten zur Promotion von Neuerscheinungen eingerichtet, und zwar

KAPITEL 4 | DIE ZUKUNFT VON MUSIK-MARKETING UND PROMOTION

auf die gleiche Art und Weise wie *Playboy* unter andere ihre Seiten als Erweiterung ihrer Magazine aufbauten. Die verschanzten Pornokönige übersahen dabei das Potenzial des Internets für neue Geschäftsmodelle genauso wie die Musikkönige, und wurden von den Entwicklungen total überrascht. Das *Penthouse*-Magazin beantragte 2003 mit der Begründung, zwei Drittel der Leser verloren zu haben, in den USA Insolvenzschutz. Online geht es ihnen aber auch nicht besser. Playboy.com hat Berichten zufolge 2000 und 2001 über 50 Millionen US$ verloren.

Genau wie die Pornoindustrie, und sehr zu ihrem Entsetzen, fand die Plattenindustrie heraus, dass eine erstaunliche Zahl von „freier" Musik online verfügbar war, wovon die meiste ihnen gehörte. Napsters Bekanntheitsgrad steigerte sich 1999 zusehends, und kurz darauf gab es mehr und mehr P2P-Netzwerke. Freie Musik genauso wie freie Pornos scheinen die Leute sehr anzuziehen. Im Gegenzug eröffneten die Major-Plattenfirmen Pressplay, Musicnet und einige andere „legitime" Internetseiten, um ein „Online"-Produkt zu etablieren, das sie kontrollieren konnten. Offensichtlich wollten die Menschen jedoch so nicht mitspielen. Den Major-Plattenfirmen wurde deutlicher denn je, dass die Marken, nach denen die Menschen suchten, die Künstler waren und nicht die Labels.

Um die Zukunft des Offline-Musikmarketings besser zu verstehen, wollen wir schauen, wie die Porno-Seiten sich etabliert haben. Die Unternehmer der neuen Online-Pornographie in den Neunzigern wurden mit den gleichen Problemen konfrontiert wie unabhängige Künstler und die neue Musik heute. Wie bringt man die Leute dazu, einen kennenzulernen? Playboy.com erhielt zunächst viel Traffic aufgrund seiner Marke und seiner Archive. Aber letztendlich konnten sie nicht wirklich mit den Fluten von neuen Seiten und den „Gratis"-Seiten konkurrieren und nicht den Marktanteil erreichen, den sie mit gedruckten Magazinen hielten. Doch anderen gelang dies, also wie machten die das?

Der Wachstum der Online-Pornographie wurde von den Suchmaschinen wie Yahoo, Altavista und anderen gesteuert, die Verweise auf Porno-Seiten mit Schlüsselwörtern wie „Sex" bereitstellten. Wenn man dann auf einer dieser Seiten war, wurden nicht nur die Pornos gezeigt, sondern auch eine Reihe von Links zu anderen, verwandten Porno-Seiten. Die Industrie trieb ihr Glück mit den frühen Webmastern voran, die sich zusammentaten und die Hyperlinkbefähigung des Internets ausnutzten. Einige der größten Seiten sind in Wirklichkeit ausgeklügelte Netzwerke von Seiten aus Nischenmärkten, um gemeinsam Traffic zu generieren. Dieses verbindende Verhalten war möglicherweise das wichtigste Werkzeug, das den Porno-

Webmastern zur Verfügung stand. Internetseiten mit Erwachseneninhalten bildeten große Netzwerke von Seiten, die alle miteinander verknüpft waren, um den Bekanntheitsgrad ihrer URLs zu steigern und damit ihr Ranking in den Suchmaschinen zu verbessern. Wenn sich die heutigen Musiker auf diese Strategie einließen, dann könnten sie sich die Macht des Radios und der Major-Plattenfirmen für alle Zeiten aneignen.

Web-Linking erschuf ein riesiges Netzwerk von Internetseiten mit Erwachseneninhalten, die sich gegenseitig mit Traffic versorgten und damit die ganze Industrie zum wachsen brachten. Allerdings entstanden aus diesem Netzwerkansatz viele der Tracking- und Bannerwerbung-Technologien, wie die weit verbreiteten Pop-Ups. Dieser Linkansatz war auch eines der ersten, obgleich unausgegorenen Beispiele der Weiterempfehlungstechnologien, die den Nutzern vorschlagen: „Wenn Sie diese Seite mögen, dann mögen Sie vielleicht auch jene Seite".

Tausende Internetseiten bieten Links zu anderen Porno-Präsenzen an. Zunächst leiteten auf Beurteilung von Erwachseneninhalten spezialisierte Seiten eine Menge Traffic auf tausende andere Online-Porno-Seiten. Es bildeten sich Netze von Internetseiten, manche unter Aufsicht einer einzigen Einheit und andere über den Zusammenschluss unabhängiger Betreiber, um sich gegenseitig Traffic zuzuführen. Ob beabsichtigt oder aus einer Notwendigkeit heraus, diese aufkeimende Industrie agierte wie eine Online-Kooperative, um sich selber zu etablieren und zu fördern. Sie erweiterte ihren Einfluss tausendfach über den der früher verantwortlichen Porno-Mogule hinaus, hautsächlich mit Gratis-Bildern und jeder Menge Links.

Die heutigen Musiker könnten dem Vorbild dieser Industrie folgen und damit beginnen, Linklisten sowie Empfehlungs- und Promotionmechanismen für ihr Business zu adaptieren. Unabhängige Plattenfirmen könnten sich untereinander und mit den Internetseiten der unabhängigen Künstler verknüpfen. Künstler verknüpfen sich mit anderen Künstlern, Managern, Agenturen und Plattenfirmen. Online-Verzeichnisse von Musikern und Neuerscheinungen mit Rezensionen und Hörproben können sich entwickeln. Aber sie müssen schnelle und einfache Methoden anbieten, um Samples anzuhören, genauso wie die Pornoseiten Schaubilder anzeigen, um schnell die Angebote überfliegen zu können. Die Browser-Anwendungen in den P2P-Netzwerken sind ein Ansatz dazu, genauso wie das Blättern und die 30-Sekunden-Hörproben in der Apple iTunes-Software.

Dabei sollte vermieden werden, eine weitere monolithische Einöde von Bands ohne Plattenvertrag zu kreieren wie jene von MP3.com. Stattdessen

KAPITEL 4 | DIE ZUKUNFT VON MUSIK-MARKETING UND PROMOTION

sollte das Internet für eine seiner Stärken ausgenutzt werden: die Verknüpfung von offensichtlich wahllosen Dingen zu einer Art von Ordnung. Diese Ordnung-aus-Chaos-Technologie ist in den Empfehlungs-Softwares für Musik nun schon seit vielen Jahren in Betrieb. Eine weitere Herausforderung wird es sein, diese Technologie über das Filtern hinaus wirklich brauchbar zu machen, inklusive der ursprünglichen „Firefly"-Musikempfehlungs-Software und den Anwendungen auf Amazon.

Mit den P2P-Netzwerken steht den Musikern heute eine sehr effiziente Methode zur (Gratis-)Verbreitung ihrer Songs zur Verfügung. Die Anbieter von Online-Pornos konnten zur Vermarktung ihrer Seiten und Produkte nicht auf P2P-Netzwerke zurückgreifen. Diese Netzwerke hätten jedoch der Promotion und Distribution von Online-Pornos auch nicht viel gebracht, da in den aktuellen P2P-Netzwerken meist nur Angebote gefunden werden können, die namentlich bereits bekannt sind. So lassen sich Bilder von Marilyn Monroe finden, aber die gewaltige Flut von Pornos, die wir heute haben, bringen sie nicht zum Fließen.

P2P-Musik-Filesharing wurde darum so beliebt, weil die Menschen schon wussten, nach was sie suchen, bevor sie sich einloggten. Also bedeuten Napster und KaZaA eine große Bedrohung für die etablierten Künstler und Songs der Major-Plattenfirmen, hingegen bieten sie neuen Künstlern eine Chance. Neue Künstler können die Netzwerke für den Vertrieb ihrer Songs nutzen, aber erst einmal müssen sie sich einen Namen machen, und damit sind sie wieder den guten alten Promotionproblemen ausgesetzt, die den CD-Vertrieb plagen. Welchen Einfluss können die P2P- und anderen Vertriebsnetzwerke in der Zukunft wirklich auf die Promotion von Songs haben?

Die P2P-Netzwerke haben bereits begonnen, die Link- und Empfehlungsanwendungen des Netzes auszuwerten, indem sie Chats mit anderen Teilnehmern erlauben sowie das Schmökern in den Sammlungen jener Teilnehmer, mit denen man Songs tauscht. Man loggt sich also ein und findet die neusten Pearl Jam-Sounds, aber dann entdeckt man im gleichen Ordner altmodische Neil Young-Tracks zusammen mit Pearl Jam und 65 anderen Bands. Diese Empfehlungsanwendungen stecken noch in den Kinderschuhen und sind nicht immer benutzerfreundlich. Mit der in Apple iTunes integrierten Rendezvous-Technologie jedoch kann man sogar die Tracks anderer Teilnehmer im gleichen IP-Netzwerk anhören. Dies ist ein Weg die Musik zu finden, die einem möglicherweise gefällt, aber man muss danach suchen. Die Informationen kommen einem nicht so einfach entgegen.

Ein großer Gewinn für die P2P-Netzwerke wird darin bestehen, die

Stärken von Zusammenarbeit und Empfehlung zu nutzen und legale Möglichkeiten für neue Künstler und Plattenfirmen zu liefern, um Neuerscheinungen schnell zu den Teilnehmern des Netzwerks zu bringen. Die Partnerschaft von Altnet und KaZaA bewegt sich schon in diese Richtung. Altnet bietet Künstlern eine „Pro-Platzierung"-Möglichkeit an, die ihre Songs im KaZaA-Interface promoten wollen. Dies entspricht in etwa den (Sende-)Platzgebühren der Einzelhändler oder Radiosender. Dieser Bereich könnte den Netzwerken enormes Wachstum bringen, wenn sie die Promotionaufgabe annehmen wollen, um die Musikkommerzmaschine für die nächste Generation zu schaffen. Wenn die Netzwerke das am Ende richtig hinkriegen, dann wird dies der Moloch, der die Radiopromotion, so wie wir sie heute kennen, grundlegend verändern wird.

Das Pornobusiness entwickelte sich aus einem Businessmodell, das Einnahmen aus provisionsbasierten Linkplatzierungen unter den Seiten generierte, zu einer weit ausgereifteren Kombination von Einnahmequellen, darunter Abonnements, Per-View-Modelle und Offlineverkäufe wie DVDs. Genaue Umsatzzahlen sind nicht bekannt, doch das Online-Pornobusiness wird auf mehrere Milliarden geschätzt, wobei die größten Unternehmen monatlich sieben Millionen US-Dollar umsetzen. Die heutigen größeren Porno-Seiten bieten mehrere Abonnement- oder Mitgliedschaftsoptionen an, inklusive kostenlosem Probezeitraum (im Austausch gegen eine E-Mail-Adresse), mit monatlichen, halbjährlichen oder jährlichen Laufzeiten. Die meisten Seiten verlassen sich auf Einnahmen aus der Werbung und von Linkbörsen und vernetzen sich, um genügend Traffic zu generieren. Einige leiten ihre Kunden auf einen Pfad, der Premium-Angebote, Interaktionen mit den Models in exklusiven, privaten Bereichen, Live-Chats, Webcams, Clubs und andere Verkaufsangebote bereithält. Sie verlassen sich auf Onlinepromotion mit Linkbörsen, Clickthrough-Werbung, Netzwerken und gelegentliche Offline-Aktionen. Einer der wichtigsten Vorteile des Netzes ist der direkte Kontakt, den die Seiten mit ihren Kunden via E-Mail haben. Dies ist ein äußerst kostengünstiges Promotionmittel. Sobald man eine Opt-In-Liste von interessierten Kunden entwickelt hat, kann man sie wieder und wieder erreichen, ohne großartig investieren zu müssen.

„Gratis"-Angebote werden auch weiterhin enormen Traffic und Bedarf für Online-Porno generieren. Die Seiten werden immer Beispielbilder und manchmal Filme aus ihren Archiven anbieten, um den Besucher „anbeißen" zu lassen, und ein raffiniertes Netzwerk von Gratis-Seiten und Linkseiten führt den Besucher dann zu den kostenpflichtigen Inhalten. Es steht außer Frage, dass Porno-Seiten nicht existierten, wenn sie nicht gestern wie heute ein Füllhorn mit Gratisinhalten im Netz angeboten hätten. Dies sollten Musiker und Plattenfirmen beachten. Es bietet die außerordentliche Chance, direkten Kontakt zwischen Musikern und Fans zu entwickeln, durch den Tausch von kostenlosen Inhalten als Gegenleistung für eine kontinuierliche Beziehung. Hier bietet sich ein großes Marketingpotential für Musik an.

Die Technologie hat die Pornoindustrie komplett umgewandelt, ebenso die Art und Weise, wie die Kunden zu Produkten und Dienstleistungen kommen. Es ist an der Zeit, die Modelle für Geschäfte zwischen Musikern und Fans zu überdenken, um den Vorteil aus den Beziehungen zu ziehen, die geformt werden können. Das Nischenmarketing wird eine primäre Methode für die Musiker werden, um ihr Publikum zu erreichen und zwar in der gleichen Weise, wie dies die Pornoindustrie tut.

Die Zukunft von Musikvertrieb und Akquisition
5

KAPITEL 5 | DIE ZUKUNFT VON MUSIKVERTRIEB UND AKQUISITION

Die Plattenindustrie erlebt eine radikale Veränderung, was wohl ihre Neudefinition zur Folge haben wird. Die einseitigen Theorien der Plattenfirmen geben voll und ganz ihren untreuen Kunden und deren Nutzung von Filesharing-Netzwerken wie KaZaA, Morpheus, Bearshare, iMesh, eDonkey und anderen die Schuld für abnehmende Verkäufe. Dazu zitiert die Plattenindustrie unzählige Studien, die den schädlichen Effekt von illegalem Filesharing auf Erträge und Profit aufzeigen.

Aber kann man die Schuld für die düstere Abwärtskurve der CD-Verkäufe wirklich dem Filesharing geben? Einiges spricht dagegen. Wir glauben, dass dieses Argument ein bequemer Deckmantel für die Plattenindustrie ist, sich nicht der Realität stellen und akzeptieren zu müssen, dass die aktuellen Geschäftsmodelle nicht mehr länger funktionieren.

Der Untergang der CD

Wir meinen, dass der Grund für den Rückgang der CD-Verkäufe nur sehr wenig mit Filesharing zu tun hat, sondern viel mehr mit der Art und Weise, wie Musik in den vergangenen acht bis zehn Jahren vermarktet und vertrieben wurde. Diese Gründe schließen die beträchtlich reduzierte Anzahl der Verkaufsstellen, die CDs führen, mit ein, sowie die im Großen und Ganzen nicht wettbewerbsfähige Preisgestaltung von CDs und digitalen Singles, den Unwillen der Plattenfirmen zu experimentieren und wirklich neuartige Künstler zu entwickeln und die vielen Unterhaltungsformen, die magnetisch das Geld der Konsumenten anziehen, darunter Videospiele, Mobilangebote und DVDs. Und wir wollen auch nicht vergessen zu erwähnen, dass letztendlich das Ende des glorreichen Vinyl-auf-CD-Wiederbeschaffungszyklus erreicht wurde, an dem sich die Plattenindustrie während der vergangenen 15 bis 20 Jahre gemästet hat. Dazu kommt die zunehmende Erkenntnis der Fans, wie unfair die Plattenfirmen die Künstler behandeln, und so ergeben sich ein paar gute Begründungen, warum die CD-Verkäufe zurückgegangen sind.

Konkurrenz von anderen Medien

Angesichts der begrenzten Mittel, die den Menschen für Unterhaltung zur Verfügung stehen, ist es kein Wunder, dass die Verkäufe von Audio-CDs dramatisch zurückgehen. Gemäß dem Magazin *Fortune:* „Die Videospiele fressen nicht nur ein Loch in die Unterhaltungsbudgets der Leute. Sie beanspruchen auch immer mehr von der *Zeit*, die Amerikaner früher einmal zum Musikhören oder fürs Kino aufwendeten." Das Phänomen ist nicht mit Firmen wie Electronic Arts (EA) verloren gegangen, die neue Musik und kinoartige Erlebnisse in die Videospiele selber einbauen. Das Resultat: EAs Aktienkurse sind trotz Nasdaqs-Tiefgängen in die Höhe gestiegen.

Es gibt heute eine Menge verlockender Unterhaltungsalternativen, darunter Videospiele, Online-Pornos, Dating, Netzwerkdienste, DVDs und alle möglichen Softwares. Diese Alternativen sind normalerweise teurer als CDs, bieten aber den Kunden im Verhältnis mehr Möglichkeiten als CDs – wenigstens in Bezug auf die Wahrnehmung, durch die Menschen letztendlich zu einer Kaufentscheidung geführt werden. Man vergleiche damit die 15 Level Erkundungs- und Unterhaltungswert, die moderne Videospiele wie Kingdom Hearts oder Tony Hawk ausmachen, oder die aufwendigen und abenteuerlichen Umgebungen für mehrere Spieler z.B. in Everquest, und es wird klar, dass die CD ganz einfach nicht mehr länger in der gleichen Liga zu spielen scheint, was die Wertwahrnehmung der Kunden betrifft.

Das Ende des Wiederbeschaffungszyklus

Immer weniger Menschen kaufen CDs nicht nur, weil sie Musik gratis haben können, sondern weil sie ihr Geld ganz einfach woanders ausgeben. Darum sollte es die Plattenfirmen nicht überraschen, dass junge Musikfans sich Filesharing zuwenden, anstatt ihr begrenztes Taschengeld für etwas auszugeben, das, verglichen mit anderen Angeboten, ihr Geld einfach nicht wert scheint. Fazit: Die Kunden tun was sie für richtig halten, und kein Gerangel oder plumper Rechtsstreit kann sie umstimmen. Das Einzige, was funktioniert, ist *Mehrwert*.

CDs wurden entwickelt, um Vinyl durch ein qualitativ verbessertes, portableres und haltbareres Produkt zu ersetzen. Als die CDs auf dem Markt erschienen und alle von Vinyl auf digital umstellen mussten, da kam es zu einem noch nie da gewesenen Boom für die Musikindustrie. Obwohl der Boom langfristig unhaltbar war, hatten alle Gefallen daran, und so mancher Plattenmanager wurde dick und bequem. Kein Wunder: Hol das alte Zeug nochmals aus den Ecken, verpacke es nett und sahne eine weitere Runde Cash ab. Als Resultat zementierten sich drastische, unrealistische Erwartungen in Bezug auf zukünftige Einnahmen. Nach fast 20 Jahren ist der CD-Wiederbeschaffungszyklus aber heute zu Ende.

Jawohl, fast jeder hat das gleiche Album zwei Mal gekauft. Warum erwarten die Plattenfirmen, dass die Verkaufszahlen auch weiterhin gleich bleiben oder sogar ansteigen?

KAPITEL 5 | DIE ZUKUNFT VON MUSIKVERTRIEB UND AKQUISITION

Die Piraterie und das Fehlen neuer Formate

Die RIAA hat beständig die Aktivitäten der Filesharer mit denen der CD-Piraten gleichgesetzt, die CDs in riesigen Mengen illegal herstellen und über Schwarzmarkt-Kanäle vertreiben. Der Großhandel der kommerziell organisierten CD-Piraterie, vor allem in China und Osteuropa, wird wohl nie ganz eingedämmt werden können, ist aber von ganz anderer Beschaffenheit als P2P Filesharing.

Während die Video-Piraterie ebenfalls steil ansteigt, hat sie der Videoindustrie nicht wirklich geschadet oder gar ihre Existenz bedroht. Das Gleiche trifft auch auf den Markt für Computersoftware (mit durchschnittlich 57 Prozent Piraterie jährlich) und den allgemeinen Videomarkt zu. Der Hauptgrund, warum Piraterie auf die Geschäftsbereiche Videospiele, Video oder Computersoftware keine negativen Auswirkungen hatte – und möglicherweise sogar die Verkäufe erhöht hat – ist, dass die Produzenten und Entwickler ihre Produkte konstant neu erfinden. Alle paar Jahre kommen neue Spielplattformen (Playstation 1 und 2) auf den Markt und führen eine komplett neue Generation von Spielsoftware-Produkten an. Ebenso werden diese Softwareprodukte selber regelmäßig von V1.0 zu V2.0 aktualisiert, und Videospielhersteller lernten schell, ihre Produkte anzupassen. Madden 2000 ist für Spieler im Jahr 2004 nicht mehr wirklich interessant, und jeder, der versucht, illegale Kopien zu verkaufen spielt fast immer Nachlaufen mit den legalen Versionen.

Die Filmindustrie hatte das VHS-Band zum Feind Nummer Eins deklariert, und MPAAs Chef Jack Valenti polemisierte gegen den Videorecords wann immer möglich. „Der Videorecorder bedeutet für den amerikanischen Filmproduzenten und für die amerikanische Öffentlichkeit das Gleiche wie der Würger von Boston für eine einzelne Frau," sagte Valenti im Jahr 1992. Die Filmindustrie versuchte, den Verkauf von Videorekordern mit dem Argument zu blockieren, er würde die Filmindustrie umbringen. Nach vielen Auseinandersetzungen und gesetzlichem Gerangel gelang es den Studios nicht, den Vormarsch der Technologie aufzuhalten. Heute ist das Film- und Videobusiness um ein Vielfaches größer als zu der Zeit, als der Videorekorder eingeführt wurde. Das VHS-Format ließ das Film- und Videobusiness sogar wachsen.

Genau genommen wurde das Videoband zu einer *weiteren* Möglichkeit, einen Film zu genießen, und nicht zur einzigen. Heute hat die Filmindustrie das DVD-Format übernommen, sich wieder komplett neu erfunden und scheint dabei zu sein, sich auf das nächste, das erweiterte HDVD-Format vorzubereiten.

Die Filmstudios haben gelernt, dass Windowing – sieben oder acht unterschiedliche Wege einen Film zu sehen – sogar eine gute Sache ist und sie davon enorm profitieren können. „Windowing" heißt, dass ein und derselbe Film eine Serie von sieben oder acht Herausgabefenstern durchläuft, von Kino über Abonnementfernsehen, DVD, Video, Kabel und Flugzeugunterhaltung bis zu terrestrischem Fernsehen. Solch eine Formaterweiterung und der dazugehörige Erneuerungszyklus sind das A und O im Software- und Videobusiness und etwas, dem die Musikindustrie mehr Beachtung schenken und zu ihrem Vorteil nutzen sollte.

Also, wo sind die neuen Audioformate und Updates? Auf die gute alte Vinyl-Schallplatte folgten das Acht-Spur-Band, dann das Kassettenband und die CD. So entstand eine nette Reihe von Produkt-"Upgrades", und die Musikindustrie erlebte Wachstumsschübe. Das Problem ist, dass sich die Technologie heute schneller entwickelt, und die Musikindustrie nicht mehr mithält. Es ist mehr als 20 Jahre her, seit die CD eingeführt wurde, und der Wiederbeschaffungszyklus hat seinen Höhepunkt im Jahr 2000 erreicht.

Im Augenblick ist die MP3-Datei das neue Audioformat und die meistverkaufte Disk ist die leere CD-R. Ist es möglich, dass die Ausbreitung von MP3-Dateien, immerhin ein minderwertiges Audio-Format, verglichen mit dem Red Book-Standard der CD, die Musikindustrie zu neuem Leben erweckt hat, weil mehr Menschen Musik ausgesetzt sind? Rich Egan, Präsident der Indie-Plattenfirma Vagrant Records, sagte 2004 in *Newsweek*:

> Vor fünf Jahren war eine Platte, die 50.000 Exemplare verkaufte, ein riesiger Erfolg in unserer Welt. Der Standard hat sich total geändert. Filesharing, einst betrachtet als das Damoklesschwert der Musikindustrie, hat tatsächlich geholfen, einen Kaufrausch auszulösen. Sogar MTV und Big Radio beginnen, das zu merken, und spielen Künstler, die sie vor drei Jahren nicht angefasst hätten.

Schwindende Verkaufsflächen

Der Rückgang der CD-Verkäufe steht auch in direktem Bezug zu den verschwindenden Quadratmetern, die für den Verkauf von CDs in den lokalen Musikläden zur Verfügung stehen. Während der vergangenen fünf Jahre haben mehr als 1200 herkömmliche CD-Einzelhändler ihre Pforten geschlossen. Dies vor allem aufgrund des Richtungswechsels im Vertrieb – weg von den traditionellen Plattenläden und hin zu Massenmärkten wie Wal-Mart und Best Buy, die CDs oft unterhalb des Händlerpreises anbieten, um Käufer in die Läden zu locken. Während diese tiefen Preise viele Kunden angezogen haben, hat sich das auf die Plattenläden in ihrer Umgebung ausgewirkt – und wenn sie schließen, dann gehen die gesamten Quadratmeter für Vertrieb und Sortimentsvielfalt mit ihnen verloren. Daraus resultiert, dass viele CDs in vielen Läden einfach nicht verfügbar sind, Verkäufe verpasst werden und sich die Konsumenten gezwungen fühlen, andere Medienarten zu nutzen, um zu Musik zu kommen.

Preisgestaltung und Wert

Es gibt Argumente dafür, dass der Verkaufspreis einer CD im Vergleich zu Konkurrenzprodukten zu hoch ist. Man vergleiche den Wert dessen, was man erhält, wenn man eine 18,95 US$ teure CD kauft, mit dem, was man bekommt, wenn man eine 19,95 US$ teure DVD oder ein 49,99 US$ teures Videospiel kauft. Die DVD, deren Produktion vielleicht Millionen kostete und auch viele Extras enthält und „nicht nur" den Film, *scheint* viel mehr wert zu sein als eine 40- bis 70-minütige Audioaufnahme, und die Auffassung des Konsumenten ist einfach, dass man viel mehr Wert mit einer DVD erhält. Sogar die neuen CD-Extras oder erweiterten CDs mit Videoclips und anderem zusätzlichen Material, DVDs und Videospielen bieten einfach mehr fürs Geld.

Um fair zu sein, der aktuelle Verkaufspreis vieler der populärsten CDs ist aufgrund der ermäßigten Preise der großen Einzelhändler (oft unter dem Händlerpreis als Lockmittel für Kunden) beträchtlich gesunken. Jedoch scheint die Musikindustrie vergessen zu haben, auch weiterhin ihren Produkten laufend Mehrwert hinzuzufügen, so wie sie es früher tat. Die Musikindustrie könnte damit beginnen, sich eine oder zwei Scheiben bei ihren Kollegen in der Film- und Videoindustrie abzuschneiden.

Während der letzten sieben oder acht Jahre waren die Filmgesellschaften damit beschäftigt, das DVD-Format weiterzuentwickeln und neue Vertriebskanäle zu finden. Dabei wurden die Preise laufend drastisch gekürzt, um die Einführungsrate zu beschleunigen und die Marktpenetration voranzutreiben. Sie entwickelten ein ausgesprochen profitables Mietgeschäft, kreierten attraktive Video-on-Demand-Angebote und fuhren fort, noch luxuriösere Kinos mit Surround-Sound, vibrierenden Sitzen und Plüschsesseln zu bauen.

Zur gleichen Zeit hielt die Musikindustrie an ihren Preisen fest, verminderte die Zahl ihrer Vertriebskanäle und weigerte sich lange Zeit, ihre Musik an die aufkommenden digitalen Music Player zu lizenzieren, durch welche die neuen Technologien und Geschäftsmodelle vorwärtsdrängten. Die

Musikindustrie unterstützte die Gesetze des amerikanischen Kongresses, einschließlich dem Record Rental Act von 1985, der die Miete von Musik und den Digital Millennium Copyright Act (DMCA) von 1998 verbot. Mit dieser neuen Gesetzgebung machten es die Big Music-Kartelle für die Menschen unmöglich, Schallplatten mieten zu können. Dann nahmen sie sich auf direktem Wege das Recht heraus, den Datenschutz der Internet-Service-Provider anzugreifen. So wurde die RIAA, die Menschen verklagt, weil sie ihre überteuerten Produkte nicht mehr kaufen, zur totalen Manifestation des Paradigmas „Mach was wir sagen, sonst ..."

Die wechselnden Gesichter des Musikeinzelhandels

Jahrelang florierte das Musikbusiness durch den Verkauf von CDs an ein Publikum, das bereit war, seine bestehenden Vinyl-Bestände zu aktualisieren und neue Musik zu entdecken. Die Verkaufsstrategien waren einigermaßen vielfältig, und kleine sowie große Einzelhändler konnten nebeneinander existieren. Die kleinen Läden konzentrierten sich auf spezielle Musikgenres und bedienten die Wünsche des lokalen Publikums. Große Läden führten einen breiteren Genre-Mix und boten den Zugang zu mehr Komponenten. Aber auch in den bestsortierten Musikläden sind zu jeder Zeit vielleicht nur 10.000 unterschiedliche Titel verfügbar. Das hört sich viel an, jedoch haben Studien gezeigt, dass fast zwei Drittel der Menschen, die einen nicht virtuellen Musikeinzelhändler besuchen, ihn wieder verlassen, ohne gefunden zu haben, wonach sie suchen. Man stelle sich diese Fluktuation in einem Kleiderladen oder Coffee Shop vor!

Bis vor etwa fünf Jahren betrug der Verkaufspreis einer neuen CD im Allgemeinen 16,95 bis 18,95 US$, mit gelegentlichem Preisnachlass auf ausgewählte Titel. Aber die Verhältnisse änderten sich, als die wirklich großen Einzelhändler wie Costco, Wal-Mart und Best Buy entdeckten, dass sie mit Musik Laufkundschaft in ihre Filialen lotsen können. Die Major-Plattenfirmen wollten expandieren und spielten so direkt in die Hände der Handelsketten.

So überrascht es kaum, dass 1200 Musikeinzelhändler ihre Pforten während der letzten Jahre schlossen und man schätzt, dass viele weitere zumachen werden. Und dies betrifft nicht nur die Indie-Plattenläden. Wherehouse Entertainment, Strawberries und Tower Records gingen in Konkurs. „Stell um oder stirb" scheint das neue Überlebensmotto für die Musikeinzelhändler zu sein. Sofern sichein Plattenladen nicht in einer außergewöhnlich guten Einkaufslage ist oder dazu eingerichtet, Einnahmen

KAPITEL 5 | DIE ZUKUNFT VON MUSIKVERTRIEB UND AKQUISITION

aus einem breiten Sortiment zu generieren, ist es für Musikläden zunehmend schwierig, dauerhaft Erfolg zu haben.

Die Massenmärkte wie Target, Best Buy, Circuit City und Wal-Mart haben die Landschaft der amerikanischen Musikeinzelhandelskanäle verändert, was mehr als 50 Prozent aller CD-Verkäufe ausmacht. Durch den Verkauf einer relativ begrenzten Auswahl von CDs mit erheblichen Preisnachlässen, oft unter den Händlerkosten, setzen sie diese als „Lockvogelangebot" ein, um die Menschen in die Läden zu bringen, damit sie andere Waren kaufen. Dadurch haben diese Giganten den größten Anteil am amerikanischen Markt gewonnen. Ungefähr 20 Prozent aller in den USA verkaufter Musik entfallen alleine auf Wal-Mart. Das ist eine erstaunliche Zahl, wenn man bedenkt, dass die Musikauswahl in den meisten Wal-Mart-Läden meist weniger als 750 Titel ausmacht. Weder die individuellen Musikläden noch die spezialisierten Ketten wie Tower und Virgin können bei dieser Art von Preismacht mithalten.

Trotz des massiven Verkaufsvolumens, das die Musikindustrie von den Massenhändlern erhält, beträgt der CD-Verkauf weniger als ein paar Prozent der Gesamteinnahmen dieser Einzelhändler. Alleine bei Wal-Mart macht der Musikverkauf weniger als ein Zehntel von einem Prozent ihrer Einnahmen aus. Die Plattenfirmen sind von diesen Riesen völlig abhängig, aber diese Riesen würden mit diesen Verkäufen kaum etwas verpassen, wenn sie abflauten oder gar ganz verschwinden würden. Die Geschäftsstrategien der Plattenfirmen sind nicht mehr auf dem gleichen Kurs wie jene ihrer Hauptvertriebspartner. Ein Rezept für eine unheilvolle Katastrophe?

Mit der Schließung von immer mehr Läden wird die Angebotsauswahl weiter eingegrenzt und nur die Hits und Bestseller schaffen es noch in die Regale. Jedoch geht dies oft Hand in Hand mit den Radio- und Promotionstrategien der Plattenfirmen: Konzentriere dich auf die „sichere Sache" und es gibt weniger Risiko. Wenn man als gerade unter Vertrag genommener Künstler mit der ersten Veröffentlichung nicht viel Erfolg hat, dann erhält man von der Plattenfirma kaum mehr Aufmerksamkeit. Die Promotion einer Handvoll „erprobter" Künstler ist kurzfristig lukrativer für eine Plattenfirma, aber es führt zu einer zunehmenden Gleichförmigkeit des Markts.

Die Onlineverkäufe durch Amazon, Barnes & Noble und sogar eBay fordern ebenfalls die Existenz der nicht virtuellen Läden. Ohne die Einschränkung von Regalplatz können Online Shops eine viel breitere Auswahl anbieten und machen es damit den Menschen einfach zu finden, was sie wollen, ohne jemals das Haus verlassen zu müssen. Der Verkauf von CDs war eine beständige Wachstumsquelle für viele Online-Einzelhändler, während sie die Marktanteile der herkömmlichen Musikeinzelhändler wegknabbern – und jetzt fügen sie dem allgemeinen Kauferlebnis digitale Downloads hinzu. Letztendlich wollen die Einzelhändler, auf welchem Wege auch immer, Musik verkaufen, ob als fixes Medienprodukt oder per Download auf Computer, Fernsehen oder Mobile Services.

Die Zukunft des Musik-Einzelhandels

Über die CD hinaus

Selbst wenn die Preise der bestverkaufenden CDs auf zehn US$ oder weniger gesenkt würden, ist es fraglich, ob das gegenwärtige CD-Format langfristig die digitale Welle überleben wird. Es ist eher wahrscheinlich, dass ein anderes physisches Format kreiert und vermarktet wird, das attraktiv genug sein wird, um mit den digitalen Musikshops und -anbietern zu konkurrieren. Fast alle bestehenden Einzelhandelsketten haben schon begonnen, DVDs, CD- und MP3 Player, Kopfhörer, Bücher, Poster, Kleidung, Fanartikel und andere Produkte zur Stützung der konstant abnehmenden CD-Verkäufe anzubieten.

Dieser Trend wird sich klar fortsetzen, und die überlebenden Musikläden werden letztendlich zu „Lifestyle-Zonen" oder „Musikarkaden", wo sich die Menschen mit Gleichgesinnten treffen und alle möglichen Produkte ausprobieren, die zu ihrer Musik passen könnten – und zu ihren spezifischen, kulturellen Vorlieben. Musikläden, positioniert zum Überleben in der Zukunft, werden den Einzelhandelslandschaften wie in den Hot Topic-Läden sehr viel ähnlicher sehen als den CD-Hausierern der Vergangenheit.

In seinen 25 Filialen im Einzugsgebiet von Boston verkauft zum Beispiel der Einzelhändler Newbury Comics, schon lange ein Treffpunkt für Studenten, die neue Musik suchen, eine ausgesprochene Vielfalt an Produkten neben seinen CD-Regalen, darunter Comicbücher, DVDs, Poster, Spielzeug und Kleidung. CEO Mike Dreese sagt: „Wir wandeln unsere Läden in Tempel für kulturellen Ramsch um. Wir verkaufen an Studenten, und wir führen alles, was sie brauchen, um ihre Studentenbude einzurichten ... alles, außer Wasserpfeifen."

Viele Musik-Einzelhandelsgeschäfte führen bereits MP3 Player im Angebot, und für herkömmliche Einzelhändler tun sich nun viele neue Möglichkeiten der Zusammenarbeit mit digitalen Vertriebsfirmen auf. Das können Anbieter von Zubehör, Fanartikeln, Mobilangebotskarten oder digitalen Downloadstationen in Shops sein, oder solche, die physische Tonträgerprodukte on demand herstellen. Neben ihrer Software Toast

KAPITEL 5 | DIE ZUKUNFT VON MUSIKVERTRIEB UND AKQUISITION

und CD-Brennern liefert Napster dem Einzelhandel längst eigene MP3 Player. Zur Überbrückung des digitalen Grabens plant Napster, die Einzelhändler stärker einzubinden, und man setzt auf das Vertrauen der Konsumenten in den Marken-Einzelhandel, um neue Kunden für digitale Musik zu gewinnen. Der Virgin Megastore in San Francisco bietet bereits ab jedem im Laden gekauften Album „Mega Play Music"-Downloads auf den privaten MP3 Player an. 60 oder 70 Songs gibt's umsonst, ebenso ein Treueprogramm für diejenigen Kunden, die immer die neuesten Angebote ausprobieren wollen.

Der nicht-virtuelle Vertrieb ist ebenfalls nicht länger exklusiv die Domäne der herkömmlichen Musikläden oder Verbrauchermärkte. Nehmen wir zum Beispiel Starbucks. Die Coffee-Shop-Kette begann maßgeschneiderte Musik-Compilations mit bekannten Künstlern unter seiner Marke „Hear Music" in fast allen Filialen zu kreieren. Diese Bemühung war so erfolgreich, dass es die Evolution des digitalen Coffeehouse startete. In zehn Starbucks-Filialen in Seattle, und im Hear Music Coffeehouse in Santa Monica, können die Kunden in digitalen Kiosks schmökern, die Zugang zu mehr als 250.000 Tracks bieten. Sie können dann ein Album oder ihren ganz persönlichen Mix auf eine CD brennen, und das alles während sie ihr Lieblingsgetränk genießen. Starbucks plant, innerhalb der nächsten paar Jahre seinen digitalen Musik-Service in nicht weniger als 2500 zusätzliche Läden zu bringen. In der nahen Zukunft geht man mit seinem WiFi Music Player in einen Starbucks und sagt: „Venti Latte mit etwas Softrock bitte."

„Legale" digitale Distribution

Eine Reihe von digitalen Online-Musikvertriebsdiensten wurde 2003 und 2004 lanciert, darunter iTunes, Rhapsody, Musicmatch, BuyMusic, Wippit, OD2, Sony Connect, Wal-Mart Music Downloads und der neue Napster. Und weitere werden zweifelsohne folgen, inklusive MSN und Virgin Digital. Während wir dies schreiben, bietet iTunes ungefähr 700.000 autorisierte Music Tracks online an (nur USA und Großbritannien). Außerhalb der USA und Großbritanniens werden weniger Tracks angeboten aufgrund von Lizenzierungsangelegenheiten und Gebietsbeschränkungen, die in den meisten Ländern gelten. Dies macht weniger als acht Prozent des aktiven Song-Universums (geschätzte acht Millionen) aus und ist weniger als ein Prozent des verfügbaren, weltweiten Musikkatalogs (geschätzte 50 Millionen Aufnahmen). Es ist ein recht guter Start, aber noch kaum konkurrenzfähig mit den virtuellen Mega-Sammlungen mit Millionen von Tracks, die von den führenden P2P-Tauschbörsen und ihren „Darknet"-Gegenstücken, obgleich unautorisiert angeboten werden.

Man vergleiche diese Zahlen mit den bescheidenen 10.000 CD-Titeln, die in einem durchschnittlichen Plattenladen irgendwo auf der Welt geführt werden, und es ist leicht verständlich, warum der digitale Musikvertrieb, ob legal oder nicht, für die Benutzer so anziehend ist. Die P2P-Archive von KaZaA bieten an einem durchschnittlichen Tag mehr als zehn Millionen Dateien an, die online getauscht werden, und dies ist nur einer von vielen P2P-Diensten, deren Zahl trotz der Klagen und der angstmachenden Öffentlichkeits-Kampagnen immer größer wird.

In diesen Zahlen bestätigt sich Metcalfs Digital Network-Mantra: „Die Leistung eines Netzwerkes ist exponentiell zu der Anzahl seiner Benutzer". Jedes Content-Vertriebssystem, das auf einem Zentralserver basiert, wird da schwer mithalten können.

Zur gleichen Zeit hat das Internet endlich eine wirklich kritische Masse erreicht, wenigstens in den meisten westlichen Nationen. Fast 60 Prozent der amerikanischen, 75 Prozent der deutschen und 82 Prozent der finnischen Bevölkerung sind online. Jupiter Research sagt voraus, dass Online-Musik im Jahr 2008 26 Prozent des gesamten amerikanischen Markts und fünf Prozent des europäischen ausmachen wird. Jupiter prognostiziert auch, dass die USA die weltweite Umwandlung zu legitimer, digitaler Online-Musikdienste anführen wird, und dass Europa und andere Gebiete auf der Welt aufgrund der hohen P2P-Nutzungsraten und wegen Lizenzierungsproblemen ein wenig zurückliegen werden.

Selbst dann – der digitale Vertrieb wird gemäß Jupiter Research nur 50 Prozent der Online-Aktivitäten ausmachen. Die anderen 50 Prozent der Aktivitäten werden aus dem Verkauf von über das Internet bestellten physischen Waren bestehen. Des Weiteren sagen sie voraus, dass 75 Prozent dieser Aktivitäten Downloads von einzelnen, von à-la-carte-Tracks oder verpackter Werke (Alben) ausmachen werden, und 25 Prozent werden auf Abonnements basieren (das heißt Pauschalen für Mengen-Downloads).

Damit all dies eintreffen kann, müssen sich die Kunden allerdings daran gewöhnen, für Online-Musikdienste zu *zahlen* und sich von den heute weit verbreiteten „Gratis"-Musiknetzen entfernen. Wenn die Plattenfirmen von den Menschen erwarten, für Musik zu zahlen, dann müssen sie es viel einfacher und bequemer und lohnenswerter machen, Musik zu kaufen, anstatt sie zu stehlen, und eine Menge anderer Werte hinzufügen, um wettbewerbsfähig zu sein. Es ist so oder so eher unwahrscheinlich, dass „Inhalte", die lediglich aus Musik bestehen, einen ausreichenden und nach-

KAPITEL 5 | DIE ZUKUNFT VON MUSIKVERTRIEB UND AKQUISITION

haltigen Ertragsfluss bringen. Daher wird Cash zusätzlich aus der Werbung, dem Sponsoring, dem Verkauf von Fanartikeln und indirekt von Datamining und anderen Auswertungen im „Big Brother"-Stil kommen.

Bisher waren die Bemühungen von Big Music, digitale Musik anzubieten, bestenfalls experimentell und keiner der legitimen Dienste ist bisher richtig in Schwung gekommen. Bis zur Einführung des Apple iTunes Music Stores wurden nur ein paar Millionen Tracks legal heruntergeladen, und sogar Apples 100 Millionen legale Downloads zur Zeit, als wir dieses Buch schreiben, sind verglichen mit den Milliarden Downloads in den P2P-Netzwerken bloß ein Wassertropfen im Ozean. Wie viele Menschen werden letzten Endes 10.000 US$ ausgeben, um ihre iPods mit 10.000 Tracks aufzuladen?

Dennoch hat der iTunes Music Store großes Potential gezeigt, aber es bleibt zu beobachten, ob Apple in der Tat jemals mit dem „Inhalt" selber Geld machen kann, anstatt die Musik zu benutzen, um seine Hardwareverkäufe zu fördern. Bei Apple zeichnen sich eine Reihe von Herausforderungen ab. Zum Beispiel, die iPods preislich konkurrenzfähig zu halten, während andere Anbieter ihre Online Shops und portablen Music Player in den Markt einführen. Dies wird sehr schwierig für ein Unternehmen werden, das an hohe Gewinnspannen mit eigenen Produkten gewöhnt ist.

Die andere Herausforderung ist, relevant zu bleiben. Musik wird allgegenwärtig und nicht an einen einzelnen Anbieter gebunden sein. Vor 2004 hat sich Apple standfest geweigert, den iPod für Kompatibilität mit anderen Online-Diensten zu öffnen, da man wie bei Macintosh die Kontrolle über seine Grundtechnologie bevorzugte. Man kann Apple zugute halten, dass sich der Konzern 2004 mit Hewlett Packard (HP) und Motorola zusammentat, um die iTunes-Technologie in HP-Marken-iPods und Motorola-Markenmobiltelefone einzubauen. Dieser Strategiewechsel könnte Apples Musiktechnologien gegenüber den Mitbewerbern voranbringen. Der Motorola-Deal wird die iTunes Music Player in die Hände von buchstäblich Millionen potentiellen Apple-Kunden legen.

Während bei Apple einerseits alles gut zu laufen scheint und man das digitale Dateiformat mit anderen Geräten kompatibel macht, befindet man sich andererseits im Krieg mit Sony, Real Networks und Microsoft, da alle vier ihre eigenen, proprietären Dateiformate forcieren. Dementsprechend gibt es eigentlich keinen digitalen Format-Standard unter den bestehenden Online-Shops. Microsoft hat diesbezüglich bislang noch nicht wirklich Gas gegeben, aber es bleibt abzuwarten, welches Format sich letztendlich durchsetzt.

Im Juli 2004 gab Real Networks den DRM-Übersetzer Harmony heraus, eine Version von Reals Rhapsody, mit der Kunden Dateien herunterladen und auf allen gängigen Playern inklusive dem iPod spielen können. Apple holte sofort zum Gegenschlag aus und behauptete, Real hätte das Apple Fair Play-Dateiformat gehackt und damit möglicherweise das DMCA verletzt. Eines ist jedoch klar: Solange es die digitalen Musikanbieter nicht geschafft haben, sich auf ein universell gültiges, digitales Dateiformat zu einigen, das auf allen Playern läuft, solange wird es für den legalen Downloadmarkt unmöglich sein, durchzustarten. Bis dahin wird MP3 das Standardformat bleiben, und die Gratis-Musikdownloads werden unangefochten an erster Stelle stehen.

Andererseits mag das alles gar nicht so schlecht für die Musik sein, denn Musik zu verkaufen ist nicht nur eine Frage des Vertriebs. Es geht um Leistung und Wert und viel mehr als bestimmte Tracks auf einem Server zugänglich zu machen. Eine CD in ein Regal zu stellen und darauf zu warten, dass die Kunden vorbeikommen und sie kaufen, ist eine Sache. Aber einen Track auf eine Internetseite zu stellen und darauf zu warten, dass die Kunden vorbeikommen und ihn herunterladen und dafür zahlen, das ist etwas anderes. Es funktioniert einfach nicht auf die gleiche Weise. (Inhalt wird sich letzten Endes nicht als der King herausstellen. Wie heißt es doch: „Inhalt ist King, der Kunde ist King Kong und der Service ist Godzilla." Wir meinen, dass dieses Prinzip die digitalen Musiknetzwerke bestimmen wird.)

Einige der bestehenden digitalen Musikdienste bieten Einzeltrack- und Albumdownloads ebenso wie das Brennen von CDs an, während andere ein eher gemischtes Vorgehen bevorzugen und Streaming, Playlisten-Tausch, Downloads und CD-Brennen in verschiedenen Abonnements bündeln. Bezogen auf die Kataloggröße konkurriert im Grunde wohl keiner dieser bezahlten Dienste mit dem, was bereits gratis von den verachteten P2P-Anbietern verfügbar ist, wodurch sich eine große Aufgabe für die legalen Digital Music-Projekte anbahnt. Die wichtigsten Vorteile von bezahlten und legalen Downloads, die vom aktuellen Anbieterbestand angeboten werden – besonders jene mit Maximen wie „garantierte Datenqualität, virusfreie Songs und keine Werbung" (ja, genau) – könnten allerdings nicht ausreichen, um die Mehrheit der Kunden zufriedenzustellen.

Nachfolgend ein sehr passender Kommentar vom Strategen und Chairman der Sony Corporation Nobuyuki Idei aus der *Los Angeles Times* im Juli 2002:

[Die Plattenfirmen] müssen ihre Denkweise von Albumverkäufen weglenken und sich vorstellen, sie verkaufen Singles so günstig wie möglich über das Internet – sogar für 20 oder zehn Cents – und fördern Filesharing, um Kleinstbeträge für diese Dateien einnehmen zu können. Die Musikindustrie muss sich selber neu erfinden. Wir können den Vertrieb nicht länger so kontrollieren, wie wir es gewohnt sind.

Chairman Nobu hat den Nagel auf den Kopf getroffen. In seinem Modell ist die Kontrolle vermindert, die Liquidität erhöht, und es fließt mehr Geld. Anders als in den guten alten Tagen, als 100 Prozent der Einnahmen aus dem Verkauf von „Inhalten" stammten, liegt heute der Schlüssel zu einem gesunden, neuen Musikbusiness in dem Verständnis, dass der Verkauf *nur* von Musik/Inhalt in der Zukunft wahrscheinlich weniger als 50 Prozent zum Endresultat beitragen wird. Der Rest wird aus Werbung, Sponsoring und dem Verkauf von verwandten Produkten und Dienstleistungen kommen.

Falsch ist: Die Kriminalisierung von Filesharing

Die Flut von Vorladungen, die von der RIAA 2003 bis 2004 gegen Privatpersonen wegen Filesharings beantragt wurden, ist ein verzweifelter Versuch mit dem rechtlichen Hammer denen eins auf die Finger zu geben, die Musik „stehlen" (alias tauschen). Die RIAA zielt im Besonderen auf Knotenpunkte ab, also auf sehr aktive Benutzer, die Unmengen Dateien in die P2P-Netzwerken einstellen. Ob diese Klagen ihren Zweck erfüllen, scheint zweifelhaft, aber schon ziehen ganze Armeen von Rechtsanwälten gegen die Aktionen der RIAA zu Felde. Die Angelegenheit ist auch auf dem Radar des amerikanischen Kongresses und anderer Rechtskörper überall auf der Welt. Einige der Leute, die die RIAA ins Visier genommen hat, sind, gelinde gesprochen, nicht gerade froh darüber und werden auch nicht unbedingt aufgeben.

Jesse Jordan, einer von vier Studenten, den die RIAA anfänglich für den Betrieb von Filesharing-Systemen an ihren Colleges verklagte, konnte die Klage gegen ihn durch eine Zahlung von insgesamt 12.000 US$ beilegen. Auf seiner Internetseite schrieb er:

> Ich soll der RIAA 12.000 US$ zahlen. Mit anderen Worten, ich soll für sie mein Bankkonto räumen – das ist gespartes Geld, für das ich die vergangenen drei Jahre gearbeitet habe. Dieses Geld war von mir für Bücher und andere tägliche Ausgaben gedacht. Wenn die RIAA denkt,

dass dies nur eine kleine Schlappe für mich bedeutet, dann hat sie sich gewaltig vertan. Ich hoffe, dass ihr das neue Faxgerät (oder für was auch immer sie es ausgeben will) gefällt, denn die Künstler, die sie angeblich repräsentiert, werden davon sicher keinen Cent sehen ... Es wäre eine echte Tragödie, der RIAA zu erlauben, den Fortschritt der legitimen Peer-to-Peer-Filesharing-Dienste zu unterdrücken. Ich werde persönlich jede Anstrengung unternehmen um sicherzustellen, dass diese Unterdrückung nicht geschehen wird ... Wenn die RIAA denkt, dass diese Klagen die Musikpiraterie bremsen, dann soll sie besser zwei Mal nachdenken.

Jordan lancierte Chewplastic.com (www.chewplastic.com) für Meinungsbeiträge und für Spenden, um den Schadenersatz begleichen zu können. Im Moment, in dem wir dieses Buch schreiben, hat er Spenden in Höhe von 12.000 US$ zusammen.

Jordan zahlte also genauso wie all die anderen Verklagten die Forderungen der RIAA. Einige haben jedoch den Kampf gegen die RIAA aufgenommen, und ihre Fälle werden möglicherweise vor Gericht gehen. Michele Scimeca, eine Frau aus New Jersey, wurde ebenfalls von der RIAA verklagt. Mit der Begründung, die RIAA missachte das amerikanische Gesetz gegen betrügerische Erpressung und benutze erpresserische und Einschüchterungsmethoden, um sie zur Schadenersatzzahlung zu bewegen, reichte Frau Scimeca Gegenklage ein. Andere Beklagte mögen dieser Betrachtungsweise zustimmen. Der Rapper Chuck D of Public Enemy äußerte sich dazu in einem Artikel in *Insight*: „Gegen Zwölfjährige klagen wegen Herunterladens von Musik? Und die Mutter zur Zahlung von 2.000 US$ Schadenersatz verdonnern? Das sind pure Gestapo-Taktiken."

Zur Gefährdung des Datenschutzes und der bürgerlichen Freiheit der Angeklagten kommt die Klage wegen Urheberrechtsverletzung seitens der RIAA. Derzeit laufen verschiedene Anstrengungen, darunter die der American Civil Liberties Union und Verizon, die das Recht der RIAA auf bestimmte Informationen in Frage stellen. Einige denken, dass sich die RIAA mit diesen Aktionen übernimmt. Aber zur Zeit, als wir dies schreiben, fährt die RIAA fort, Privatpersonen zu verklagen, deren Identitäten sie anhand ihrer Computer-Internetadressen herausfindet.

Während viele Plattenkünstler die Anstrengungen der RIAA unterstützen, inklusive Sheryl Crow, Britney Spears, Elton John, Eminem und Madonna – gibt es andere Künstler, die sich gegen dieses Vorgehen aussprechen. „Sie beschützen eine archaische Industrie. Sie sollten ihre Aufmerksam-

KAPITEL 5 | DIE ZUKUNFT VON MUSIKVERTRIEB UND AKQUISITION

keit neuen Modellen zuwenden," sagt Bob Weir von den Grateful Dead. Im *Insight*-Magazin machte sich David Draiman von der Band Disturbed über die RIAA her: „Für die Künstler, leck mich. Ich habe sie nicht darum gebeten, mich zu beschützen, und ich will ihren Schutz auch gar nicht."

Neue Forschungen von Pew Internet Project zeigen 2004, dass 60 Prozent der befragten Musiker/Komponisten nicht daran glauben, dass die Klagen der RIAA den Künstlern oder Komponisten irgendeinen Nutzen bringen. Bei der Frage, welche Auswirkungen die Gratis-Downloads auf ihre Karrieren hatten, sagten 37 Prozent, dass es nicht wirklich einen Unterschied gemacht hätte und 35 Prozent sagen, es hätte geholfen. Außerdem haben 83 Prozent der befragten Musiker kostenlose Muster ihrer Arbeit online angeboten und eine beachtliche Zahl sagt, dass Gratis-Downloads ihnen halfen, CDs zu verkaufen und mehr Besucher in die Konzerte brachten.

Wir beginnen, Beispiele zu sehen, in denen Filesharing den Künstlern sogar hilft, ihre Konzerte zu bewerben und neue CDs zu verkaufen. „Ich bin fest davon überzeugt, dass Filesharing unserem Geschäft geholfen hat," sagt Guster-Gitarrist Ryan Miller in *USA Today*. „Von jedem unserer letzten Alben haben wir nur ein paar hunderttausend verkauft. Mit unseren Albumverkäufen haben wir sowieso keinen Cent verdient, da ist wirklich kein Geld drin."

Gemäß Alex Ferdinand von Franz Ferdinand in *NME*:

Filesharing hat uns als Band wirklich dabei geholfen, bekannt zu werden. Als wir zum ersten Mal in New York spielten, da kannten eine Menge Leute schon unsere Songs und sangen fleißig mit. Für uns war es die globale Mundpropaganda, die uns half und nicht behinderte. Ich glaube, es beeinträchtigt die Künstler überhaupt nicht. Musik runterzuladen ist genauso revolutionär wie die Erfindung des Grammophons und ich bin dafür.

Eines ist sicher, die rechtlichen Aktionen der RIAA werden nicht diejenigen besiegen, die einen Wechsel in der Marktdynamik anstreben. Tatsächlich werden die fehlgeleiteten Anstrengungen der RIAA die Leute, die Filesharing-Software entwickeln, dazu ermutigen, ihre Bemühungen zu beschleunigen. Bald werden es neue Softwareprodukte unmöglich machen, den Fluss von Dateien von einer Person zur anderen nachzuvollziehen oder den Nicknamen oder die IP-Adresse eines Computers zu identifizieren. Die RIAA kann dieses technologische Waffenrennen gegen tausende Programmierer, für die dies zur Mission wurde, nicht gewinnen.

Eines dieser Systeme, Freenet, wurde 2001 geboren. Es ist das Geistesprodukt von Ian Clarke, Student an der Universität Edinburgh. Clarke versuchte mit einer sicheren Methode für den Tausch von Online-Informationen herauszukommen, deren Spur nicht verfolgt werden kann. Seine Motivation war aber offenbar nicht der anonyme Tausch von Musikdateien, sondern es Menschen in diktatorisch regierten Ländern wie China möglich zu machen, sich Regierungsbeamten zu entziehen, die sich mit der Kontrolle der freien Meinungsäußerung und unzensierten Verbreitung von Ideen beschäftigen. Clarkes System verschlüsselt Datenpakete und schickt sie durch mehrere Server, so dass der Ausgangspunkt der Information und ihr Empfänger nicht verfolgt werden kann.

Filesharing-Softwareanbieter erforschen die Techniken, die von Systemen wie Freenet eingesetzt werden. Michael Weiss, CEO von StreamCast Networks, der Muttergesellschaft von Morpheus, wurde im *Boston Globe* mit der Aussage zitiert: „Wir werden unsere Nutzer mit genau den Sicherheitsmaßnahmen und dem Datenschutz ausstatten, um sich im Internet wohl zu fühlen."

**Die Digitalen Kids und der Wandel des Marktes
6**

DIE ZUKUNFT DER MUSIK

Während der letzten 40 oder mehr Jahre beherrschte ein System die Plattenfirmen der westlichen Welt, das auf Künstler baute, die ein jugendliches Publikum ansprechen, meist über Radio und in Plattenläden. Das ergibt auch Sinn, denn 22 Prozent aller CDs werden gemäß Forrester Research von Menschen gekauft, die jünger als 20 sind.

Der Twen-Markt hat wiederholt das Musikbusiness in neue Höhen getrieben, von Elvis zu den Beatles, von den Monkeys zu den Boy Bands und von Eminem zu Britney Spears. Die Jugendlichen bilden die größte Einzelgruppe potenzieller Musikkonsumenten, während Musikfans über 35 ins Abseits gestellt wurden – eine Situation, die sich seit der Einführung von Filesharing und den digitalen Musikdiensten heute drastisch geändert hat.

Gleichzeitig fand in den Jugendkulturen auf der ganzen Welt ein radikaler Umbruch statt. Dieser Umbruch beginnt, die herkömmlichen Annahmen der Musikindustrie und ihren standardmäßigen Marketingansatz zu erschüttern Das Internet und die digitale Medientechnologie wurden zu einer Lebensart für Kinder und Teenager in den Industrieländern, und die Massenmedien verloren an Bedeutung. Eine Verhaltensveränderung entwickelte sich, was eine der primären Begründungen für die enorme Popularität von Filesharing ist.

Zusammen mit dem immer noch absolut erstaunlichen Wachstum des Internets ging eine neue, vernetzte Mobilität einher, was besonders in Europa und Asien in eine Explosion der Nutzung von digitalen Music-Playern und Mobiltelefonen führte. Die heutigen Jugendlichen sind geborene Digeratis[1], „immer online", konstant vernetzt, angeschlossen und miteinander in noch nie da gewesenen Formaten kommunizierend. Sie sind die *Screenagers* – und verändern zusehends die Art und Weise, wie Musik entdeckt und das Business geführt wird.

Die Internet-Generation

Don Tapscott beschreibt in seinem Buch *Growing Up Digital* (www.growingupdigital.com), dass die „Internet-Generation" 88 Millionen Menschen zählt und ständig weiter wächst. Diese Kids sind die Kinder der Baby Boomer. Sie sehen das Internet und Hochgeschwindigkeitsanbindungen genauso wie ihre Eltern damals das Fernsehen und das Telefon akzeptierten und in ihr Leben integrierten. Online zu sein und digital mit anderen zu networken gehört heute zum Standard vieler Jugendlicher.

---

[1] Diderati: Digital Literate: Elite der Computer-Industrie und der Online Communities

KAPITEL 6 | DIE DIGITALEN KIDS UND DER WANDEL DES MARKTES

Geboren zwischen 1976 und 1998 repräsentiert die Internet-Generation ungefähr 30 Prozent der amerikanischen Bevölkerung, also ein Segment, das größer ist als das ihrer Baby Boomer-Eltern. Während die Boomer als Fernsehgeneration aufwuchsen, mit Vietnam, Woodstock, der Mondlandung und Watergate, kämpft die Internet-Generation mit dem Internet, CNN, Irak, „American Idol" und unternehmerischer Habgier. Sie hat Zugriff auf mehr Informationen als irgendeine Gruppe von Menschen jemals zuvor auf diesem Planeten, und sie badet täglich förmlich in Inhalten.

Diese Jugendlichen wuchsen mit digitalen Medientechnologien auf und sind aktive und versierte Benutzer von Videospielen, Mobiltelefonen, E-Mail, Instant Messaging, dem Internet, CDs und DVDs. Sie kommunizieren mit ihren Freunden grundsätzlich anders als irgendeine Generation zuvor. Instant Messaging und E-Mail haben viele frühere Mittel, Kontakte zu knüpfen, in den Schatten gestellt. Daher ist für einige Online Networking so beliebt geworden wie echtes Dating. Diese Generation steht viel mehr auf Interaktivität als auf passiven Konsum – aus Stubenhockern wurden Cyber Networker.

Die Kids von heute misstrauen der Massenwerbung und suchen Informationen viel wendiger und aktiver als es ihre Eltern taten. Darum haben auch die von Fernsehen und Radio angewandten, traditionellen Massenmarketing-Methoden viel weniger Auswirkungen auf die Internet-Generation als auf ihre Eltern. Die Internet-Generation verbringt mehr Zeit online und mit Videospielen als sie fernsieht. Sind dies die ersten Zeichen vom Ende der Fernsehwerbung wie wir sie kennen? Schon führen die großen Werbeagenturen Tests durch und platzieren Fernsehwerbung im Internet. Warten wir noch drei bis fünf Jahre, und die Werbebudgets der meisten Firmen bewegen sich vom Fernsehen endgültig hin zum Internet.

Das Internet und andere digitale Netzwerke haben für immer das Gleichgewicht zugunsten der „digitalen Literaten" verändert, mit den „digitalen Kids" an erster Stelle. Ihr Leben ist nahtlos in ihre Online-Aktivitäten eingebunden. Sie knüpfen online Beziehungen und kreieren Communities, in denen sie kommunizieren, voneinander lernen, interagieren, teilnehmen, spielen, Informationen aus einer Vielzahl von Quellen herausfinden und Produkte und Dienstleistungen erwerben.

Für die Kids von heute sind all diese Technologien und ihre Potenziale selbstverständlich, und sobald sie ins Berufsleben eintreten, werden sie zu zahlungswilligen Verbrauchern. Sie werden einen aktiven Einfluss darauf ausüben, wie Waren und Dienstleistungen geliefert werden, und auf die Marketingmethoden, die sich als erfolgreich erweisen werden. Sie verbringen ihre Zeit online, Dinge suchend und entdeckend, die sie interessieren. Das Internet erweitert ihre Angebotsvielfalts-, Selektions- und Preisoptionen. Es gestattet ihnen, viele Produkte auszuprobieren, bevor sie sie kaufen, und ihre Auswahl den persönlichen Wünschen anzupassen, so dass sie bekommen, was sie wollen. Während sich ihr Ausgabenbudget mit dem Zugang zu Kredit- und Kundenkarten, PayPal-Konten und Online-"Allowance"-Systemen erhöht, brauchen Mom oder Dad sie nicht mehr zum Einkaufszentrum zu fahren. Sie werden es vorziehen, ihre Angelegenheiten online abzuwickeln.

Filesharing

Demzufolge bewegen sich die Machtverhältnisse in die Hände der digitalen Jugendlichen – also genau zu den Kunden, auf die sich die Plattenfirmen immer noch einschießen. In vielerlei Hinsicht zeigt sich, dass die Beute selber ein wenig zum Jäger wurde. Zu Beginn des neuen Millenniums bestimmen die Konsumenten, und mit ihren digitalen Waffen bekommen die digitalen Kids immer mehr das Sagen. Jede Musikfirma, die sie jetzt zu erreichen versucht und ihre Kaufentscheidungen beeinflussen will, muss sicherstellen, dass die gesamte On- und Offlinepräsenz ihrer Künstler attraktiv, unterhaltsam, lohnend und höchst interaktiv ist.

Filesharing ist wohl die erfolgreichste und direkteste Form der Produktbemusterung, die je erfunden wurde. Es entstand aus dem tatsächlichen Onlineverhalten und wurde von den digitalen Kids selber ausgebrütet und kreiert. Shawn Fanning, Erfinder und Kopf des ursprünglichen Napster, versuchte einfach die Handhabung von Filesharing über Internet Relay Chats (IRC) zu verbessern (Fanning war damals 18 und Musikfan!). Die Beliebtheit von Filesharing hat seither enorm zugenommen, denn es ist sehr einfach zu benutzen und es unterstützt die selbstgesteuerte und die gemeinschaftliche musikalische Erforschung. Natürlich ist das erst die Spitze des Eisbergs. Viele digitale Jugendliche wissen, wie man HTML-Codes schreibt, Software entwickelt und die Stärken des Internets für eigene Zwecke nutzt.

Filesharing wurde für die Menschen zum beliebtesten Vehikel, Musik ausfindig zu machen und mehr als 75 Prozent der amerikanischen Teenager beschäftigen sich damit. Eine eindeutige Vorschau der Zukunft von Musik- und Mediamarketing. Eine Teenagerumfrage von Harris Interactive im Jahr 2003 zeigte, dass annähernd drei von vier Teens empfinden, dass es legal sein sollte, Musikdateien untereinander zu tauschen, ohne zusätzlich an die

Rechteinhaber zahlen zu müssen. Dieses Empfinden ist nachvollziehbar, denn viele Kids haben keinen Zugang zu Kreditkarten. Der ehemalige Präsident von Napster Mike Bebel behauptet, dass die fehlende Erfahrung mit Kreditkarten eine „erhebliche Barriere für den legitimen, digitalen Musikmarkt" darstellt. Die fühlt-sich-gratis-an-Musik in den vielen P2P-Systeme ist viel zu gut, um sie sich entgehen zu lassen. Musik gratis herunterzuladen fühlt sich für die Jugendlichen wie ein harmloser Spaß an – und es fehlt immer noch eine definitive Studie, die die Behauptungen der Plattenindustrie, dass Gratisdownloads negative Auswirkungen auf CD Verkäufe haben, belegt.

Jugendliche sind heute genauso leidenschaftliche Musikfans wie eh und je, wenn nicht noch größere. Während der vergangenen zwei oder drei Jahre wurde mehr Musik gesampled, editiert, kopiert und getauscht als jemals zuvor. In einer Befragung von Harris Interactive (2004) von amerikanischen Teenagern im Alter von acht bis 18 mit Internetanschluss bestätigen 56 Prozent, dass sie regelmäßig Musik herunterladen, obwohl sie wissen, dass sie gegen das Gesetz verstoßen. Tun sie das, weil die Musik gratis ist, oder weil die Kids wirklich an Musik interessiert sind? Letztendlich werden eine Menge Dinge gratis angeboten, haben aber dennoch nicht die Anziehungskraft wie Musik.

Big Champagne, ein Anbieter von Statistiken über Download Communities und Filesharing-Netzwerke, schätzt, dass *monatlich* mehr Dateien über die verschiedenen Netzwerke heruntergeladen werden, als die Plattenindustrie *jährlich* verkauft, was einem Faktor von zwölf zu eins entspricht. Dieses Verhältnis wird sich noch vergrößern.

Filesharing wurde zum beliebtesten Mittel, wie die Kids zu Musik kommen, und die Filesharing Communities sind der größte Markt auf diesem Planeten, quasi eine internationale Radiostation. Zahlen von Pew Internet und American Life Project zeigen, dass die Anzahl der regelmäßigen Musikdownloader jährlich um 100 Prozent steigt. Wie kann dieses Potenzial zum Positiven genutzt werden? Wann werden die Musikfirmen erkennen, dass diese virtuellen Communities ihnen die größte Marketingchance bieten, die sie je gesehen haben – und nicht die größte Community Krimineller?

Wenn man mit den Teenagern von heute über Musik spricht, dann sind ihre Gefühle und Einstellungen recht unterschiedlich zu denen der 40- bis 50-Jährigen und Älteren, die (wie die Autoren dieses Buchs) vor dem digitalen Zeitalter aufwuchsen. Die Kultur der Kids ist eine höchst mobile, vernetzte, digitale und interaktive Kultur, und die digitalen Technologien werden stillschweigend als Standard anerkannt, der sich vollkommen und unauffällig in ihren Lebensstil einfügt. Früher hörten die Jugendlichen neue Songs im Radio, aber heute empfinden sie Radio als einen monotonen Top-40-Loop. Viele Radiosender spielen immer wieder die gleichen Songs – kein Wunder, denn die Sendelisten werden meist zentral vorgegeben.

Die Kids wenden sich also dem Internet zu, das sie jeden Tag viele Stunden lang als ein „Next Generation Radio" benutzen, um nach neuer Musik zu suchen und ihre eigenen Schätze finden. Hier fühlen sie sich frei und können selber kontrollieren und wählen, was sie hören wollen, anstatt darauf zu warten, bis im Fernsehen ein Konzert beginnt, oder den abgedroschenen Radioprogrammen zuzuhören. Sie streamen oder laden nicht nur Hunderte von Songs herunter. Sie besuchen auch die Internetseiten der Künstler, verschicken Textnachrichten, bringen Konzerttermine in Erfahrung, hören Online-Radio, holen sich fast alle Informationen über ihre Lieblingsband, tauschen Dateien per Instant Messaging und SMS und haben ihre eigenen Methoden entwickelt, um neue Musik zu finden. Dies ist eine vollkommen neue Art, um Musik zu entdecken und mit Gleichaltrigen in einer freien, digitalen Umgebung abzuhängen. Welchem Jugendlichen würde das keinen Spaß machen?

Filesharing eignet sich für sie hervorragend, um neue Songs oder Künstler zu testen. Viele Kids kaufen letztendlich die CDs, und viele auch nicht – genauso wie in den Zeiten, als man Vinyl tauschte, um die Musik auf Tonbänder aufzunehmen.

Zu viel Geld

Viele Jugendliche finden, dass zehn US$ oder weniger ein fairer Preis für eine CD-Neuerscheinungen wären (und entsprechend weniger für ältere Veröffentlichungen), und es wird immer unwahrscheinlicher, dass sie Musik zu höheren Preise kaufen. Viele von ihnen, vielleicht Millionen, zahlen in der Schulcafeteria oder im Studentenwohnheim freiwillig zwei bis fünf US$ an einen Freund für eine selbstgebrannte CD. Gegenüber Harris Interactive gaben immerhin 70 Prozent aller befragten Jugendlichen an, dass sie weniger Musik herunterladen würden, wenn die Preise für CDs niedriger wären. Würde also eine Änderung in der Preisgestaltung das Filesharing auslöschen? Ist dieser durch das Internet verursachte, preisliche Abwärtsdruck der gleiche, den wir schon bei Flugreisen und Hotels erlebten?

Die Kids sind unterschiedlicher Auffassung, wenn es darum geht, sich die Musik eines Künstler zu „beschaffen" ohne zu zahlen. „Sie verlieren kein Geld, denn wir kaufen immer noch ihre T-Shirts und besuchen ihre Konzerte. Sie sind immer noch berühmt", wurde ein 14-jähriges Mädchen in einem *New York Times*-Artikel (März 2004) zitiert. Aber größtenteils wissen die heutigen Jugendlichen schon, dass die meisten Künstler, die sie mögen, letztendlich jedenfalls nicht die „wirklichen" Nutznießer ihrer CD-Käufe sind – die Plattenfirmen und ihre Firmeninhaber sind es, und das hinterlässt bei den Kids einen bitteren Beigeschmack.

Je jünger die Jugendlichen sind, desto wahrscheinlicher ist es, dass sie sich über Copyright keine Gedanken machen. Tatsächlich haben sie oft überhaupt keine Ahnung, was Copyright bedeutet, was auch nicht überrascht angesichts des Labyrinths aus rechtlichen Obskuritäten und öffentlicher Propaganda, die das Copyright mit freundlicher Genehmigung von Big Music und Big Mouse umgeben. Dennoch haben viele Kids das Gefühl, dass eine bestimmte Art von Copyright eine gute Sache und notwendig für den Schöpfer der Musik ist, und die meisten würden sofort zustimmen, dass *die Künstler* bezahlt werden sollen. Aber sie meinen auch, dass die „Bonzen" – die Mittelsmänner – einfach zu reich, zu hochnäsig und zu selbstgefällig sind, um sich damit zu beschäftigen. Wer kann den Kids ihre Einstellung vorwerfen. Angesichts des Images, das sich die Musikindustrie selber in der Öffentlichkeit erschaffen hat, schlussfolgern sie, die Plattenindustrie scheint es wirklich zu verdienen.

Den Spatz in der Hand und die Taube auf dem Dach?

Für Computer und Hardwareanbieter wie Apple, Dell, Gateway und andere ist der Download von digitaler Musik und anderen Inhalten heute zu einem beträchtlichen Verkaufsargument geworden. Dennoch ist die Musikindustrie fleißig dabei, Menschen deswegen zu verklagen. 2000 hat Apple mit seiner „Rip, Mix, Burn"-Anzeigenkampagne einen Aufruhr in der Musikindustrie ausgelöst. Heute ist iTunes der beliebteste Musikdienst weltweit. Die Kids fragen sich: „Wie geht das jetzt: Kann ich mit diese coolen Tools und Maschinen machen, was ich will, oder nicht? Wieso verkaufen sie Computer mit CD-Brennern, WiFi-Hubs und DSL-Deals, wenn es in Wirklichkeit illegal ist, Sachen aus dem Internet herunterzuladen, CDs zu kopieren oder Dateien zu tauschen?" Sogar Sony – immerhin eine Firma, die Musik verkauft – bietet ebenfalls Computer und Unterhaltungselektronik an, die Musik abspielen, runterladen, kopieren und speichern kann, ebenso Audio Player, die CD-Rs vollgepackt mit MP3-Dateien abspielen.

Wenn man jedoch näher hinschaut, erwirtschaftet Sony nur acht Prozent seiner weltweiten Umsätze mit dem Verkauf von Musik, daher ist es nicht überraschend, dass die Hardware-Leute das Ruder in der Hand haben. Die Message der Entertainment- und Unterhaltungselektronik-Industrien heißt in der Tat: Benutze unsere Geräte, aber verändere nicht die Regeln der Inhalteanbieter.

Oldies but Goldies

Und natürlich ist der Markt der Twens nicht der einzige, bedeutende Markt für die Zukunft der Musik. Tatsächlich wird wahrscheinlich er an Wichtigkeit während der nächsten 25 Jahre abnehmen. Schon jetzt networken hunderte Millionen Erwachsene wie die Kids online, und während unsere Gewohnheiten, unser Vertrauen in das Internet und der Networking-Stil von den Kids abweichen, sind wir nichtsdestoweniger online, bewaffnet mit Kreditkarten, PayPal-Konten und Dutzenden von Passwörtern und Cookies.

Jüngste Daten des amerikanischen Händlerverbands National Association of Record Merchants (NARM) haben gezeigt, dass weibliche Konsumenten mit 53 Prozent zu CD-Verkäufen beitragen und damit zahlenmäßig die Männer überholen. NARM berichtete auch von neuerlichem Zuwachs bei den Verkäufen an die älteren Käufergruppen, während die Gruppe der 13- bis 17-Jährgen relativ an Marktanteil verloren hat. Apple berichtet, dass jeder Track in ihrem iTunes-Katalog wenigstens ein Mal gekauft wurde, was auf gute Möglichkeiten zur Erweiterung der Zielaltersgruppen bei Musikkäufern hinweist. Obwohl Big Champagne sagt, dass die populärsten Downloads gewöhnlich jene sind, die von den Plattenfirmen gepusht werden, teilt sie ebenfalls mit, dass ein breiter und vielseitiger Datenmix getauscht wird. Könnte Allgegenwärtigkeit letztendlich Vielfalt erzeugen?

Die Musikfirmen müssen die Möglichkeiten der digitalen Zukunft ergreifen

Wie kann sich eine 14-Jährige mit einem wöchentlichen Taschengeld von fünf US$ beim Herunterladen von Musik, die von Multimillionärmusikern und raffgierigen Plattenfirmen produziert wurde, schlecht fühlen? Die Plattenfirmen sollten auf die 14-Jährige zugehen und sagen: „Hey, toll, dass du auf Musik stehst. Willst du nicht mal die günstigen Dienste ausprobieren, statt Musik gratis herunterzuladen?

KAPITEL 6 | DIE DIGITALEN KIDS UND DER WANDEL DES MARKTES

Da kannst du viel Musik zum Anhören und Zugang zu unveröffentlichten Tracks und Ticketermäßigungen und kostenlosen Fanartikeln erhalten."

– Moby, Musiker, auf seiner Internetseite

Je mehr Künstler heute ihre Fans – besonders die Jugendlichen – über das Internet erreichen, desto besser geht es allen finanziell. Dem Aufstieg des Filesharing zu widerstehen bedeutet, die Tatsache zu ignorieren, dass es letztendlich einen Weg gibt, ein riesiges Publikum quasi gratis mit welcher Musik auch immer zu erreichen. Ein Sprichwort sagt, die steigende Welle überflutet alle Boote. Versucht man, sie zu stoppen, wird man von den Fluten über Bord gespült und nie mehr gesehen. Jene, die lernen, auf den ansteigenden Wellen zu reiten und in der Strömung navigieren zu können, werden in eine bessere Welt getragen, wo Künstler und die Fans ihrer Musik sich verbinden können.

Viele neue Filesharing-Systeme wurden seit Napster entwickelt. Die digitalen Kids selber haben die meisten dieser Anwendungen geschrieben – siehe Shawn Fanning. Die Entwicklung dieser Systeme schließt heute Community-Eigenschaften wie Chat, People- und Stil-Matching, verbesserte Suchwerkzeuge und Anwendungen für die Benutzer ein, sich in den Sammlungen und Playlisten anderer Teilnehmer mit ähnlichem Musikgeschmack umzusehen.

Die Stärken der digitalen Weiterempfehlungen und *Maus-zu-Mauspropaganda* über Filesharing haben das traditionelle Radiomarketing weltweit in den Hintergrund gedrängt. Instant Messaging, Chat und E-Mail haben erstaunliche Kommunikationsmöglichkeiten hervorgebracht. Die sozialen Umgebungen gestatten es jederzeit und überall mit Gleichgesinnten in Kontakt zu treten, um zusammenzuarbeiten, Wissen und alles andere auszutauschen, inklusive Musik. Wir müssen uns daran gewöhnen, dass dieser freie Informationsfluss die Norm ist und nicht die Ausnahme. Wir müssen verstehen, wie die Macht der Onlinevernetzung zur Erfüllung der Bedürfnisse und Wünsche der digitalen Kids beiträgt, besonders wenn Offline-Anlässe und -Erlebnisse des „wirklichen Lebens" und Online ineinander greifen. Jugendliche, die Eigenständigkeit und Selbstgefühl suchen, können es online finden, so seltsam das für einige von uns klingen mag. Das Internet kann ihre Neugier und ihren Wunsch nach Identität durch Onlinegleichgesinnte befriedigen, die helfen, ein Gefühl von Zugehörigkeit und Sinn zu kreieren. Genau dies passiert weitgehend mit Instant Messaging.

DIE ZUKUNFT DER MUSIK

In der Zukunft wird die Möglichkeit, große Zielgruppen zu beeinflussen und folglich an sie zu vermarkten, direkt mit der Fähigkeit einhergehen, sie schnell, günstig und natürlich mit Mundpropaganda über Gleichgesinntengruppen und über geschickte Platzierung in Social Networks zu erreichen. Radiosendezeit, Werbung, Street Teams, Veranstaltungen und viele andere herkömmliche Marketingformen werden den gleichen Stellenwert wie die neuen Peer-To-Peer-Marketingformen erhalten. Die Werbetrommel zu rühren war immer ein wesentlicher Bestandteil von Musikpromotion. Präsenz erzeugt Entdeckung und Einnahmen. Kluge Marketingleute werden versuchen, mit Gratis-Musik zu konkurrieren und den Jugendlichen eine leichte Abwicklung ermöglichen, wie es Apple mit seinen iTunes-"Preisnachlässen" und Napster 2 mit seinen vorausbezahlten Downloadkarten im Vertrieb über große Einzelhändler machen. In intelligenten Internetseiten, Mobiltelefonen und netzwerkbefähigten Anwendungen liegt die Zukunft des Musikmarketings.

Das neue Wirtschaftssystem der Musik
7

Lange vorbei: Ein perfekt kaputtes System

Das Musikbusiness basiert seit seinen Anfängen auf dem Star-Modell. Weniger als zehn Prozent aller Plattenstars spielen ihre Tantiemenvorschüsse wieder ein, bestätigt die RIAA, und selbst das ist noch Wunschdenken. Von den circa 32.000 CD-Veröffentlichungen jährlich in den USA, verkaufen nur 250 mehr als 10.000 Exemplare und weniger als 30 erlangen Platinstatus (eine Million Verkäufe in den USA). Das ist ein Zehntel von einem Prozent aller Veröffentlichungen (0,001). Das ist wie Lottospielen, nur wenn es einen als Künstler betrifft, dann wettet man mit seinem Leben – wobei man allerdings mehr Chancen im Lotto hätte.

Nur 15 Prozent aller Mitglieder der American Federation of Musicians Union spielen regelmäßige Auftritte, und die 273.000 Berufsmusiker verdienen durchschnittlich 30.000 US$ pro Jahr – soviel wie ein Taxifahrer. Die wirklich regelmäßigen Einnahmen im Musikbusiness lassen sich natürlich im Verlagswesen erzielen, wo die Komponisten aufgrund der obligatorischen Urheberrechts-Abgabe auf alle Tonträgerverkäufe und mit allen Einnahmen, die aus öffentlichen Aufführungen fließen, oftmals einen anständigen Broterwerb während einer vernünftigen Zeitspanne erzielen können – Cent für Cent aus einer Vielzahl von Quellen.

Beim Vermarkten von Künstlern verfahren die meisten Plattenfirmen nach dem Motto: „Mal schauen, ob's hängen bleibt". Sie bringen 100 unterschiedliche Künstler auf den Markt, wohl wissend, dass weniger als fünf die Kosten decken. Sie hoffen nun, dass einer der Acts groß rauskommen und all ihre Investitionen in den gesamten Artist-Roster wieder reinholen wird – nicht viel anders als ein Risikokapitalgeber, der in 30 Firmen investiert und hofft, dass sich wenigstens eine zum nächsten Netscape entwickelt. Zurückschauend könnte man überzeugend argumentieren, dass die Entwickung von neuen Künstlern bereits lange vor dem Beginn des Internetangriffs auf das Musikbusiness zurückging. Der CD-Wiederbeschaffungszyklus, der die Fans dazu brachte, die gleiche Musik erneut auf CD zu kaufen, verursachte einen unerwarteten, zehnjährigen Boom für die Plattenfirmen, und dieser Boom basierte größtenteils auf der Neuherausgabe von bestehenden Katalogen auf den qualitativ hochwertigeren CD-Formaten.

Die Künstlerentwicklung und die Idee der Karriereförderung machte für die Herdenmentalität Platz, nach der sich Labelverantwortliche zusammentaten, um nach dem Erfolg eines anderen zu jagen und um diesen zu replizieren. Man erinnere sich an die Disco-Explosion, die auf Donna Summers

KAPITEL 7 | DAS NEUE WIRTSCHAFTSSYSTEM DER MUSIK

frühe Hits folgte, oder den Run, Grunge-Bands aus Seattle unter Vertrag zu nehmen, nachdem Nirvana der Durchbruch gelungen war, oder die Boy Bands der Neunziger, oder *American Idol* und die neu belebten *Star Search*-Fernsehshows von heute.

Darüber hinaus ließen die Konsolidierung und Konzentration von Plattenfirmen in die Arme einiger weniger Großkonzerne sowie der Rückgang der Programmvielfalt im Radio, hervorgerufen durch die Deregulierung jener Industrie, die Musikindustrie noch risikoscheuer werden. Mit Ausnahme von EMI und kürzlich Warner sind die Plattenfirmen nur kleine Tochtergesellschaften von großen Konzernen, in denen Musik an sich in ihren täglichen Entscheidungen keine Rolle mehr spielt. Joni Mitchell sagt in einem Interview im *Rolling Stone*: „Ich hoffe, sie greifen voll in die Scheiße. Ich würde niemals mehr einen Plattenvertrag unterschreiben ... Lieber sterbe ich, als ihre Taschen zu füllen."

Dennoch haben das Internet und andere digitale Content-Netzwerke dem Plattenbusiness den Schleier abgenommen. Der Schleier über den Heimlichkeiten und der Vetternwirtschaft wurde gelüftet und offenbarte das ureigene bizarre Verhalten, das heute noch vorherrscht und für alle klar zu sehen ist. Als die Künstlerpioniere Todd Rundgren, Prince, Aimee Mann und Peter Gabriel realisierten, dass sie nicht länger der Jeton im Pokerspiel der Plattenindustrie sein müssen, begannen sich die Dinge zu ändern. Heute bieten die digitalen Content-Netzwerke den Künstlern und Musikern Gelegenheit und Marktpräsenz, um ihre Karrieren anzutreiben, und das ohne die de-facto-Krontrolle eines internationalen Kartells.

Während der ersten Jahre der Online-Musik waren die bestehenden Musikfirmen unsicher, wie sie mit den vielen Themen im Zusammenhang mit dem Online-Verkauf von Musik umgehen sollten, und viele Akteure harrten aus, um den besten Deal zu machen. Am auffälligsten waren die Major-Plattenfirmen, die sich lange Zeit weigerten, ihre Kataloge an die ersten Teilnehmer des digitalen Spiels zu lizenzieren. Man machte ein Riesen-Trara, schloss aber nur ein paar wenige Deals ab, wovon noch weniger zu echtem Business führten. Resultat: Die Musikfans strömten in Scharen zu den unlizenzierten Anbietern.

Die Plattenfirmen wollten jederzeit die Kontrolle über *alle* Puzzleteile behalten, einfach weil sie meinten, dass es sich um „ihre" Aufnahmen handelte, die da heruntergeladen wurden und die als Hauptargument in diesem Business benutzt wurden. Andererseits hat sich diese Ansicht nun als falsch erwiesen: Inhalte *an sich* sind *nicht* King und sind nicht länger der Grund, warum die Menschen den Musikleuten ihr sauer verdientes Geld geben. Wie wir schon sagten, Inhalt ist King, der Kunde ist King Kong und der Service ist Godzilla – das könnte gut das Mantra für die Zukunft sein. Die folgenden Seiten sollen einige Lichtblicke in der Zukunft der Musik aufzeigen und uns helfen, neue Wege zur Umgestaltung des Musikbusiness und der Beziehung zwischen Künstler und Fan zu finden.

Sterntaler

Das Verlagswesen und alle Arten von Lizenzierung werden wohl eher in der Zukunft als heute zu digitalen Goldeseln für Künstler und Komponisten werden. Neue Vertragskonstrukte und agenturähnliche Deals für die digitale Transaktion sind mehr aus der Sicht der Lizenzierung als vom Standpunkt der „vermieteten Arbeit" denkbar. Die Künstler können aufhören, Geschäfte mit Plattenfirmen zu machen, die teilweise zu Dinosauriern wurden. Innerhalb der nächsten fünf bis acht Jahre werden legale Downloaddienste wie iTunes und Rhapsody letztendlich enormes Potential bieten, um beträchtliche Einnahmen zu generieren, und der Kuchen wird sehr wahrscheinlich wachsen und mehr Stücke für jedermann bereithalten. Aber die eigentliche Frage ist: *Wer kriegt das Geld?* Wenn Kreditkartenfirmen und Zahlungsunternehmen größere Anteile erhalten als die Künstler, dann liegt da ganz klar etwas im Argen.

Das vorherrschende Verlagsmodell, in dem Urheberrechts-Abgaben im Namen der Komponisten kassiert und administriert werden, hat einen festen Platz in der Zukunft. Dies gilt, solange die Menschen Geld für Musik ausgeben – und man kann davon ausgehen, dass sie dies unter den richtigen Umständen auch fortan tun werden. Obgleich die tatsächlichen Vertriebsmethoden variieren mögen, bleibt es die Mission der Verleger, sicherzustellen, dass die Werke der Komponisten gehört und gesehen werden, und dass sie in der einen oder anderen Weise dafür entlöhnt werden. Während die Einkommen durch mechanische Reproduktionen wie CD-Verkäufen wohl weiter fallen werden, besteht beträchtliches Potenzial, diese schwindenden Einnahmen mit dem legalen Downloadmodell aufzufangen.

Den Komponisten und Künstlern selber wird das digitale Netzwerk nutzen, da sich Verkäufe und/oder Streamings viel einfacher und akkurat verfolgen und melden lassen. Derzeit verlassen sich die Verwertungsgesellschaften immer noch auf Schätzungen, Durchschnittsberechnungen und Stichproben. Zum Beispiel basieren die Entschädigungen für Musik, die in Restaurants gespielt wird, auf den gleichen Daten wie Radioausstrahlungen, und diese Daten sind sicher verzerrt, denn die wahrscheinlich größere ethnische Vielfalt der Musik, die in Restaurants läuft, wird nicht berücksichtigt. Digitale Technologien könnten eine viel akkuratere Darstellung ermöglichen.

Indies – Unabhängige Plattenfirmen

Unabhängige Plattenfirmen und Labels von Künstlern sind normalerweise so strukturiert, dass sie durch die Anwendung von Nischenmarketing-Methoden mit viel weniger Verkäufen überleben und Profit machen können. Darum sind sie weniger gefährdet als große Plattenfirmen. In der Vergangenheit waren die unabhängigen Plattenfirmen gegenüber der Lizenzierung ihrer Kataloge an legale Musik-Downloadservices aufgeschlossen, während die Major-Plattenfirmen sich zurückhielten. Kleinere Plattenfirmen sind auch eher in der Lage, sich auf die Entwicklung der Karriere ihrer Künstler zu konzentrieren. Ihre kleinere Struktur hilft ihnen, flexibel zu bleiben, da sie fähig sind, ihre Geschäftsmodelle wenn notwendig zu adaptieren und umzurüsten. Heute gibt es mehr als 10.000 unabhängige Plattenfirmen und viele weitere sind im Aufbau. Das sind ausgesprochen gute Neuigkeiten für die Musikbranche.

Die meisten Innovationen der Musikbranche kamen schon immer aus den Reihen der unabhängigen Plattenfirmen, die bereit waren, Risiken einzugehen. Als der Rock'n'Roll Mitte der Fünfziger in der Szene explodierte, da wurde er von den Major-Plattenfirmen verachtet. Allerdings machten 08/15-Firmen wie Chess und Sun damit ein Vermögen. Außer Casablanca Records glaubte anfangs auch niemand, mit Disco Geld machen zu können. Und wieder wurden Millionen gemacht. Rap, Hip-Hop, Country und in geringerem Ausmaß Reggae illustrieren die gleiche Geschichte. Major-Plattenfirmen sind oft zu groß und schwerfällig für die Aufgabe, großartige Musiker zu entdecken und sich in der frühen Phase um ihre Karrieren zu kümmern. Die Unabhängigen waren und werden auch weiterhin weltweit das Herzblut der Musikindustrie sein, und die bedeutsamsten Musiktrends hatten ihren Ursprung bei unabhängigen Plattenfirmen.

Die Billboard Charts der vergangenen Jahre zeigen einen interessanten und irgendwie überraschenden Trend. Dank der Einrichtung von Warenwirtschaftssystemen in großen Musikeinzelhandels-Ketten, können Soundscan-Computer Musikläden abfragen und die genauen Zahlen von jedem verkauften Titel erhalten. Vor Soundscan wurden die Verkäufe von Musikketten, Großhändlern und unabhängigen Plattenläden mit den fragwürdigen manuellen Abfragemethoden verfolgt – ein Verfahren, das die Major-Plattenfirmen stark bevorzugte.

1991 waren drei unabhängige Plattenfirmen in der Liste der Top-zwanzig-Labels, sie platzierten 19 Titel in die Billboard 200, was 5,1 Prozent des Label-Chartanteils entsprach. 1992 waren die unabhängigen Plattenfirmen bereits mit 34 Titeln in den Charts vertreten. Der Trend ist noch dramatischer, wenn wir uns die Billboard Top R&B Album Charts anschauen, wo sich der Anteil der Indies zwischen 1990 und 1992 auf gesamt 22,2 Prozent verdoppelte. Während einer Woche im Jahr 1996 besetzten Indie-Label-Bands gleich die Plätze eins bis fünf in den Charts.

Major-Plattenfirmen scheinen sich heute eher wie Filmvertriebe anstatt wie Produktionshäuser zu verhalten. Sie verfügen über die Organisation, das Kapital und den Einfluss, neue Musik einem breiten Publikum vorzustellen, aber wenig Befähigung, selber den nächsten heißen Act aufzubauen. Indies sind die hochgeschätzten Testflächen für die Superstars von morgen.

„Während die Majors Musik verkaufen wollen wie McDonalds Hamburger, wollen wir lieber eine kleine Kette von Gourmet-Restaurants sein, bei denen die Leute draußen bis um die Ecke Schlange stehen," sagt Bruce Iglauer, Gründer von Alligator Records. „Es ist das Menü, das zählt – nicht wie viele man bedient." Unabhängige Plattenfirmen sind künstlerisch und schöpferisch an vorderster Front mit neuer Musik, und neue Musik ist keine Modeerscheinung. Es ist das am schnellsten wachsende Segment des Musikmarkts. Es beinhaltet alles von Rap, Urban und Alternative bis Country, World und Folk.

Die wachsende Marktsegmentierung nach Musikstil ist ein weiterer, bedeutsamer Faktor für unabhängige Plattenfirmen. Der Anteil von Rock in den Musikverkäufen, bisher die Basis der Pop-Musik, ist seit 1987 um 27 Prozent und insgesamt ungefähr 32 Prozent gesunken. Diese neue Musikvielfalt wird in den Grammy Awards reflektiert, die 1959 mit mageren 28 Kategorien starteten.

Ein schnell segmentierender Musikmarkt bedeutet mehr Möglichkeiten für Indies, deren Veröffentlichungen den Reichtum von speziellen musikalischen Nischenformen genau beschreiben: Den Blues von Black Top und Alligator, den Rap von Priority und Rufthouse, die Industrial Dance Meshs von Nettwerk und Wax Trax, den World Folk von Green Linnet, den Rock'n'Roll von Touch'n'Go – die Liste ist endlos.

Viele dieser Firmen fanden nicht einfach eine Nische und füllten sie, wie es einige, kleinere New Age und „Fuzak" Labels tun, genauso wenig haben sie eine Nische verdichtet und vermarktet, wie so viele Major-verfälschte, „alternative" Indies. Ihr Label entwickelte sich normalerweise zusammen mit der präsentierten Musik, oft als ein Hobby, brachte die Bands und

Künstler vor ein begeistertes Publikum. Für eine Reihe von klugen und glücklicheren Indies wurde so aus dem Hobby von gestern heute eine Goldmine.

Der Plattenverkauf ist aber nur ein Teil der Geschichte. Indies wussten schon lange, dass sich ihr Nischenpublikum am effizientesten direkt, also per Post und natürlich via Internet erreichen lässt. Direktmarketing von Tonträgern macht in den USA ungefähr zehn Prozent aller Verkäufe von Major-Plattenfirmen aus, aber bis zu 50 Prozent der Verkäufe von Indies! Weitere Alternativen für den Platteneinzelhandel schließen Buchläden, CD-Clubs, besondere Geschenkläden und Homeshopping-Sender ein.

Mehr und mehr wird Musik vermehrt in digitalen Netzwerken direkt vermarktet und vertrieben. Jetzt ist es möglich, ein Publikum direkt zu erreichen und das Internet für die Lieferung der Musik zu nutzen, oder die fast täglich erscheinenden und online stark wachsenden digitalen Musikvertriebsdienste wirksam einzusetzen. Hier ist es wichtiger denn je, eine treue Fanbase und richtige Kundenbeziehungen zu entwickeln. „Der beschleunigte Trend", sagt Davitt Sigerson, ehemaliger Präsident von Island Records, „legt viel mehr Kontrolle in die Hände der Öffentlichkeit und viel weniger Kontrolle in die Hände der Musiktrendsetter und Türsteher".

Sanctuary Group

Die Sanctuary Group PLC ist ein hervorragendes Beispiel für ein gut geführtes Musikbusiness mit einem Netzwerk von angeschlossenen Firmen, das alle Aspekte und Möglichkeiten in der Musikindustrie abdeckt. Dies ist vielleicht das Modell für die Musikindustrie in der Zukunft, in dem die Künstler an allen für sie wichtigen Einnahmequellen rundum beteiligt sind. Die Geschäfte von Sanctuary beinhalten aufgenommene Musik, visuelle Unterhaltung, Künstler- und Produzentenmanagement, Unterstützung für Tourneen, Konzertbuchungen, Musikverlag und Lizenzierung, Tonstudios, Buch- und DVD-Verlag und Fanartikel.

Sanctuary hat ein eindrucksvolles Wachstum erreicht, indem es sich auf etablierte Künstler mit einer erheblichen Fanbase konzentrierte und sie mit allen Dienstleistungen und aller Unterstützung ausstattete, die sie benötigen. Während die meisten Major-Plattenfirmen Acts zu Dutzenden fallen ließen, wobei auch einige Künstler schreiend davonliefen, hat Sanctuary sich stetig die etablierten Acts mit bleibender Power und treuen Fans herausgepickt. Sanctuary hat sich mit einem breiten Spektrum von Künstlern auf die Entwicklung seines Künstlerdienstleistungs-Geschäfts konzentriert: Management, Konzertbuchungen und Merchandising. Diese Strategie macht sich bezahlt und positioniert das Unternehmen langfristig als Überlebendes. Es füllt das Vakuum, das die Major-Plattenfirmen hinterlassen haben, mit einem durchdachteren Geschäftsmodell, das auf der Philosophie von Künstlermanagement beruht.

Sanctuary ist die größte unabhängige Plattenfirma in Großbritannien, die sich auf die Produktion von Musik und DVDs für ihre Künstler konzentriert. Ihr Katalog schließt Acts wie Morrissey, The Libertines, Kiss, Lynyrd Skynyrd, Spiritualized, The Strokes, Widespread Panic, Ween, Blondie, Neil Young, Crosby & Nash, Alison Moyet, The Delays, Small Faces, Fun Lovin' Criminals und über 20 Labels ein. Aber viel mehr als nur eine Plattenfirma bietet Sanctuary eine Menge Dienstleistungen für Künstler an, die im Musikbusiness erfolgreiche werden wollen.

Ihre Künstlermanagement-Teams repräsentieren Beyonce, Destiny's Child, Mary J Blige, Judas Priest, The Who, Groove Armada, Guns N' Roses, Iron Maiden, Fleetwood Mac, The Von Bondies, Jane's Addiction, Slayer, Slipknot und andere. Sie managen auch Musikproduzenten, darunter John Alagia, Bob Ezrin, Ethan Johns und Chris Neil. Sanctuary besitzt heute die größte Konzertbuchungsagentur außerhalb der USA, mit um die 7000 Shows im vergangenen Jahr. Die Buchungsagentur bearbeitet Tourneen für eine Menge Bands, inklusive Robbie Williams, The Darkness, Dido, Eminem, Red Hot Chili Peppers, Metallica, Coldplay, Marilyn Manson und 50 Cent. Sanctuary betreibt auch ein eigenes Reisebüro und eine Tour-Produktionsfirma, die die Tournee-Logistik für die von ihnen gemanagten Künstler liefert.

Die Firma Bravado verkauft Fanartikel auf Tourneen, im Einzelhandel und übers Internet. Bravado behauptet, heute der weltweit am schnellsten wachsende Entertainment-Merchandiser zu sein mit Verträgen unter anderem mit Christina Aguilera, Robbie Williams, Eminem, 50 Cent, Iron Maiden, Led Zeppelin, N.E.R.D., Elton John, Hilary Duff, Beyonce, Jane's Addiction und Oasis. Bravado verhilft Künstlern zu einer ganzen Reihe von Verkaufsmöglichkeiten, wie Klingeltöne, Markenspiele und Handylogos sowie die üblichen T-Shirts und Poster.

Gegründet 1979 als Managementfirma für Iron Maiden, befand sich die Sanctuary Group während der vergangenen Jahre in einem finanziellen Aufbruch, wobei sie ihre Einnahmen von 23 Millionen £ im Jahr 1999 auf 152 £ Millionen im Jahr 2003 erhöhte und die ganze Zeit sehr profitabel war. Und wir dachten, die Musikindustrie hat Probleme?

Live-Auftritte und Touring

Während die Zahl der CD-Verkäufe in den vergangenen fünf Jahren fiel, nahm die Beliebtheit von Live Shows, Festivals und Konzerten jährlich zu, und die Einnahmen aus Konzerten wuchsen ständig an. Für Musiker in den Pop- und Rockgenres nimmt die Chance, im traditionellen, auf CD-Verkäufen basierenden „Plattenbusiness" den Lebensunterhalt zu verdienen, zusehends ab – aber vielleicht ist das gut so. Letztendlich stellten sich die schwer zu definierenden Major-Plattenverträge allzu oft als Pyrrhussieg heraus, da ohnehin nur vier Prozent aller verkauften Platten jemals die Kosten wieder einspielten.

Dauernde Unklarheit scheint daher das Standard-Schicksal vieler heutiger Musiker zu sein, wenn da nicht das in diesem Buch beschriebene „Musik wie Wasser"-Modell wäre. Dieses neue Paradigma – in dem Musik vom Produkt zur Dienstleistung wird und Musiker mehr Präsenz und Einkommen von Live-Auftritten, digitaler Performance und anderen Einnahmequellen anstelle von CD-Verkäufen erhalten – wird für Jazz- und Klassikmusiker nicht so gewaltig sein, da sie zum Beispiel daran gewöhnt sind, ihr Geld sowieso meist mit Live-Auftritten zu verdienen.

Ist dies die Richtung, in die sich die Musikindustrie bewegt, in eine digitale Zukunft? Wieder den Lebensunterhalt „zu Fuß" verdienen und zum Kohlemachen auf Tour gehen, um das richtige Publikum zu finden und zu erreichen? Ja und nein. Wir glauben, dass viele Aspekte der digitalen Musik (und des „digitalen Musikmarketings") und des Live Entertainments mit der Zeit zusammenlaufen werden und diese beiden Sektoren viel mehr ineinandergreifen werden als es dem *Musik/CD*-Einzelhandel und Touring-Bereich jemals möglich gewesen wäre. Warum? Weil *digitale Musik mobil ist*, und genauso wenig greifbar ist und auf persönlicher Erfahrung basiert wie der Konzertbesuch. Aufgrund der digitalen Technologien werden wir wohl Manager und Agenten sehen, die zukünftig einige der Vertriebs- und Produktmarketingaufgaben übernehmen und dadurch die Wichtigkeit der herkömmlichen Plattenfirmen verringern werden.

Historisch betrachtet scheint sich das Musik-Einzelhandelsbusiness neben der Live-Branche auf einer separaten Schiene entwickelt zu haben, mit einer anderen Auffassung, wie Geld gemacht und aufgeteilt wird, mit einem anderen Schlag Menschen, der darin arbeitet, und mit seinen eigenen Kongressen, Veranstaltungen und Messen. Demzufolge haben wir zwei ziemlich unterschiedliche Segmente innerhalb einer Industrie, welche aber in einer digitalen Umgebung rasch verschmelzen werden.

Digitale Musikfirmen werden einen viel umfassenderen Blick auf die Landschaft der Musikindustrie werfen müssen und sich schnell darum bemühen, eine Menge synergetische Einnahmen zu realisieren. Konzertpromoter und -agenten waren den Künstlern und dem Publikum immer viel näher (das heißt, den Ticketkäufern und Konzertbesuchern), so ist es nur natürlich, dass sie den Wechsel auf dem Markt erkennen und danach handeln.

Technologien wurden im Konzert- und Touringbusiness schon lange ernst genommen, sei es im Produktionssektor (Licht, Sound, Multimedia), in der Logistik (Booking und Abrechnung, Kommunikation) oder im Konzertmarketing (E-Mail, Tickets online, Marktforschung etc.), und es entstanden viele weitere, innovative Technologieanwendungen. Neue Dienste wie SonicBids (www.sonicbids.com) in Boston gestatten es Konzertpromotern, ihr Zielpublikum in verschiedenen regionalen Märkten zu bewerten und dadurch zu vermeiden, Konzerte in Regionen zu buchen, in denen ein bestimmter Act eher weniger ankommt.

Am wichtigsten ist, da das Konzertbusiness immer ein Geschäft mit der Erfahrung war, dass von seinen Mitarbeitern und Managern immer verlangt wurde, mit ihren Kunden konstant in Verbindung zu stehen, um kostspielige Unterbrechungen und Produktionen zu vermeiden, die auf dem Markt nicht erfolgreich liefen. Kundenermächtigung ist bereits der Standard im Konzertbusiness: Die Kunden haben das Sagen und kriegen immer was sie wollen. Im Sommer 2004 konnte man dies in den USA beobachten, als sich die Kunden von beliebten Shows wegen der himmelhohen, von den Promotern angesetzten Ticketpreise abwandten. Dies brachte das Konzertbusiness dazu, die Vorschüsse und Garantien an die Künstler zu überdenken und ihre Preisstrategie aufgrund der unmissverständlichen Signale der zahlenden Öffentlichkeit neu zu ordnen. Man vergleiche das mit dem herkömmlichen Plattenbusiness, das sich im Wesentlichen intern orientiert. Im Plattenbusiness haben ein paar wenige Firmen und ihre Mogule die Bedingungen diktiert, die der Konsument zu befolgen hat oder sonst die Musik vergessen kann.

Traurig aber nicht überraschend geht es im Plattenbusiness nicht um das Mitspracherecht der Kunden, und wenn das Plattenbusiness sich vom Konzertbusiness ein paar Scheiben abschneiden würde, dann wären die Verhältnisse auch besser. Aber es könnte schon zu spät sein. Das Plattenbusiness hat die Türen für die Übernahme durch die Agenten und Manager selber weit offen gelassen. Man stelle sich mal die Whiteboards in den Strategiezimmern jener großen Musikagenturen vor!

KAPITEL 7 | DAS NEUE WIRTSCHAFTSSYSTEM DER MUSIK

Die Plattenindustrie mit ihrer Fixierung auf Massenmarketing, riesige Profitmargen und Überlegenheit in alle Richtungen, hat sich langsam aber sicher von ihren Künstlern entfremdet und, noch schlimmer, auch von ihren Fans und Kunden. Es gibt sehr wenig Kommunikation zwischen den Menschen, die die Plattenfirmen leiten, und denen, die ihre Platten kaufen, und das sieht man. Diese Unterbrechung ist so gravierend, dass Plattenfirmen wirklich glaubten, sie könnten ohne Konsequenzen davonkommen, wenn sie ihre eigenen Kunden dafür verklagen, dass sie woanders ihren Bedarf decken. Die echten „Music Guys" im Plattenbusiness haben sich die Klinken in die Hand gegeben – mit rühmlichen Ausnahmen wie Clive Davis und Quincy Jones –, und die Schiffe werden statt dessen heute von Firmenfunktionären gesteuert, die genauso gut Novartis, Toys"R"Us oder Starbucks leiten könnten.

Während die Plattenindustrie sich in ihren New Yorker Hochhäusern, Hollywood Jacuzzis oder auf den Golfplätzen isolierte und den Kontakt verlor, da sah sich die Konzertindustrie der harten Realität dessen gegenübergestellt, was die Menschen *wirklich* kaufen wollen, und für wie viel, tagein, tagaus. Viele frotzeln, dass die Musikverleger praktisch „Geld im Schlaf machen", indem sie Urheberrechtsabgaben von Aufführungen und dem Einsatz ihrer Songs auf weit entlegenen Märkten kassieren, ohne wirklich anwesend sein zu müssen. Da arbeitet das Konzertbusiness an jeder einzelnen Show direkt vor Ort, persönlich und in Echtzeit.

Die Konzertpromoter und Eigentümer der Veranstaltungsstätten wie Clear Channel bieten Konzert-Mitschnitte dem Publikum schon an, während diese gerade mal das Konzert verlassen. Künstler wie Phish, The Allman Brothers Band, Peter Gabriel, The Who, String Cheese Incident, Primus, Dave Matthews, Duran Duran, Moe und Incubus haben alle schon mit der Lieferung von Live-Mitschnitten über das Internet experimentiert, und viele finden das ganz lukrativ. Man kann die Show per CD erhalten, oder direkt auf einen USB Flash-Stick herunterladen, oder von der Internetseite der Veranstaltungsstätte oder der Band herunterladen, sobald man wieder zu Hause ist. In naher Zukunft wird es möglich sein, den Echtzeit-Stream einer Live-Aufführung, der man gerade zuhört, direkt mit einem WiFi-fähigen Gerät mitzuschneiden und mit nach Hause zu nehmen.

Diese direkte Interaktion und das ganzheitliche Musikerlebnis, kombiniert mit dem Internet und der Macht von Direktmarketing und Community Building, sind drauf und dran, alle bisherigen Formen von Musikmarketing und Vertrieb vom Tisch zu fegen. Und die Plattenfirmen kriegen Breitseiten von ihren Kollegen im Konzertbusiness, die erpicht auf steigende Einnahmen zu sein scheinen, und zwar auf Kosten derer, die am Steuer eingeschlafen sind.

Merchandising

Auch der Fanartikelverkauf kann gut von der digitalen Transformation des Musikbusiness profitieren. Direktmarketing ist die Verkaufsmethode des Internets und sicher einfacher als auf Konzerten lange Schlangen von Fans zu bedienen – es hilft auch, ergiebigere und direktere Kundenbeziehungen zu knüpfen. Viele Jahre war Musik-Merchandising lediglich der Verkauf von Kappen und T-Shirts an Fans während Konzerten. Derzeit durchläuft der Aufbau des Musik-Merchandisings eine spannende Transformation, in der es mehr um die Heirat von Musik, Kultur, kreativem Marketing und Mode geht. Jimmy Buffet baute ein Imperium von Restaurants im „Margueritaville"-Stil, und kam so zu Tequilavertrieb und Tiefkühlkost neben seinen ausverkauften Konzerten und CDs. Die Anwendung von unternehmerischem Denken in der Entwicklung einer Musikerkarriere bringt meist eine Neudefinition von Merchandising mit sich – und es erschafft eine neue Industrie, die über die Auffassung, dass der einzige Weg Geld zu machen, Aufnehmen und Auftreten sind, hinausgeht. Man braucht sich nur die Erfolge von Def Jam und Bad Boy Entertainment anzuschauen, um die Macht zu sehen, die Musikmarketing und Merchandising haben, um alle Arten von neuen Einnahmeformen für Künstler zu steuern.

Das Hip-Hop-Phänomen und der Aufstieg der neuen Mogule

Die Hip-Hop-Kultur wurde de facto zu einem Teil der Mainstream-Kultur durch die kombinierten Stärken von Musik, Merchandising und Marketing. Marken wie Baby Phat, Roc-A-Wear, Sean Jean, Phat Farm, Shady und Snoop Dogg zählen zu den führenden Marken von Hip-Hop-inspirierter Kleidung und Merchandising und machen viele der schlausten Hip-Hop-Künstler ziemlich wohlhabend. Gemäß Simmons Lathan Media Group geben weltweit 45,3 Millionen Konsumenten 12,6 Milliarden US$ jährlich für Hip-Hop-Media und -Merchandising aus. Die Erfolgsformel von Hip-Hop hat viel mehr mit der Bildung von weitreichendem Musikbusiness zu tun als nur mit dem Verkauf von CDs.

Der Unternehmer Russell Simmons führte die Bewegung der Hip-Hop-Kultur hin zum Mainstream in den Achtzigern mit Def Jam Records an und hat seither in Marketing, Mode, Theater und Schmuck expandiert. Sean „Puffy" Combs begann als Teenager Plattenkünstler zu entwickeln. Innerhalb von zwei Dekaden hat er sein Können in ein vielfältiges Millionenimperium umgesetzt, das sein eigenes Plattenlabel, seine eigene Bekleidungslinie und seine eigene Restaurantkette beinhaltet. Jay-Z hat die Kleiderfirma Roc-A-Wear, einen Wodkavertrieb und ein weiteres gemeinsames Unternehmen mit Reebok, um seine S. Carter Collection-Turnschuhe zu vermarkten. Die Hip-Hop-Künstler Simmons, LL Cool J, Missy Elliott, Eminem, Ludacris, Nelly, Sean Combs und Jay-Z haben der Geschäftswelt Amerikas gezeigt, dass Hip-Hop eine beträchtliche Menge Geld außerhalb der Plattenindustrie generieren kann. Sie haben ihre frühen Erfolge im Plattenbusiness in starke Imperien verwandelt, die sie kontrollieren.

Hot Topic

1989 gegründet, sah Hot Topic Inc. das Potenzial in einer Fusion von Musikvideos, alternativen Künstlern und Teenagermode. Während der letzten 15 Jahre hat die Firma um dieses Konzept herum ein starkes Merchandising-Imperium aufgebaut. In Hot Topic-Läden findet man ein riesiges Sortiment von Straßenbekleidung, retro-beeinflusster Lounge-, Punk-, Club- und Gothic-Kleidung und Merchandise, darunter Dessous, Strümpfe, Kosmetik, Gürtel, Handtaschen, Schuhe, Körperschmuck, Make-Up, Ringe, Geschenke, Möbel, Kerzen, Magazine, Vinyl und CDs, Actionfiguren und mehr. Hot Topic führt Bekleidung und Fanartikel für eine breite Auswahl von Bands: AC/DC, Black Sabbath, Deftones, Disturbed, Godsmack, Green Day, Incubus, Insane Clown Posse, Iron Maiden, Judas Priest, Kid Rock, Korn, Linkin Park, Machine Head, Marilyn Manson, Megadeth, Metallica, Mötley Crüe, Motorhead, Ozzy, Pantera, Papa Roach, Rage Against the Machine, Slayer, Slipknot, Staind, Stone Temple Pilots, System of a Down, Taproot und viele andere. Obwohl sie momentan nicht viel Musik verkaufen, haben sie Mechandising auf eine neue Perfektionsebene gehoben.

Mit einem Umsatz in Höhe von 572 Millionen US$ und Gewinnen von 48 Millionen US$ belegte die Firma 2004, wie sehr sich der Einsatz von Musik beim Verkauf von Merchandise lohnt. Sie betreibt mehr als 550 Läden in Einkaufszentren in den USA und Puerto Rico, sowie die Hot Topic- und Torrid-Internetseiten (www.hottopic.com und www.torrid.com). Die Chancen für Hot Topic stehen gut, zu einer Einzelhandelsplattform zu werden, die ihre Vorteile aus der Evolution des Musikbusiness zieht.

Mixtapes, MP3 Blogs und Filesharing

Während die Repräsentanten von Major-Plattenfirmen offiziell das Übel von Filesharing anprangern, wurde das dem Filesharing innewohnende Verhalten schon eine ganze Weile praktiziert, oftmals mit der Genehmigung der Major-Plattenfirmen selber, wenn auch inoffiziell. Compilations, ursprünglich auf Kassette und heute auf CD, sind in der Hip-Hop und in anderen Music Communites weit verbreitet, denn sie helfen „Furore zu machen, bevor eine Single ins Radio kommt", sagt Courtney Powell, Direktorin bei Elektra für Rap Promotion und Street Marketing. Um diese Furore zu erreichen, wird Powell den Song an 100 Mixtape-DJs geben, sagte sie 2003 in einem Artikel im *Boston Globe*. Die starke Ausbreitung dieser kostenlosen Musik hat die Karrieren vieler Künstler angekurbelt, darunter 50 Cent, Eminem, Beyonce und Ludacris.

Es sind die Label-Leute in den Promotion- und Marketingabteilungen, die diese Verletzung des Copyrights ermöglichen und dazu ermutigen, um die Medhanismen zu schmieren, die helfen, den Song erfolgreich zu machen. Die DJs, die diese Mixtapes zusammenstellen und helfen, die Räder des Kommerzes zu drehen, sind für das Marketing und die Glaubwürdigkeit eines neuen Songs oder Künstlers in der Hip-Hop Community bedeutungsvoll. Mixtapes von DJs wie Kay Slay, Envy, Green Lantern, Whoo Kid, Clue und anderen legen fest, was hip ist und was nicht. MTV bringt das Medium sogar in ihren „Mixtape Mondays"-Segmenten. Man kann die Bootleg-CD von Freunden kaufen, DJs, lokalen Einzelhändlern oder online bei mixtapesusa.com, buymixtapes.com und mixtapeskings.com. Illegal, ja, aber machtvoll und wichtig, um einen Song im Hip-Hop-Genre zu platzieren.

Während die RIAA mit den Ketten rasselt gegen illegales Filesharing und Gratis-Musik im Allgemeinen, empfinden die Plattenfirmen nichtsdestotrotz beides als extrem effektive Promotionvehikel. Dies ist ganz klar eine Demonstration der Macht von Gratis-Musik als Promotionmittel. Die Tatsache, dass die Labels selber die Mixtape-Maschinerie füttern, bestätigt ihre Wirksamkeit. So kursieren auch viele Geschichten über Songs, die Tage oder Wochen vor dem Veröffentlichungsdatum der CD von Mitarbeitern der Plattenfirmen selbst ins Internet geschleust wurden. Im August 2004 forderte Warner Records die Betreiber von verschiedenen MP3 Blogs sogar auf, Tracks der Rock-Band Secret Machines zu posten.

Andererseits verlässt sich die Musikindustrie auf eine wackelige Rechtslage, welche die Verantwortung für Kopie und Vertrieb auf die DJs schiebt, die diese Mixtapes produzieren. Kleine Läden, die Mixtapes verkauften, wurden überfallen, und einige DJs wurden sogar verhaftet. Dennoch, kurz darauf geht's mit der Verbreitung von illegal eingeschleusten, kopierten und verteilten Mixtapes munter weiter, um Furore zu machen, die Akzeptanz zu fördern und den Markt mit neuen Tracks zu speisen.

Lange vor dem Internet haben die Leute Kassetten von Bands herumgereicht, die ich zwar niemals live zu Gesicht bekam, in die ich mich aber gleich verliebt habe. Und ich denke, das Internet ist ein einfacher Weg, die Leute richtig anzutörnen.

- Jason Mraz, Musiker, in *Teen Music*

CD-Preise

Die Menschen beschweren sich schon lange über die hohen CD-Preise und laufen lieber zu Massenmärkten wie Best Buy, wo ihre Musik mit riesigen Preisnachlässen angeboten wird. Diese Megamärkte machen es einzelnen CD-Läden sehr schwer, weiter zu bestehen. In ihren Bemühungen, die unabhängigen Plattenläden fördern, kündigte Universal, die größte der Major-Plattenfirmen, im Sommer 2003 Preissenkungen an. Die Nachlässe wurden im Oktober 2003 eingeführt und senkten die CD-Preise von 17 bis 19 US$ Listenpreis auf 12,95 US$. Während dies ein lange überfälliger Schritt der Plattenindustrie war, denken die meisten Leute, dass es ein wenig zu spät kam. Jim Urie, Präsident von Universals Musik- und Videovertrieb, sagte seinerzeit: „Die Musikverkäufe brauchten Starthilfe. Wir mussten die Leute wieder zurück in die Läden bringen und daran gewöhnen, für Musik zu zahlen." Diese Aussage passt prima zu der Binsenweisheit, dass Online-Filesharing grundsätzlich verantwortlich ist für den Niedergang der Industrie. Jim Urie scheint auf die bewiesene Tatsache zu zielen, dass die Menschen immer die Preislimits bis zehn oder zwölf US$ bevorzugt haben, und diesen Betrag für Musik in den Massenmärkten schon eine Weile gezahlt haben.

Dieser Preisabschlag wurde in typischer Major-Label-Manier durchgeführt. Zusammen mit der Einführung des neuen Preismodells hat Universal auch die Marketinggelder und Platzierungsgebühren, die es an die Einzelhändler zur Promotion der Platten zahlte, gekürzt. Universal behauptet, dass es die Gelder stattdessen in die eigenen Radio-, Fernseh- und Druckkampagnen dirigieren wolle. Jedoch hatten viele Einzelhändler im ganzen

Land auf diese Marketingmittel gebaut, um ihre Läden zu bewerben, wobei viele unterm Strich mehr Geld mit diesen Gebühren machten als mit dem Verkauf von CDs. Während die Konsumenten kurzfristig die größten Nutznießer dieser Preisnachlässe sind, könnten die Einzelhändler am Ende als die größten Verlierer dastehen. Und die Zahl der Einzelhandelsläden schrumpft weiter. Es wird noch weniger Plätze für den Verkauf von CDs geben, mit noch weniger Auswahl in den Regalen und einer noch größeren Migration zu den digitalen Netzwerken.

Stimmen aus der Musikindustrie erzählen eine klare Geschichte. Anne Garbus, Inhaberin einer Kette von Musikläden in Michigan, die wegen zurückgehenden Verkäufen schließen müssen, sagt in der *Chicago Tribune*:

> Seit Jahren sagen wir den Majors, dass ihre Preise zu hoch sind. Stattdessen sagen sie uns, wir sollen aufhören zu jammern. Dass sie nun endlich auf die Verbraucher hören, dafür gratuliere ich ihnen. Doch für die 600 Läden wie z.B. Tower Records, die vergangenes Jahr schließen mussten, ist es zu spät – genauso wie für mich.

Im gleichen Blatt sagt Mike Dreese, CEO von Newbury Comics:

> Die aufkommenden Technologien erlauben es ja den Konsumenten, ihr Leben besser, schneller und smarter zu gestalten. Die völlige Digitalisierung wird zweifelsohne dahin führen, dass wir in sieben, acht Jahren immer noch eine ansehnliche Musikindustrie haben, aber nicht mehr unbedingt eine Plattenindustrie. Die Preise wie Universal zu senken, wird den Abstieg zwar verlangsamen, aber nicht aufhalten.

Und von Rechtsanwalt und Künstlermanager Ken Hertz:

> Im Verhältnis zu damals führen die Plattenläden nicht annähernd mehr die einstige Angebotsvielfalt. Es gibt ja auch nicht mehr viele Plattenläden. Sie schließen, da die Plattenfirmen die Margen verringert haben. Und wer wird am meisten unter der neuerlichen Senkung der Großhandelspreise durch Universal zu leiden haben? Die Einzelhändler! Best Buy wird eine ursprünglich neun Dollar teure CD jetzt für zehn Dollar verkaufen, hingegen wird die Plattenfirma von zwölf Dollar auf neun Dollar runtergehen, und die traditionellen Einzelhändler senken die Verkaufspreise von 18 Dollar auf zehn Dollar.

KAPITEL 7 | DAS NEUE WIRTSCHAFTSSYSTEM DER MUSIK

Und der Künstler hat durch die Preisanpassung den größten Verlust. Wegen der Diskrepanz zwischen 18 und zwölf Dollar Verkaufspreis und in Bezug auf seine Urheberrechtstantieme ...

Ron Stone, Präsident von Gold Mountain Entertainment, der Künstlermanagementfirma von Neil Young, Joni Mitchell, The Eagles, Crosby, Stills & Nash, Beck, The Foo Fighters, Sonic Youth und den Beastie Boys, kommentiert:

> Ich finde, das ist die unglaublichste und hinterhältigste Entscheidung, die sie jemals getroffen haben. Fast wie die Regierung Bush, alles eine große Lüge. Die 25 Prozent Preissenkung gehen voll zu Lasten der Einzelhändler und Künstler. Und die verdienen nach wie vor das Gleiche. Jemand ist dahinter gekommen, dass sie mehr für die Präsenz in den Läden zahlen, in dem sie Regalplätze kaufen. Nebenbei bemerkt machen die Einzelhändler damit mehr Geld als sie von den Plattenfirmen für den Verkauf von CDs erhalten. Mit seinem Löwenanteil von 38 Prozent am Plattenmarkt geht nun Universal her und sagt: „Passt auf, wir kriegen 25 Prozent Regalplatz und wir machen euch den Preis, den Ihr immer haben wolltet, so dass ihr CDs für 9,99 US$ verkaufen könnt" ... Und die Einzelhändler wären keine Einzelhändler, wenn ihnen der magische Betrag von zehn US$ pro CD nicht erstmal wie der Hauptgewinn vorkäme. Okay, also werden sie den Deal machen – sie werden ihnen 25 Prozent Regalplatz geben. Als nächstes gehen sie zu ihren Künstlern und sagen: „Passt auf, wir setzen unseren Händlerpreis 25 bis 30 Prozent runter und geben das an euch weiter, Leute." Und am Ende verdienen sie exakt genauso viel Geld wie immer, und die Einzelhändler und die Künstler bluten für die Preisanpassung.

Singles-Preise

Der Verkauf einer „digitalen Single" ist ein Geschäftsmodell, in dem ein Musikanbieter wie Napster oder iTunes dem Benutzer eine einmalige Gebühr von 0,99 US$ pro heruntergeladenem Song berechnet. Diese Idee hat Geschichte: Die 45-RPM-Platte war einst ein einflussreiches und essentielles Promotionwerkzeug, stark im Einsatz in der, wie die meisten sagen würden, Blütezeit des Rock'n'Rolls. Bands wie die Beatles, Beach Boys und

Rolling Stones haben alle Tracks auf 45er Singles veröffentlicht, um mit dieser Vertriebsmethode Interesse an ihrer ganzen Arbeit anzufachen – der LP. Tatsächlich wurden von den Plattenfirmen Unmengen von Singles an die Einzelhändler zum Verkaufspreis von 0,99 oder 1,29 US$ abgegeben, um die Zahlen von Soundscan zu stützen, um Aufmerksamkeit von Radio-Programmdirektoren zu erhalten und die Songs in die Charts zu treiben. Heutzutage ist die Single auf dem Markt größtenteils ausgelaufen, wegen ihrer lauen Ertragskraft (oder sollen wir sagen, wegen ihrem bewiesenen Lockvogel-Status), und das CD-Album ist so ziemlich das einzig verfügbare Produkt für gesetzestreue Konsumenten.

Die Plattenfirmen zwangen die Konsumenten durch diesen essentiellen Rückgang von Singles, CDs mit zwölf oder mehr Songs zu kaufen, um den einen Song zu haben, den sie wirklich hören wollten. Ökonomisch wäre das ja noch zu vertreten, wenn es keinen anderen Weg gäbe, diesen einzelnen Track zu erhalten. Zusammen mit einem Album kommt jedoch der ansehnliche Preis, den die mittlerweile gut vernetzten Fans anscheinend nicht mehr länger zahlen wollen. Dies war sicher einer der Faktoren für die massive Beliebtheit von Filesharing und P2P-Netzwerken – nicht die Weigerung zu zahlen, sondern die Zurückhaltung, den geforderten Preis für ein Produkt zu zahlen, das verglichen mit den anderen Unterhaltungsangeboten laufend weniger attraktiv erscheint. Wenn sich die Menschen von den Plattenfirmen hinters Licht geführt fühlen, ob zurecht oder nicht, dann mögen sie sich konsequenterweise ebenso frei fühlen, von ihnen zu „stehlen". Man könnte argumentieren, dass die Weigerung der Plattenfirmen, die technologischen Fortschritte und den vergleichenden Preisdruck mitzumachen, überhaupt erst das digitale Monster erschaffen hat.

Track-basierte Preise für digitale Musik sind eigentlich für niemanden ein guter Deal. Es ist einfach ein Überbleibsel von der Art und Weise, wie Musik in der Vergangenheit verkauft wurde: Zwölf Songs für zwölf US$. Für einen guten Deal müsste der individuelle Track-Preis wesentlich gesenkt werden, und es müsste ein viel „flüssigeres" Preissystem geschaffen werden. Jay Samit, Senior Vice President von Sony Connect, rückt dies ins rechte Licht: „Der einzige Weg, mit einem 0,99-Dollar-Download Geld zu machen, ist der mit firmeninterner Unterstützung," wie McDonalds. „Der am besten bezahlte „Künstler" bei einem 0,99-Dollar-Download ist Visa oder eine andere Kreditkartenfirma.

Die Leiter beim „neuen" Napster und Rhapsody sehen das anders. Sie scheinen auf Abonnementdienste zu bauen, während sie noch individuelle

Track-Downloads auf einer à-la-carte-Basis anbieten. Sean Ryan, Vice President of Music Services von Real Network, sagt: „Der einzige Weg, mit einem 0,99-US$-Download Geld zu machen, ist eine Mischung aus Diensten, inklusive Abonnements, Downloads und Radio-Streams. Derzeit möchte ich nicht nur ein Online Download Shop sein." Rhapsody behauptet, mehr als 450.000 Abonnementen zum Zeitpunkt, als wir dies schreiben, zu haben, und bietet diesen Dienst direkt und über ISPs Comcast und RCN an. Gemäß den Bedingungen ihrer Abonnement-Deals ist die Musik nur verfügbar, wenn der Kunde online ist, was für die meisten Kunden eine lästige Regelung zu sein scheint, und ein wenig verfrüht im Rahmen der vorherrschenden technischen Infrastruktur. Vielleicht wird sich in der Zukunft aber eine solche Form von Abonnement-Modell wirklich durchsetzen.

Singles waren für die Plattenkünstler natürlich nie profitabel, und mit den neuen Pro-Track-Onlinemodellen, in Gebrauch bei iTunes, Napster, Sony Connect, BuyMusic und anderen, wird es ihnen wahrscheinlich nicht besser ergehen. Man sollte meinen, dass die Plattenfirmen einen Weg finden, diese Gratis-Tracks über die P2P-Netzwerke zu vertreiben, um dem CD-Verkauf zu helfen, aber gegenwärtig scheint niemand in diesen Bahnen zu denken.

Der 99 US-Cent teure digitale Download scheint Apple zu helfen, Hardware zu verkaufen. Zum Zeitpunkt der Entstehung dieses Buches sind ungefähr zehn Millionen iPods verkauft, was mehr als zwölf Prozent von Apples Gesamteinnahmen ausmacht. Hier ist die Musik das Trojanische Pferd für Hardware, so wie sie es für die Hersteller von Unterhaltungselektronik immer war. Dieses Modell, in dem der Verkauf von Musik den Verkauf einer anderen Ware wie Plattenspieler, Stereoanlagen, CD-Spieler und Walkman-Geräte ankurbelt, funktionierte in multinationalen Konzernen wie Sony und vielen anderen ganz gut. Man wird eine Flut von MP3 Playern und anderen digitalen Musikformat-Playern mit mehr Eigenschaften und zunehmend tieferen Preisen auf dem Markt sehen, während die Hardwarehersteller sich in den kommenden Jahren die Vorteile aus der weitverbreiteten Verfügbarkeit von digitaler Musik zunutze machen.

Vergütung

Die Vergütungsmodelle für Künstler müssen geändert werden – und werden bereits geändert. Wir glauben, dass die herkömmlichen Methoden der Label-/Künstler-Geschäftsmodelle zum Scheitern verurteilt sind. Sie tragen sich auf Dauer nicht. Die Künstler und ihr Business würden besser abschneiden, wenn sie Vertriebsverträge direkt mit den Distributoren abschließen – in der Zukunft wären das die digitalen Distributionsdienstleister – und sich um ihre Marketing- und Promotionkosten selber kümmern würden, vielleicht in Zusammenarbeit mit entsprechenden Service-Agenturen. Dafür könnten die Anbieter von Musikdienstleistungen zusätzliche Marketingfunktionen übernehmen, zum Beispiel die Benutzung von Weiterempfehlungstechnologien fördern, und vieles mehr.

In einer Reuters-Mitteilung erklärte 2002 der Manager-Veteran Irving Azoff: „Wenn das Ding wirklich zum Laufen kommt, dann werden sie den Künstlern statt dem heute noch üblichen 80/20-Modell vermehrt das 50/50-Modell anbieten müssen." Wir können dem nur beipflichten!

Eine positive Begleiterscheinung der aktuellen Download-Kriege ist die Tatsache, dass die Plattenfirmen langsam aber sicher dazu gezwungen werden, ihre Künstlerverträge sowie die Berechnungsgrundlagen und Verteilschlüssel von Tantiemen zu überprüfen. Die Vergütungsabrechnung war den Künstlern, Managern und Produzenten lange ein Dorn im Auge. Der digitale Vertrieb zwingt nun die Plattenfirmen zu transparenteren Vergütungsabrechnungen, was insgesamt zu höheren Tantiemen für die Künstler führen wird.

Musikfirmen und Plattenfirmen werden auch ihre Renditeberechnungen betrachten, die traditionell ihre Finanzen gesteuert haben. Da es immer schwieriger wird, den Einzelhandel zu kontrollieren und riesige Hit-Erfolge einzufahren, können die Plattenfirmen nicht länger ein Szenario aufrechterhalten, in dem eine von 500 Scheiben, die zehn Millionen Einheiten verkauft, all die anderen stützt, die sich eben nicht verkaufen. Sie müssen die Gewinnschwelle heruntersetzen, damit Platten nicht eine Million Einheiten verkaufen müssen, um die Kosten einzuspielen. All das spricht für das kleine, unabhängige Musikerbusiness.

Durch den vollen Einsatz der Technologie kann die Musikindustrie die Risikoverhältnisse erheblich mindern. Die Technologie kann helfen, Musik auf direktem Wege, oder auf einem B2B-Level wie für Filme oder Spiele, für den Kunden greifbarer zu machen. Fast noch wichtiger ist, dass sich auch die Marketingkosten und der operationelle und administrative Overhead deutlich senken lassen. Das ist heute alles machbar, erfordert aber eine drastische Restrukturierung und eine komplette Umrüstung der Infrastruktur und des operativen Betriebs der Musikindustrie.

Es wird sich zeigen, wie geschickt die Plattenfirmen durch die erwartungsgemäß turbulente See navigieren werden. Einige werden es schaffen, andere wohl nicht. Zumindest EMI denkt schon mal erkennbar frisch und kreativ über die Zukunft nach. CFO Roger Faxon sagt auf CFO.com (Februar 2002):

> Das Plattenbusiness hat sich immer nur auf die Produktionen konzentriert, und nur auf die Produktionen. Doch in Wirklichkeit geht es nicht nur um die Musik, sondern darum, wie man sie zu den Konsumenten bringt und wie man deren Interesse weckt. Meiner Ansicht nach müssen wir uns mehr den Konsumenten zuwenden, was nicht bedeutet, dass wir unsere Kreativität vernachlässigen sollen. Aber wir müssen verstehen, wie [unser Business] zu den Konsumenten passt. Es reicht nicht mehr, einfach zu sagen: „Wenn wir tolle Musik machen, dann werden sie schon kommen."

EMI ist schon eine ganze Weile als Vorreiter neuer Geschäftsmodelle unterwegs, und war einer der ersten Majors, der aktiv seine Musik an die neuen digitalen Vertriebe lizenzierte. EMI machte mit dem Sänger Robbie Williams einen sehr kreativen Deal – einen Deal, der weit mehr umfasste als ein herkömmlicher Plattenvertrag. Er beinhaltete ebenfalls die Beteiligung an Williams Touring-, Verlags- und Merchandising-Aktivitäten. So wurde EMI zum Partner von Robbie Williams Musikerbusiness, und unterschreibt vermehrt ähnliche Deals mit Künstlern in Asien und anderen Märkten. Sowas hilft, einen profitableren Weg in die Zukunft zu ebnen.

Warum können nicht alle von Filesharing profitieren?

Vor fast 75 Jahren drohte das Radio das bestehende Musikbusiness zu zerstören. Notenblätter waren damals das „Produkt", und die Menschen mussten zu Konzerten gehen, um ihre Lieblingskünstler zu sehen und zu hören. Das Radio hat das alles verändert. Laut dem *Music Trades*-Magazin sagte damals Williams Arms Fisher, Repräsentant der Association of Sheet Music Dealers:

> Mit nur einem Handstreich untergräbt das Radio die Konzerttourneen von Künstlern, die vor potentiellen Käufern von Notenblättern auftreten, und leitet die Musik in das Ohr all derer um, die den Weg des geringsten Widerstandes gehen. Damit meine ich all jene, die zu singen, zu spielen oder aufzutreten wünschen. Sie geben sich mit

dem angenehmen Gefühl zufrieden, durch das Radio wie in Musik zu baden, jedoch mit halbherziger Aufmerksamkeit.

Erstaunlich, wie kurzsichtig die Menschen sein können, wenn ihr Hauptinteresse ist, den Status Quo zu erhalten anstatt Veränderungen anzunehmen. Man stelle sich vor, was passiert wäre, wenn die damaligen großen Telefongesellschaften wie AT&T und andere „Baby Bells" auf einer Strategie bestanden hätten, die aufkommenden Mobiltelefonanbieter wie Nextel und Cingular aus ihrer Existenz zu prozessieren. Was wäre, wenn Telefongesellschaften das Exklusivrecht für den Vertrieb von Telefongesprächen beansprucht hätten? Wenn das passiert wäre, dann hätten wir heute nicht den blühenden Mobiltelefon-Markt.

Schlau wäre, wenn die Major-Plattenfirmen heute – solange sie noch aktiv in diesem Business mitspielen – einen passenden Weg zur Lizenzierung der P2P Filesharing-Dienste fänden, um mit deren erstaunlicher Popularität selber Einnahmen zu erzielen. Jedoch werden sie eher auf rechtlich und strukturell ernst zu nehmende Hürden stoßen, die sie davor bewahren, das Ganze mit wirtschaftlichem oder politischem Hara-Kiri durchzuziehen. Wenn Cary Sherman, Präsident der RIAA, sagt: „Wir können es nicht erlauben, dass Online-Piraterie weiterhin die Existenz von Künstlern, Musikern, Komponisten, Einzelhändlern und all den anderen in der Musikindustrie zerstört," dann möchte man ihm zurufen: „Hey Cary, wenn du sie nicht schlagen kannst, dann schlag dich auf ihre Seite – oder begrab sie!"

So wie ASCAP und BMI Lizenzpauschalen von Radiosendern einkassieren, so könnten ähnliche Organisationen Lizenzpauschalen von den P2P-Firmen einkassieren oder via Internet Service Providern die ihren Kunden im Gegenzug den Zugang zu ihren Systemen berechnen. Dieses Super-Distributionsmodell gibt es schon seit der Erfindung des Internets. Wenn 50 Prozent aller aktiven Internet-Nutzer weltweit monatlich zwei US$ bezahlten, dann würde die Musikindustrie 500 Millionen US$ monatlich – sechs Milliarden US$ pro Jahr – kassieren, kolossale 20 Prozent der gegenwärtigen Einnahmen aus CD-Verkäufen. Genauso gut würden andere Kalkulationen auf gestaffelter Basis funktionieren, bei denen die Menschen in den Industrieländern drei bis vier US$ monatlich und in den aufstrebenden Drittländern einen US$ oder 0,50 US$ oder 0,25 US$ monatlich zahlten, um einen Geld-Pool zu bilden. Und das ist erst der Anfang.

Die Plattenfirmen müssen die Realitäten des Marktes annehmen und ihr antiquiertes Geschäftsmodell aufgeben, genauso wie sie Tausende von

Künstlern aufgegeben haben, deren Debüt-Alben sich nicht ausreichend verkauften. Indem sie eigene Liefer- und Kunden-Interaktionssysteme entwickeln, die bessere Technologien und Weiterempfehlungsmaschinen sowie anspruchsvolleren Kundendienst einsetzen, können legale Musikvertriebe die bestehenden „Schurken"-P2P-Netzwerke ausstechen – warten wir ab, bis dies letztendlich geschieht.

Tatsächlich arbeitet der Napster-Gründer Shawn Fanning gerade unbemerkt mit den Plattenfirmen an einem Projekt mit dem Namen „Snocap", um einen Weg zu finden, mit dem P2P Filesharing gefiltert und verfolgt werden kann. Durch die Identifizierung von „Fingerabdrücken" und dem Abgleich einer Datei mit der Datenbank, könnte die Snocap-Software theoretisch einen Zahlungsmechanismus für die in den Peer-To-Peer-Netzwerken getauschten Dateien bereitstellen. Solch ein Konzept dürfte für die derzeitigen „Inhaber" von Inhalten, die die Kontrolle über ihr Eigentum behalten wollen, recht attraktiv sein, allerdings nicht für die P2P-Firmen, die gerne bessere Geschäftsmodelle entwickeln möchten. Ob die Plattenfirmen sich bereit erklären, Geschäfte mit ihrer früheren Nemesis zu machen oder nicht, bleibt abzuwarten. Fürs Erste stehen viele dieser Firmen (und Menschen) auf einer schwarzen Liste und jeder, der mit den Plattenfirmen ins Geschäft kommen will, muss sich von ihnen fernhalten.

Die neuen Betriebs-Mantras

Ohne zu „alternativ" klingen zu wollen: Wir glauben, dass die relevanteren und bedeutungsvolleren Geschäftsmodelle der Zukunft auf den nachfolgenden Paradigmen basieren sollten:

Respekt. Der Grundidee des ursprünglichen Urheberrechts, der gesunden Balance von Urheber- und Nutzerrecht sowie der Aufrechterhaltung von fairer Nutzung und der Doktrin des Erstverkaufs ist gebührend Respekt zu zollen.

Gemeinsame Nutzung. Musik sollte vom Publikum gemeinsam genutzt werden können. Ob dieser Prozess das Austauschen der eigentlichen Medien-Datei beinhaltet oder nicht ist weniger relevant als die Nachhaltigkeit der Community, die ihre Musik tauscht.

Beweglichkeit. Die Menschen werden immer mobiler, darum muss Musik mobil und „kabellos" werden.

Transparenz. Alle beteiligten Parteien (d.h. heißt die Konsumenten, die Anbieter und die Schöpfer) müssen danach streben, gegenseitiges

Verständnis in Bezug auf die Aufteilung und Ausschüttung von Erlösen zu erzeugen und aufrechtzuerhalten. Transparenz ist der Schlüssel.

Faire Preise. Musikprodukte und -dienstleistungen müssen jederzeit marktorientiert und preislich ihrem aktuellen Marktwert angepasst sein, und zwar in Relation zu Standort, Zeitablauf, Verfügbarkeit, Benutzerrechten und vergleichbarem Wert mit anderen Medien.

Einfacher Zugang zu Musik. Alles sollte jederzeit verfügbar sein, an jedem Ort und abspielbar auf jedem Gerät.

Nur eine echte Zusammenarbeit ohne Schnickschnack und Fallschirme sowie ernsthafte Kompromisse seitens der Player im Musikbusiness, führen zu einer fairen, gerechten und *zeitgemäßen* Lösung, die die Musikindustrie aus der derzeitige Krise führen kann. Darum müssen wir wohl noch eine Weile so etwas wie einen systematischen Marktfehler durchlaufen, der ohne Intervention von außen (d.h. nicht-staatlich) schwierig zu beheben scheint.

Neue Ansätze zur Lizenzierung

Eine Lösung wäre die Einführung einer Art Lizenz, die alle Plattenfirmen jedem legitimen Online-Musikeinzelhändler standardmäßig einräumen können oder müssen. Eine andere Option ist die Einrichtung einer Form von „Nutzungslizenz" oder – wir wagen es zu sagen – Steuer, die es den Menschen erlaubt, alle und jede Musik online herunterzuladen. Diese Gebühr könnte in die Preise von Leermedien, MP3 Playern, ISPs, DSL, kabellos und Kabel einkalkuliert sein.

Wenn die involvierten Industrien sich nicht freiwillig auf solch eine legale Struktur einigen und diese selber erschaffen – und zwar bald –, dann sollten sich die Regierungen vielleicht darum kümmern. So geschah es bereits beim Radio in den Zwanzigern und beim Kabelfernsehen in den Siebzigern. Das Antennenfernsehen der Gemeinden, heute Kabelfernsehen genannt, wurde von John und Margaret Watson 1948 in Pennsylvania gestartet. Sie errichteten eine Antenne auf einem nahe gelegenen Berg und empfingen klare Sendesignale von den drei Sendern Pennsylvanias. Die Antenne war über ein Kabel und mit modifizierten Signalverstärkern mit Watsons Laden verbunden. Später war nicht nur Watsons Laden an die Bergantenne angeschlossen, sondern auch die Häuser einiger seiner Kunden, die entlang des Kabels standen – das erste CATV[1]-System der Geschichte.

Als die Kabelnetzbetreiber sich zunächst die frei verfügbaren Fernseh-

---

[1] Community Antenna Television

KAPITEL 7 | DAS NEUE WIRTSCHAFTSSYSTEM DER MUSIK

sendungen „aus der Luft" holten und in ihre Kabelsysteme einspeisten, da wurden sie von den großen Fernsehanstalten für die Nutzung ihrer Programme verklagt, und die darauf folgenden Rechtsstreitigkeiten gingen bis vor das oberste amerikanische Gericht. Der amerikanische Kongress erließ letztendlich eine Zwangsgebühr. 1976 führte er mit der Revision des Urhebergesetzes eine „obligatorische Gebühr" ein, womit die erneute Übertragung von Fernsehsendungen über Kabelsysteme ermöglicht wurde. Das Gesetz sah auch erstmals Gebührenkataloge für die Übertragung von Fernsehsignalen vor, was die Kabelbetreiber auch zur Zahlung von Urheberrechtsentschädigungen verpflichtete (17 U.S.C. 101–118). 1970 waren sieben Prozent der Haushalte mit Kabelfernsehen ausgestattet (Donnerstein, 1994) und heute hat es jeder – mehr Einnahmen für mehr Beteiligte, was aber nur durch jahrelange Auseinandersetzungen möglich wurde. Die Technologie setzte sich durch, doch brauchten die rechtlichen Systeme ein paar Jahrzehnte, um aufzuholen.

Um die Kartellverwicklungen der weitverbreiteten, industrieübergreifenden Zusammenarbeit der Hauptakteure anzusprechen und zu lösen, werden sich wohl staatliche Institutionen einschalten müssen, ohne die eine maßgebliche Veränderung nicht erreichbar sein wird. So könnte vielleicht der amerikanische Kongress, wie schon einmal, oder sicher die Europäische Kommission, eine faire und vernünftige Lösung finden, die die Bedürfnisse und Wünsche aller Beteiligten unterstützt: Komponisten, Musiker, Plattenfirmen, Verleger und Konsumenten gleichermaßen. Das ergibt mehr Sinn, als zu versuchen, ein Monopol zu unterstützen und zu konservieren, das schnell veraltet.

Terry Fisher, Professor an der Harvard Universität und Autor von *Promises to Keep* (Stanford University Press, 2004), schlägt ein alternatives Vergütungssystem für das Musik- und Medienbusiness vor. Er empfiehlt entweder ein durch Benutzergebühren oder Steuern finanziertes und von Regierungsstellen geleitetes, obligatorisches System, oder ein freiwilliges System, das durch Abonnementsgebühren finanziert wird und auf einem Modell rund um eine Unterhaltungs-Kooperative basiert. In beiden Fällen werden die Komponisten aus einem umfangreichen Geld-Pool relativ zur systemweiten Popularität ihrer Werke vergütet. Künstler müssen ihre Werke beim Copyright Office oder bei einer Verwertungsgesellschaft anmelden, die die Benutzung verfolgen und die Gebühren einkassieren. Professor Fisher sagte, dass er mit dem brasilianischen Kulturminister und Musiker Gilberto Gil zusammenarbeitet, um diese Idee zu untersuchen. Ein sehr anschauliches Kapitel dazu ist zu finden unter: http://cyber.law.harvard.edu/people/tfisher/PTKChapter6.pdf

Fisher ist einer von wenigen Pionieren, darunter Lawrence Lessig und seine Creative Commons-Unternehmung, die das Potenzial von fairer Nutzung, Copyright und Medien im 21. Jahrhundert erforschen. Mehr zu diesen Initiativen ist im Berkman Center for Internet and Society an der Harvard Universität und ihrem Projekt Digitale Medien auf http://cyber.law.harvard.edu/media/overview zu finden.

Das Internet ist bereits zum überwiegenden Informationswerkzeug für eine ganze Menge Menschen geworden. Inhalte als Teil dieses Werkzeuges zu lizenzieren ist nur der nächste Schritt. Die Electronic Frontier Foundation (www.eft.org), eine der führenden Ideenfabriken auf diesem Gebiet und Verfechterin der bürgerlichen Freiheit, beschreibt zwei Lizenzierungsalternativen: freiwillige Kollektivlizenzierung und obligatorische Lizenzierung. Nachfolgend ihre beiden Modelle im Detail:

Freiwillige Kollektivlizenzierung: Urheberrechtsinhaber könnten sich zusammenschließen und freiwillig Lizenzierungspauschalen anbieten. Diese Lösung erfordert keinerlei Änderungen am bestehenden Copyright und überlässt die Preisfestsetzung den Urheberrechtsinhabern. Dieser Ansatz wurde während der letzten 70 Jahre im Bereich von Radio- und Senderlizenzierung verwendet und es wurden Verwertungsgesellschaften für die Verwaltung der Aufführungsrechte gebildet. In den USA haben seither ASCAP, BMI und SESAC die Gebühren von den Radio- und Fernsehsendern einkassiert und die Gelder an die Verleger und Komponisten weitergeleitet. Ihre europäischen Gegenstücke arbeiten auch Hand in Hand mit wiederum anderen Gesellschaften wie PPL (U.K.) und GVL (Deutschland), die Gelder im Namen der Interpreten und Eigentümer der Aufnahmen einkassieren, eine Idee, die in den USA nur langsam vorankommt.

Die Plattenfirmen und Musikverleger könnten mit der Einführung solch eines Systems fortfahren, ohne die anwendbaren Gesetzte zu ändern. Im Jahr 2001 bot das „alte", vom Unglück verfolgte Napster eine Milliarde US$ für die Befürwortung dieser Idee an und wurde abgelehnt. Sharman Networks, Inhaber des beliebten KaZaA-P2P-Netzwerkes und die kürzlich gegründete P2P United Foundation in Washington, DC, haben ähnliche Bemühungen unternommen und setzen sich nun in Washington sowie in Brüssel dafür ein, die Aufmerksamkeit der Gesetzgeber zu erhalten. Das anscheinend unüberwindbare Problem ist, dass alle Rechteinhaber und ihre Anspruchsberechtigten diesem Lizenzierungsverfahren zustimmen müssten, und im Austausch für ein ordentliches Stück vom Kuchen auf die üblichen Klagen verzichten müssten – blanke Utopie. Soweit nicht überraschend, haben doch die großen Unterhaltungsfirmen kein Interesse gezeigt, einen

Plan zur freiwilligen Kollektivlizenzierung zu verfolgen. Eine freiwillige Kollektivlizenzierung für Musik auf digitalen Netzwerken könnte, wenn sorgfältig entworfen, die Probleme einfach durch die Erschaffung eines großen, durch Online Filesharing generierten „Geld-Pools" lösen, wo per festgelegtem Schlüssel fair verteilt wird. Die Plattenfirmen und Verleger hatten ausreichend Gelegenheit, freiwillig ein derartiges Lizenzierungssystem einzuführen, um den Konsumenten den Zugang zu der Musik zu erleichtern, die sie digital haben wollen. Allerdings werden sie dies kaum aus eigenem Antrieb tun, und der Grund ist bekannt: Sie würden die Kontrolle verlieren. Jim Griffin formuliert das ganz treffend: „Jedesmal, wenn wir Kontrolle ausüben, verlieren wir. Jedesmal, wenn wir loslassen, dann wird die Sache, die wir bekämpften, zu der Sache, die uns ernährt. Wir müssen also Wege finden, die Anarchie zu Geld zu machen."

Geschichtlich war die freiwillige Lizenzierung selten die Lösung, mit der massive Unstetigkeiten in den Geschäftsmethoden angepasst werden konnten, weil sie ernsthaft den bestehenden Status Quo, die Verteilung von Cash und die Machtverhältnisse der Verantwortlichen bedroht.

Obligatorische Lizenzierung: Die obligatorische Lizenzierung hat sich für Pianolas, Kabel- und Satellitenfernsehen, Medien für digitale Aufnahmen und Internet-Radio als notwendig erwiesen und scheint den betreffenden Beteiligten gut gedient zu haben. Obligatorische Lizenzen werden benutzt, um das legale Abspielen von Musik im Radio, in Restaurants, Läden, Fahrstühlen und Einkaufszentren als Hintergrundmusik zu erlauben. Wenn sich die Urheberrechtsinhaber in Bezug auf Lizenzierungsbedingungen nicht einigen konnten, dann ist der amerikanische Kongress eingeschritten und hat sie verpflichtet, die festgesetzten Regeln zu befolgen. Die erste obligatorische Lizenz in den USA (aus dem Jahre 1909) richtete sich an Pianolas und erlaubte die sogenannte „mechanische" Reproduktion von Liedern, die jemand anderem gehörten. Heute bildet diese Lizerzierungsform das Fundament der stabilsten und zuverlässigsten Vergütungsmethode für Komponisten, die „mechanische" Urheberrechtsentschädigung.

Ein Weg zur Erschaffung eines Geld-Pools wäre, die Internet Service Provider so weit zu bringen, eine kleine monatliche Gebühr für die Nutzung von digitalen Musikdiensten zusätzlich zu ihren derzeitigen Belastungen zu erheben. Dies wird derzeit in Europa z.B. von einer Firma mit dem Namen Play Louder ISP geprüft. Diese Gebühr würde an die Rechteinhaber (Künstler/Komponisten, Musikverleger und Plattenfirmen) weitergegeben werden, folglich würde hauptsächlich die Bandbreite besteuert, die genutzt wird, um Musik zu liefern. Ein anderer Teil der Lösung wäre eine zusätzliche

Abgabe oder Verkaufssteuer auf digitale Medien und Media Player wie CDRs, iPods und CD-Brenner. Eine Kombination dieser Methoden könnte benutzt werden, um diesen ominösen „Geld-Pool" einzurichten. Dann müsste noch eine faire und transparente Methode seiner Aufteilung und Ausschüttung erdacht werden – vielleicht eine Aufgabe für die heutigen Verwertungsgesellschaften für Aufführungs- und Vervielfältigungsrechte.

Diese Content-Steuer scheint eine vernünftige Lösung im Vergleich zum heutigen, eher lächerlichen geschäftlichen Umfeld, in dem jedes Musikstück individuell von jedem Rechteinhaber Track für Track lizenziert wird. Die neue Steuer könnte als eine Art Versicherung gegen Piraterie angesehen werden, und statt zu versuchen, jeden zu verklagen und eine allumfassende Änderung der Einstellung und des Verhaltens der Konsumenten zu erzwingen, würde sie die Musikindustrie ganz einfach „besteuern".

Dies würde die Konsumenten unbegrenzt Songs in jedem gewünschten Format kopieren lassen und es ihnen erlauben, zusammen legal Musik zu entdecken und zu tauschen, ohne geheime und private „Darknets", die nur Mitgliedern Zugang erlauben, oder ohne dass sie eine Klage von der Musikindustrie befürchten müssen. Die Nutzer würden nur unwesentlich mehr für ihre Internet-Dienste, Leermedien und Unterhaltungselektronik zahlen, aber die Musik würde wie gratis sein.

Es scheint plausibel, dass zwei Pools kreiert werden könnten: Einer entschädigt die Musikverleger und Komponisten, und ein anderer die Plattenfirmen und Plattenkünstler. Diese Pools würden 50/50 zwischen den Plattenfirmen und den Plattenkünstlern sowie den Musikverlegern und den Komponisten aufgeteilt werden. Solche Ansätze könnten die rechtlichen Belange im Zusammenhang mit Künstler- und Verlegerverträgen durchkreuzen, und es würde daher nur fair erscheinen, alle zu entschädigen.

Man hat ein leistungsfähiges Konzept, so glauben wir, wenn man für die Musik, anstatt bei jeder einzelnen Gelegenheit, am Hauptzugangspunkt kassiert, also ähnlich dem Versorgungsmodell der Wasser- und Elektrizitätsunternehmen. Für die Konsumenten vereinfacht es sicher die Kaufabwicklung, und es schafft Transparenz und Liquidität. Die meisten Konsumenten erhalten bereits monatlich Rechnungen vom Internet-Provider, von der Telefongesellschaft oder von anderen Versorgungsunternehmen. An diese bestehenden Konten könnte der Zugang zu Musik angebunden werden, wodurch sich die vielen Fragen im Zusammenhang mit Kreditkarten gleich mitbeantworten ließen. Für die Musikindustrie scheint also eine nie da gewesene Gelegenheit zu existieren, durch die Zusammenarbeit mit der Regierung und den digitalen Netzwerkanbietern das Problem der Online-Piraterie zu lösen.

Auf einer pro-Kopf-Basis wäre die tatsächlich erhobene Gebühr sehr klein. Die International Federation of the Phonographie Industry IFPI gibt die Bruttoeinnahmen in den USA für 2002 mit 12,3 Milliarden US$ an. Nach den heutigen Schätzungen mit circa 167 Millionen Menschen in den USA online wären das ungefähr sechs US$ pro Monat, pro Person, auf der Basis von Brutto-Dollar – wie jedoch oben angegeben, würde dies eine totale Ablösung der Einnahmen aus CD-Verkäufen unterstellen. Dies ist während der nächsten 15 Jahre höchst unwahrscheinlich, wenn es überhaupt geschieht. Und wenn wir einmal die Zahlen anders betrachten und den „Straßenwert" berücksichtigen, d.h. was die Menschen wirklich für eine CD zahlen, und es durch die Gesamtzahl der Menschen, die Musik kaufen, teilen, dann kommen wir auf zwei bis drei US$ pro Person online, pro Monat. Und noch mal, wenn man die vielen Möglichkeiten von Zusatz- und Querverkäufen, die zusätzlich verwertet werden könnten, berücksichtigt, dann reicht sogar ein US$ pro Monat, was sicher auch einen phantastischen Mehrwert für den Musikfan bildet. Man stelle sich vor, totale Allgegenwart für den Preis eines Bustickets!

Wenn die Plattenfirmen und Musikverleger gezwungen wären, wenigstens den größten Teil ihrer Kataloge (und Archive!) auf diese Weise zu lizenzieren, dann glauben wir, dass sich ihre Profite fast verdoppeln würden, denn sie würden nach wie vor von CD-Verkäufen profitieren, die sich auch noch eine ganze Weile weiter verkaufen würden, obgleich natürlich mit einem Abwärtstrend. Und man darf nicht vergessen, dass das „neue" Geld extrem profitabel wäre, da es reine Lizenzeinnahmen für alle sind, und nur wenige zusätzliche Kosten müssten übernommen werden.

Dieses Argument sollte nicht verloren gehen: Lizenzgebühren können mehr oder weniger gleichmäßig aufgeteilt werden, resultierend in einen viel besseren Deal für Künstler und Komponisten gleichermaßen und weit über das hinaus, was sie derzeit aus den Verkäufen von Tonträgern erhalten, wenn sie überhaupt etwas erhalten. Ein System wie dieses würde Online-Musik legalisieren, einen riesigen und wachsenden Geld-Pool kreieren, um alle Beteiligten zu kompensieren und der Musikindustrie genügend Zeit geben, ihre Geschäftsmodelle umzurüsten.

Eine digitale Versorgungslizenz für Medienunternehmen

Die Zukunft der Musik wird beträchtlich von denen beeinflusst, die ihren Kunden einen komplett ganzheitlichen und marktübergreifenden Mix von

Tonträgermusik, Live-Konzerten, Fanartikeln, Tickets, Zugang zu Künstlern, Mobile Music, Videospielen, Fernsehen, Radio, Film, Software und anderen Herausgabe- und Informationsprodukten geben können. Den Kauf und den Spaß an der Musik in ein allgemeines Unterhaltungs- oder Lifestyleerlebnis zu integrieren, könnte gut funktionieren. Ähnlich wie Kabelfernsehen, wo man für ein Paket von Dienstleistungen zahlt, kann Musik in ein größeres Paket eingebettet werden. Wer kann dies tun? In den USA AOL, MSN, Yahoo, MTV (Viacom), Sony, Kabelfernsehgesellschaften und ähnliche Unternehmen. Aber werden sie es tun?

Als das Kabelfernsehen sein Haupt erhob, haben sich die Sende- und Fernsehnetzwerke mit Händen und Füßen gewehrt. In Abwesenheit jeglicher klarer Regulierungen in diesem Bereich begannen CATV-Betreiber, geschützte Programme an eine willige Öffentlichkeit, die man heute „Piraten" nennen würde, erneut auszustrahlen, bis die ungelösten Beschwerden und Aktionen der Urheberrechtsinhaber den amerikanischen Kongress zwangen, einzuschreiten und das Problem zum letztendlichen Nutzen aller zu lösen. Es gab ganz klar einen Wunsch und ein Bedürfnis seitens der Konsumenten, was ihre Bereitschaft zum Raubkopieren der Signale zeigte. Es gab auch ein Bedürfnis für ein verbessertes und effizienteres System zur Verbreitung der Sendungen auf einem höheren Qualitätslevel und an eine geografisch verschiedenartigere Bevölkerung, als frühere Sendesysteme dies hätten ansprechen können. Die Kombination von Marktnachfrage und technologischer Überlegenheit scheint unaufhaltbar. Hört sich das bekannt an?

Also, schauen wir mal, was danach passierte, und lassen wir es uns eine Lehre sein. Es durfte sich eine erheblich expandierende Sende- und Produktionsindustrie entwickeln, die Cash, Jobs und Chancen für Menschen, Firmen und Städte auf der ganzen Welt entstehen ließ. Ganz neue Konzepte, wie „Superstationen" und PPV-Kanäle, wurden entwickelt zusammen mit tausend Nischenkanälen mit Programmen, die die Bedürfnisse von Sport- und Filmfans, Nachrichtensüchtigen und viele andere Interessenbereiche ansprechen.

Produktionsfirmen blühten, ebenso wie die Vertriebe. Werbeeinnahmen wuchsen neben ganz neuen Einnahmequellen basierend auf Abonnements und Pay-Per-View. Mehr Schauspieler, Musiker, Set Designer, Produzenten, Make-Up Artists, Kameraleute, Techniker, Buchungsagenten und Hunderte zugehöriger Fachleute konnten Jobs finden wie nie zuvor. Die radikale Transformation machte den Weg frei für noch nie da gewesenes Wachstum und Gelegenheiten, sobald die verantwortlichen Moguln gezwungen waren, das neue Spiel zu spielen, das ihre Kunden verlangten.

Eine neue Art von Musikfirma

Hier ist ein Rahmen für ein neues Musikbusiness-Modell, für eine Musikfirma der „neuen Generation" – eine, die voll auf die Interessen der Künstler und Fans abgestimmt ist. Man kann es bereits beobachten, am deutlichsten bei der Sanctuary Group, in Management-Firmen wie The Firm und Organisationen wie IMMF, die diesen Pfad bereits beschreiten. Wir glauben, dass die Musikfirma der Zukunft in einer Reihe von Bereichen aktiv sein wird, darunter Künstlermanagement, Musikverlag, Touring, Fanartikel und Studioaufnahmen. Die Marken der *Künstler* werden das Business antreiben und die Win-Win-Win-Wirtschaftlichkeit zwischen Künstlern, Firmen und Fans machen das Risiko erträglicher und die Rendite vorhersehbarer. Anstatt auf das Modell zu wetten, das auf riesige CD-Verkäufe von einigen wenigen Künstlern setzt, können die jetzt entstehenden Geschäftsmodelle Künstler effektiver test-vermarkten und durch Risikostreuung über mehrere Einnahmequellen und unterschiedliche „Produkt"-Formate mit viel kleineren Volumen arbeiten. Künstler als Marken aufzubauen erfordert zum Beispiel eine konstante Marktberieselung. Indem man die digitalen Netzwerke zum Vertrieb von Musik benutzt, könnten Päckchen von zwei oder drei Songs herausgegeben werden, um die Resonanz zu testen. Ähnlich dem alten „Singles"-Business oder den heutigen „EPs".

Anstatt zunächst in die Produktion eines kompletten Albums zu investieren, kann die Firma kontinuierlich Musik in den Markt fließen lassen, und die Songs können unterstützend auf Touren eingesetzt werden. Das hält die Musik frisch und die Firma agil. Ein rationalerer, langsam wachsender Ansatz kann benutzt werden, um mehrere Künstler mit weniger finanziellem Risiko zu unterstützen – im Gegensatz zur „Letztes-Hemd-verwetten"-Mentalität des alten Plattenbusiness.

Das neue Musikbusiness-Modell kombiniert die Funktionen von Plattenfirmen, Managementfirmen, Musikverlegern und Fanartikelhändlern in einem einzigen Gebilde oder einem ähnlichen Konglomerat von Gebilden, wie die Sanctuary Group. Die Firma verpflichtet Künstler mit Deals, in denen der Künstler das Recht an den Mastern behält und diese nur für einen begrenzten Zeitraum an die Firma lizenziert (vermietet). Die Künstler kreieren ihre eigenen Aufnahmen und die Firma bringt diese Musik in digitalen und physischen Formaten auf den Markt, stellt Fanartikel für den Verkauf her und stellt Management und Touring-Logistik für Live-Auftritte bereit. Die Firma agiert ebenso als Musikverleger für alle Songs, die unter Vertrag geschrieben wurden. Dies erhöht das Rendite-Potenzial für jeden Künstler unter Vertrag, durch Anpassen der Interessen der Künstler, Manager, Label und Verleger in eine einzige Einheit, die alle diese Einnahmen aufteilt. Dieses Modell basiert auf der Senkung der Kosten für Produktion, Vertrieb und Promotion zur Finanzierung eines neuen Acts, um das Risiko für alle Beteiligten zu minimieren – und die mögliche Rendite zu maximieren.

Um Talent zu erkennen, zu entwickeln und diese Künstler mit potenziell aufgeschlossenem Publikum zusammenzubringen, braucht es grundlegendes Geschick, das das Herzstück des Business ausmacht – und zwar im auslaufenden Plattenbusiness genauso wie im zukünftigen Musikbusiness. Indem man nun diese Bemühung mit den Einnahmequellen, die einem Künstler zur Verfügung stehen, verquickt, kann es das Risiko eines breit definierten Musikerbusiness reduzieren und den Break-Even der gesamten Investition herabsetzen. Durch das Einbinden des Künstlermanagements in die allgemeine, einnahmengenerierende Maschinerie können zwar potenzielle Interessenkonflikte entstehen, doch lassen sich diese durch knappe, vernünftige Bedingungen in den Künstlerverträgen und durch eine transparente Abrechnung auf einen gewissen Grad minimieren.

Dieses Modell ist dem von EMI mit Robbie Williams nicht unähnlich oder den Modellen, die Bands wie Phish und String Cheese Incident bereits in ihren eigenen Firmen einsetzen, und ähnlich dem Modell einer unabhängigen Plattenfirma mit Verlagszweig. Die größte Veränderung ist die Integration von Management und Touring in den Business-Mix. Auf diese Weise kann die Firma einen ganzheitlichen und synchronisierten Marktansatz über alle Einnahmemöglichkeiten realisieren und versuchen, das Einkommen und die Möglichkeiten zu maximieren.

Wir denken, dass dieses Modell im Licht der negativen Effekte von nicht lizenzierter Musikdistribution über die P2P-Netzwerke in Bezug auf Aufnahme- und mechanisches Einkommen besonders interessant ist. Durch die Maximierung von Einahmepotenzial und durch Miteinbeziehung von Touring, Musikverlag und Merchandising im Business-Mix kann die Firma neue, kreative Marketingansätze ausprobieren, die frei (und günstig) vertriebene Musik am zirkulieren zu halten, um andere Einnahmequellen zu steuern.

Wie Seth Rosen im *US. News & World Report* schrieb: „Letztendlich werden sich die kreativen Industrien auf die neue Rolle, in der sie mehr als Publizisten und weniger als Lieferanten agieren, einstellen müssen, und damit vielleicht einen prozentualen Anteil der Künstlereinnahmen verdienen können."

Die Technologie verkabelt das Musikbusiness neu
8

DIE ZUKUNFT DER MUSIK

Wenn doch die neuen Technologien dem Musikbusiness so viele Potenziale bescheren, warum geht dann alles so verflixt langsam voran? Warum tut bisher niemand das Offensichtliche, das dem Musikbusiness die Wende bringen könnte? Und warum verlief die erste Welle digitaler Musik quasi im Sand?

Die einfache Antwort liegt in der festen Überzeugung, der alles verändernden Wende widerstehen zu können, sowie in den „dinosaurierähnlichen" Denkweisen und Country Club-Netzwerken, die in vielen Bereichen der Musikindustrie immer noch den Ton angeben. Mit der Erfindung des Grammophons, bei der Einführung der elektrischen und elektronischen Instrumente, mit der bespielbaren Kassette und der digitalen Compact Disc: die Musikindustrie hat immer dann an Größe, Einnahmen und Profiten gewaltig zugelegt, wenn die nächste Technologie-Welle anrollte. Jedoch nicht immer freiwillig.

So ziemlich jede neuartige Technologie wurde mit Händen und Füßen bekämpft, bis sie nicht mehr länger eingegrenzt, diskreditiert oder aus der Welt geklagt werden konnte, und nur *dann* wurde sie zögernd angenommen, ihre Anbieter wurden angeworben und kontrolliert und dann zur Arbeit geschickt, um die Brötchen zu verdienen. Der kakophonische, endlose Loop des Innovationszyklus der Musikindustrie geht irgendwie so: ignorieren – diskreditieren – zerstampfen – verklagen – versuchen zu kopieren – ein Stück davon kaufen – es besitzen – wieder von vorne anfangen.

So lief das immer ab, und zwar aufgrund irgendeiner unangefochtenen Regel seit den Zeiten der Erfindung des Grammophons – nur heute, passend zum Beginn der viel gepriesenen „Wirtschaft für Wissen und Emotion", wird diese Veränderung von Nullen und Einsen angetrieben. Die Einsätze sind höher, das Schiff ist größer, die Gezeiten sind stärker, die Klippen steiler, und der Wind wurde zum Orkan. Diesmal muss das Schiff wohl erst einmal kentern, bevor es einen neuen Kurs einschlagen kann. Sokrates sagte: „Nur extreme Ignoranten oder extrem Intelligente können Veränderungen widerstehen."

Dem Radio wurde von den Musikverlegern „uneingeschränkter Diebstahl" vorgeworfen, und die ersten Radiobetreiber wurden von der „Industrie" einmütig gehasst. Hört sich bekannt an? 1923 wurde die American Society of Composers, Artists, and Performers (ASCAP) gebildet – als direkte Antwort auf diese „tödliche" Bedrohung durch das Radio –, um die Komponistenrechte zu repräsentieren. Sie verklagten Radiosender nach dem erfolglosen Versuch, Lizenzen direkt mit den Radiosendern auszuhandeln, um die Rechte ihrer Mitglieder durchzusetzen. Natürlich konnten sich

KAPITEL 8 | DIE TECHNOLOGIE VERKABELT DAS MUSIKBUSINESS NEU

die Parteien auf keinen Modus einigen, bis der amerikanische Kongress einschritt und die gesetzlich festgelegten Lizenzen vorschrieb. Dito bei Kabelsender und bei VCRs und bei Leerkassettenabgaben in Europa. Die ASCAP-Prozesse hatten einen überraschend ähnlichen Ton wie die RIAA-Prozesse heute. Schließlich jedoch ordnete der Oberste Gerichtshof an, dass die Radiosender das Copyright *nicht* verletzten, aber tatsächlich nur ASCAP und ihre Mitglieder zu entschädigen hatten für die Nutzung ihres geschützten Materials. Somit wurde durch die Gesetzgebung die Sendelizenz geboren.

Als dann wiederbespielbare Tonbänder der breiten Masse angeboten wurden, da versuchte die Plattenindustrie wiederum zu prozessieren, um dieses Format vom Einzug in den Markt abzuhalten. Bespielbare Tonbänder in den Händen der Konsumenten und damit Millionen von Teilzeit-Piraten würden die Musikindustrie ruinieren, argumentierten sie. Der damalige RIAA-Präsident Stan Gortikov sinnierte: „Auf jedes kopierte Album kommt eins, das auf Band aufgenommen wurde. In unserem Hühnerstall gibt es mehr Wilderer als Hühner." Diese Aussage hört sich so bekannt an – so wenig in den letzten 40 Jahren dazugelernt?

Ob es nun das Radio in den Zwanzigern, die Kassettenrekorder in den Sechzigern oder die digitale Musik in den Neunzigern war, die Reaktion der Musikindustrie blieb die gleiche – aber die Ergebnisse waren auch fast immer die gleichen. Wenn sich die alte Technologie zugunsten neuer, wandelnder Technologien verschiebt, von Notenblatt-Verlegern in den frühen Tagen des Musikbusiness zu den Aufnahmeproduzenten, von Live-Konzerten hin zu Radio, so verschwinden trotzdem nur wenige Sektoren komplett. Der Markt wurde nur rundum größer. In den meisten Fällen jedoch – und dies passiert der Audio-CD – treibt die Innovation die Preise der Technologien von gestern in den Keller. Der breiten Akzeptanz der legalen, digitalen Alternativen folgend, können wir davon ausgehen, dass dies auch den Musik-Preisen passiert.

Ob nun staatlich unterstützt oder nicht, letztendlich ist keine rechtliche Vorschrift stark genug, radikale technische Innovationen zu überwinden. Stattdessen haben rechtliche Vorschriften, die sich gegen die Gewohnheiten von Millionen richten, die Tendenz, am Ende doch noch angepasst zu werden. Die Gerichte mögen den unvermeidbaren Fortschritt verzögern, können ihn aber letztlich nicht aufhalten. Darum ist die Senkung der CD-Preise programmiert, während sich das digitale Musikerlebnis immer mehr entwickelt. Das Radio wurde zum Schmiermittel, das die massiven Plattenverkäufe weit über die Erwartungen der Plattenindustrie hinaus in unerwartete Höhen trieb. Wir verdanken die eindrucksvolle Ausweitung der Musikverkäufe der letzten 70 Jahre zu einem nicht unwesentlichen Teil der Erfindung des Radios und letztendlich den obligatorischen Lizenzen, die den Radiostationen einen florierenden Betrieb erlauben. Die Technologie hat die Unterhaltungsindustrien immer angetrieben und wird dies in einer digital vernetzten Gesellschaft auch weiterhin tun.

Historische Perspektiven

Vor 300 Jahren wurde das 12-Ton "gestimmte" Piano erfunden und unterstützte als Instrument in den westlichen Zivilisationen die Etablierung eines universellen Standards. Als die Notenschrift für Pianos erfunden wurde, erwarben die Menschen eine Methode, mit der sie ihre Lieder festhalten konnten, so dass sie sich an jede einzelne Note einer bestimmten Spielweise erinnern konnten, und andere konnten diese nachspielen, ohne sie jemals aufgeführt gehört zu haben. Der Leierkasten brachte die Musiktechnologie noch einen großen Schritt weiter: Die Kombination eines ausübenden Künstlers mit einer „Maschine" in einem freistehenden Audio-Output. Von Menschen bediente Leierkästen waren die erste Form von „reproduzierter" Musik. Als im späten 19. Jahrhundert die Elektrizität erfunden wurde, änderte sich wieder alles. Natürlich war die Elektrizität das Sprungbrett in das maschinengetriebene Zeitalter, das zu Beginn des 20. Jahrhundert schon wartete. Die Elektrizität hat den Menschen viel Eigenständigkeit gegeben, aber auch viel Abhängigkeit – eine wenig vertauschte Dualität, die immer wieder mal aufzutauchen scheint. Die Elektrizität gestattete die Entwicklung von anspruchsvoller Technologie wie Aufnahmetechnik und Verstärkung, zwei Meilensteine in der gesamten, heutigen Musik-Kultur. Aufnahmetechnologien ermöglichten überall den Massenvertrieb jeglicher Art von Musik und änderten auch die Art von Musik, die erschaffen wurde. Die Songs wurden zum Aufnahmeformat passend gekürzt und zeitlich fixiert, um jedes Mal unverändert dupliziert und wiederholt werden zu können. Durch Verstärkung konnten große Shows und gigantische Konzerttourneen stattfinden und war es den Musikern möglich, sich einem großen Publikum zu präsentieren und eine milliardenschwere Konzertindustrie, wie wir sie heute kennen, zu kreieren. Durch das Radio konnte neue Musik auf der ganzen Welt ausgestrahlt und gehört werden, und es trug einen großen Teil zur Entstehung einer Gesellschaft bei, in der Musik allgegenwärtig ist. Ein viel größeres Publikum, allgegenwärtige Medien, omnipräsente Musik – und mehr Geld für alle Beteiligten.

KAPITEL 8 | DIE TECHNOLOGIE VERKABELT DAS MUSIKBUSINESS NEU

Als die Personalcomputer kleiner und dennoch leistungsfähiger wurden, da wurden digitale Dateien von den Produzenten der Musikindustrie vermehrt eingesetzt, um die Aufnahme- und Editierkosten zu senken. Seit den ersten Tagen von Altair and Sinclair waren die Computer die Freunde der Musikproduzenten. Die Computer trieben den MIDI Sequencer an und änderten den Aufnahme- und Editierprozess, und mit der Aufnahme von Mehrspur-MIDI und digitalen Audiodateien konnten Musikproduzenten komplizierte Aufnahmen kreieren, jede vorstellbare Musikstruktur entwickeln, um anschließend so ziemlich jeden Soundaspekt editieren zu können. Die Geburt der Compact Disc trieb die digitale Musik in die Hände der breiten Masse, und heute befindet sich die digitale Datei mitten in der Filesharing-Auseinandersetzung.

Wie bei vielen früheren Technologien kann man sich darüber streiten, ob die P2P-Netzwerke das Musikerlebnis der Konsumenten heute auf eine weitere, höhere Ebene tragen. Genauso wie die Musikindustrie letztendlich einen Weg fand, vom Radio, von der Kassette und anderen Unruhe stiftenden Technologien finanziell zu profitieren, so wird die Musikindustrie sicher einen Weg finden, finanziell von P2P zu profitieren – es ist unvermeidbar.

Technologie in den Händen der Künstler

Digitale Technologien wie CDs, Personalcomputer, digitale Aufnahmegeräte, Signalprozessoren und das Internet haben das Musikbusiness bereits radikal verändert. Sofern man nicht unverstärkt mit akustischen Instrumenten und Gesang auftritt, gibt es heute wenig in der Musik zu tun, das nicht durch Technologie dramatisch beeinflusst ist. Dadurch lässt sich Musik einfacher und billiger produzieren, aufnehmen, editieren, mischen, duplizieren, vertreiben und fördern. Tatsächlich haben die Toningenieure und Produzenten und die Musiker selber diese Verwandlung größtenteils vorangetrieben.

Heute ist es Musikern möglich, ganze Alben in ihrem eigenen Home Studio zu schreiben, zu arrangieren, aufzunehmen und zu mastern, und zwar oft für weniger als 5000 US$ inklusive Anlagen und Software. Das heißt nicht, dass die Qualität die gleiche ist wie die einer professionell produzierten CD, die in einem 250.000-US$-Tonstudio aufgenommen wurde, aber eines ist sicher: Die Schwelle liegt niedriger, und so ziemlich jeder kann heute seine eigene CD produzieren.

Diese Tatsache hat im Tonstudio-Business verheerenden Schaden angerichtet, da die Künstler kein Vermögen mehr für die Anmietung von aufwändigen Einrichtungen zum Aufnehmen, Editieren und Mischen ausgeben müssen. Natürlich machen viele ihre Aufnahmen noch in professionellen Studios, meist auf Ersuchen der Plattenfirma, die sie unterstützt. Aber die Mehrzahl der heutigen Musikaufnahmen wird bei kleinem Budget mit digitalen Technologien gemacht, was die Kontrolle eher in der Hände der Kreativen legt als in die der Buchhalter. Die digitalen Technologien haben gewissermaßen den Prozess demokratisiert, aber auch eine ganze Menge Darwinismus in das Business gebracht. Je mehr Menschen aufnehmen, produzieren und ihre Arbeiten vertreiben, desto mehr neue Veröffentlichungen werden um unsere Aufmerksamkeit buhlen. Und heute ist das Gewinnen von Aufmerksamkeit das A und O.

Softwareprodukte wie Pro Tools, Reason, Live, Sonor, Performer und Acid wurden zu beliebten Werkzeugen für Musikmacher. Pro Tools hält zum Beispiel 85 Prozent Marktanteil in den USA und ist eine Anwendung, die alle Merkmale eines herkömmlichen Mehrspur-Aufnahmestudios auf einem Personalcomputer abbildet. Das Programm bietet eine große Auswahl an Studiomöglichkeiten an, von Editieren und Mischen bis zu sehr fortgeschrittener Signalverarbeitung, und das zu einem viel geringeren Preis als sein herkömmliches Aufnahme-Gegenstück. Die Grundlage ist ein Programm, das die Signalverarbeitung und -funktionalität auf einer ganzen Reihe von Hardwaregeräten simuliert. Software ist heute voll in den Prozess der Musikherstellung integriert – im Home Studio steht der Laptop gleich neben der akustischen Gitarre.

Zusammen mit dem Erscheinen von Computern als Aufnahme- und „künstlerisches" Gerät kam eine neue Abhängigkeit von digitalen Dateiformaten. Digitale Dateien können transferiert, manipuliert, zerstört, mit Watermarking versehen, angeschaut, gehört und verloren werden. Wir können jegliche Art von Musik in jedem digitalen Dateiformat lesen, schreiben, hoch- und runterladen. Eine einmal unerschwinglich teure Technologie wurde zu einer alltäglichen Massenware – und das in weniger als 20 Jahren.

Es waren die Toningenieure, die einen Weg entdeckten, digitale Dateien mit Musik auf eine Audio-CD zu bringen und auf einen Computer zu überspielen. Dies wurde von dem Wunsch angetrieben, Musik überspielen und samplen zu können. Die Toningenieure haben ebenfalls die Entwicklung von Technologien zur Dateikomprimierung wie MP3 angeführt. Das MP3-Format prosperierte teilweise, weil es die Dateigröße minimiert, aber die wahrgenommene Qualität der ursprünglichen, digitalen Aufnahme bewahrt. Eins führt zum anderen ...

KAPITEL 8 | DIE TECHNOLOGIE VERKABELT DAS MUSIKBUSINESS NEU

Aus der Sicht der Musikproduktion lassen Musiker mit Programmen wie Acid, Reason und Live neue Musik ganz nach ihren Vorstellungen durch das Kombinieren von „rohem", vorproduziertem Material einschließlich Sound Bites, Samples und Loops entstehen. Alles was der Künstler noch tun muss, ist die Song-Komponenten zusammenzufügen, um seine eigene, personalisierte Musik zu kreieren. Diese „Cut & Paste"-Kunstfertigkeit hat die Produktion von Hip-Hop, Dance, Techno und vielen anderen, modernen Genres angetrieben. Man kann über das Musiktalent argumentieren, dass für die Kreation und den Mix von Musik unter Anwendung dieser neuen Softwares notwendig ist – aber nicht über die Popularität dieser neuen Musik.

Es gibt keinen Zweifel daran, dass allgegenwärtige Musik-Produktions-Software, die die Einfachheit von Aufnehmen, Mischen und Editieren in Kombination mit der Fähigkeit des mühelosen Vertriebs von Musik online mit sich bringt, eine große Rolle beim Antrieb des Musikbusiness im 21. Jahrhundert spielt. Der Kuchen wird noch einmal größer, mit mehr Optionen und größeren Märkten.

Der Wahnsinn mit Gratis

Wir glauben, dass Musik immer erworben wurde, als sei sie gratis. Viele Aufführungen sind scheinbar gratis, Radio ist gratis, Musikfernsehen ist gratis, Tonbänder von Freunden waren gratis, Musik aus der Bibliothek war gratis ... und CDs wurden immer huckepack verkauft: Es gefiel, was man woanders hörte, man entdeckte es, man testete es, und früher oder später hat man tatsächlich Geld dafür ausgegeben. Interesse verwandelt sich in Entdeckung, was sich in einen Kauf wandelt und vielleicht in eine Beziehung verwandelt.

Man lese mit Aufmerksamkeit das nachfolgende Zitat des Musik-Rechtsanwalts Ken Hertz aus Los Angeles:

> Wenn man einen Sitzplatz in einem Konzert kauft, dann zahlt man nicht für die Musik. Jeder kriegt die gleiche Musik – man zahlt für den Sitzplatz. Man zahlt, um näher an der Bühne zu sein. Der Typ in der ersten Reihe zahlt 500 US$, hingegen zahlt der Typ in der letzten Reihe zehn US$. Warum? Beide kriegen exakt das gleiche Konzert. Sie zahlen nicht für die Musik. Sie zahlen für das Erlebnis. Sie wollen damit angeben, sie wollen darüber reden. Sie wollen die Erinnerung daran. Aber es hat nichts mit der Musik zu tun. Vielmehr sind sie frei

von Musik, wenn sie das Konzert wieder verlassen. Sie bezahlen all das Geld für das Musikerlebnis, können aber keine Musik behalten.

Wir glauben, dass „Bezahlen für das Erlebnis" ausschlaggebend für Preisgestaltung für Musik sein wird – eine komplette Abkehr von den Festpreisvorbildern der „mechanischen Reproduktion" und von CD-Preisen.

Unaufhaltsames P2P Filesharing

Die wesentliche Frage ist natürlich, wie die Inhalteanbieter aus dem Konsumentenverhalten Geld machen können – und nicht wie sie die zunehmende Kriminalisierung der angeblichen Gesetzesübertreter am besten vorantreiben können. Denn dieser Gedanke hat sich wieder und wieder als falsch erwiesen. Betrachten wir die Diskussion um die Legalisierung von Marihuana, wo es nun offensichtlich wird, dass die Kriminalisierung von Millionen von Menschen für ein weitgehend toleriertes Verhalten der Gesellschaft in ihrer Gesamtheit keinerlei positive Ergebnisse bringt. Berichten zufolge steigt die Zahl der Amerikaner laufend, die bereits regelmäßig Musik herunterladen, dicht gefolgt von den Briten, Deutschen, Dänen und Japanern. Je nachdem, welchem Bericht man glaubt – und es werden viele kontroverse Zahlen angeboten – geben nicht weniger als die Hälfte aller befragten Downloader an, dass sie als Resultat ihrer Download-Aktivitäten weniger CDs kaufen. Ohne Zweifel gewöhnen sich die Menschen daran, mit Musik digital umzugehen, und es wird nur ein paar Jahre dauern bis die musikliebende Öffentlichkeit diese auf dem einen oder anderen Wege digital erhalten wird.

Die Analytiker von Forrester Research sagen zum Beispiel voraus, dass physische Medien wie CDs und DVDs bald veraltet sein werden, da Konsumenten über Computer, Mobiltelefone, WiFi, PDAs und andere tragbare Geräte auf Unterhaltung zugreifen. Und wir wollen nicht vergessen, dass es nicht nur die P2P-Netzwerke sind, die die Leckereien liefern – die Dateien werden auch über eine zunehmend variierte und fortschrittliche Reihe von anderen neuen Technologien getauscht. Lange bevor Napster erfunden wurde, tauschte man bereits Dateien über IRC (Internet Relay Chat) via UseNet Groups und auf „privaten" FTP-Seiten. Auch gesellschaftliche Networking-Seiten wie Friendster steigen in dieses Getümmel ein. Irgendwann gibt es dann wohl Friendster-ähnliche Networking Meeting-Seiten und wir sehen Dating-Seiten, die sich in Playlist- und Datentausch-Plattformen verwandeln.

Dateien werden auch über Instant Messaging getauscht, einer anderen Art von P2P-Netzwerken, auf denen sich individuelle Messages sehr schwer verfolgen lassen. Zu diesen Methoden gehört auch das Phänomen der explodierenden Darknets – neuerlich wiederbelebte Netzwerk- und P2P-Internet-Clubs nur für Mitglieder, die von anspruchsvollen Computerfreaks und Web-Strebern gebildet wurden, um netzwerk-basierendes Schnüffeln durch unberechtigte Dritte zu unterbinden. In Darknets können die Mitglieder jede Art von Datei oder Information anonym austauschen. Das Filesharing-Phänomen steht ganz sicher jenseits jeglicher Eignung, es effektiv zu regulieren oder zu kontrollieren. Das Drängen in die Kriminalisierung diente nur dazu, die anspruchsvollen Benutzer in den Schutz der Darknets zu treiben – ein Pyrrhussieg, wenn es jemals einen gegeben hat.

Der größte Einzelmarkt auf diesem Planeten

Zum Zeitpunkt, als wir dies schrieben, wurden in den USA mehr als rund 72 Millionen Musik-Dateien über die verschiedenen Filesharing-Netzwerke heruntergeladen und über 500 Millionen Menschen haben die KaZaA-Software installiert – und es gibt noch viele weitere derartige Systeme. Jeden Moment sind um die zehn Millionen P2P-Benutzer online und diese Zahl nimmt jedes Jahr zu.

Die RIAA nennt sie zwar eine *„Piraten-Community"*, aber diese Musikfans repräsentieren immerhin den größten Musikmarkt auf diesem Planeten. Wird dieses Phänomen wieder einfach so verschwinden? Wie Fred Lohmann von Electronic Frontier Foundation 2003 zu den Prozessen der RIAA sagte: „Der Versuch, 60 Millionen Amerikaner ins Gefängnis zu werfen ist kein angemessenes Vorgehen. Das sind mehr als [im Jahr 2000] Präsident Bush wählten."

Wieso können wir dieses Verhalten nicht einfach in Geld ummünzen? Kann etwas, das so weit verbreitet praktiziert wird, nicht als Sprungbrett für ein neues, legales Geschäft dienen? Mit einem strikten Nein wird der ständig expandierende Markt für unberechtigten Musiktausch weiterwachsen und die eigenen, in den Kinderschuhen steckenden Online-Musikdienste der Musikindustrie vielleicht für immer hinter sich lassen. Während wir dies schreiben, werden jeden Monat geschätzte drei Milliarden Songs illegal heruntergeladen und noch mehr Musik wird jeden Tag getauscht. Dies ist eine Kraft, mit der gerechnet werden muss, wenn die (Ex-Platten-) Musikfirmen überleben wollen.

Gemäß landläufiger Meinung haben die Plattenfirmen darüber hinaus ihren Kampf gegen die omnipräsenten Filesharer schon lange verloren, eine Niederlage, die im Hinblick auf den Verlust von Kundenvertrauen nicht zu unterschätzen ist. Um das Kundenvertrauen wieder zu erlangen, muss die zukünftige digitale Musikindustrie, also die nächste Generation des Musikbusiness, besonders hart daran arbeiten, viel Mehrwert anzubieten, um den Respekt der Musikfans zurückzugewinnen. Die Strategie der Kriminalisierung – „Download ist ein Verbrechen" – wird für das Plattenbusiness kaum länger funktionieren. Genauso wenig gelang es vor einem Jahrhundert den führenden Automobilherstellern, der Bedrohung durch billige, massenproduzierte Autos zu entgehen, indem sie Konsumenten verklagten, die Henry Fords Automobile kauften. Genauso „wirksam" ist es, Zigaretten mit einem riesigen Aufkleber zu versehen, auf dem steht: „RAUCHEN SCHADET IHRER GESUNDHEIT." Kennen Sie irgendeinen Raucher, der solche Aufkleber beachtet?

Chris Evans, Gründer von Internet Freedom (www.netfreedom.org) sagt:

> Die Plattenindustrie versucht sich moralisch im Recht zu fühlen, indem sie uns weismacht, dass sie die wahren Interessen der Künstler repräsentiert. Die Realität ist, dass sie jahrzehntelang das Potenzial der Künstler voll ausgeschöpft und die Preise festgesetzt hat. Anstatt die neuen Technologien und Vertriebsmodelle anzunehmen, ist die Plattenindustrie schlussendlich in einer Welt aufgewacht, in die sie längst nicht mehr gehört. Napster zu verklagen ist genauso sinnvoll wie ein leeres Kassettenband zu verklagen. Anstatt zu versuchen, 20 Millionen Napster-Benutzer auf die Anklagebank zu bringen, wäre es für die Plattenindustrie weiser, ihre antiprogressiven Praktiken zu beenden und daran zu arbeiten, neue Vertriebsmodelle zu entwickeln, die den Künstlern und den Fans gleichermaßen nutzen.

Im Grunde genommen wird Technologie dazu eingesetzt, den „Hampelmann wieder zusammenzukleben", und eigentlich ist das schon alles, was es zu tun gibt.

Der digitale Keuschheitsgürtel

Als Teil der Anti-Umgehungsmaßnahmen des inzwischen berüchtigten Digital Millennium Copyright Act (DMCA) haben größere Technologiean-

KAPITEL 8 | DIE TECHNOLOGIE VERKABELT DAS MUSIKBUSINESS NEU

bieter während des vergangenen Jahrzehnts neue Digital Rights Management (DRM)-Systeme entwickelt. Diese Hightech-Methoden zum Schutz von urheberrechtlich geschütztem Material beinhalten die Anwendung von digitalen „Hüllen", die den Zugang zu den Dateien mit besonderen Vorkehrungen verhindern, sowie den Einsatz von Verschlüsselung, Software-Keys und digitalen Wasserzeichen bzw. Fingerabdrücken. Diese Methoden sollen den Zugang zu digitalem Content weiter einschränken und gemäß der Doktrin unberechtigtes Kopieren verhindern.

Unglücklicherweise gibt es bis heute kein DRM, das nicht auch gleichzeitig die Doktrin der fairen Benutzung verletzt, so wie das Recht, eine CD wieder zu verkaufen und eine begrenzte Anzahl privater Kopien zu machen. In einer digitalen Gesellschaft werden die Musikkonsumenten zweifelsohne alle Begrenzungen in der tatsächlichen Benutzung ihrer Musik ablehnen. Warum sollte man angesichts günstigerer und effizienterer Technologien, die einem mehr Nutzen liefern, neue Einschränkungen akzeptieren? Die Konsumenten verabscheuen regelrecht die Idee von DRM, während Hollywood und Big Music feuchte Träume bekommen und die Technologie- und Hardwarefirmen in der Mitte festsitzen.

Wahrscheinlich sind Ihnen bereits einige Formen des DRM bekannt. Einige DRMs arbeiten zum Bespiel nur auf bestimmten Playern, eine Tatsache, die wir als Beweis für die erschreckende Missachtung der Konsumentenrechte ansehen. In den USA gekaufte DVDs lassen sich oft nicht in Geräten in Europa abspielen. Dies ist schon eine völlig inakzeptable Beschränkung der Konsumentenrechte, und es wird die Menschen sicher nicht dazu bringen, mehr DVDs zu kaufen, sobald sie ganz einfach Filme vom Internet runterladen können. Es scheint, als dass dieser alte Geschäftsstil („halte die Leute davon ab, das und das zu tun, so dass sie uns mehr Geld geben, um zu bekommen, was sie wollen") schon längst abgeschafft sein sollte. Das Gegenteil ist der Fall, er wird in der Unterhaltungsbranche schön am Leben erhalten, besonders im Musikbusiness.

Viele der Musikproduktions- und Editiersoftwares, die wir beschrieben haben, sind kopiergeschützt und es bedarf Hardware-Schlüsseln oder fachmännischer Installation und Autorisierungsmechanismen, damit eine Software funktioniert. Da dies oft mit Hilfe bestimmter Internetseiten, die die neuesten Softwarecodes jedermann anbieten, umgangen wird, ist es sicher etwas anderes, das einfache Kopieren von professionellen Softwareprodukten zu unterbinden als Konsumenten davon abzuhalten, ein großartiges und einfaches Erlebnis zu haben, wenn sie einen Film sehen oder Musik hören möchten.

Mit den andauernden Bemühungen der Musikindustrie, die Piraterie zu unterbinden, wurde das DRM zu einem zentralen, umstrittenen Thema, sowohl online als auch offline. Technologien, welche Watermarking und DRM für Songs einsetzen, wurden geprüft, ausprobiert und in einigen Fällen bereits implementiert. Macrovision, ein führender Anbieter in Video- und DVD-Verschlüsselung, drängt aggressiv in den Musikmarkt, jedoch schlugen die meisten Probeläufe mit kopiergeschützten CDs fehl. Viele Konsumenten weigern sich, derartig beschränkte CDs zu kaufen. In Deutschland liegen bereits die ersten Klagen vor.

Mit Watermarking wurde eine weitere Methode entwickelt, um mehr Verantwortung in die Benutzer-Szene einzubringen. Dabei werden verschlüsselte Informationen in eine digitale Musikdatei zusätzlich eingefügt, was es der Musikindustrie – theoretisch – ermöglicht, mit einem einfachen Scan herauszufinden, woher die Kopie eines beliebigen Songs stammt. So lässt sich möglicherweise genau die Person identifizieren, die verantwortlich für die illegale oder unrechtmäßige Verbreitung eines Musiktitels ist. Eingeführt von Musicode (heute Verance) ist Watermarking für das durchschnittliche Ohr nicht hörbar. Der Hauptzweck von Watermarking ist eher, die Benutzung eines Songs nachvollziehen zu können, als aktiv seine Verbreitung zu verhindern. Das hat positive Auswirkungen auf die Administration von Urheberrechtsentschädigungen für Aufführungen, und – potentiell – für die Identifizierung von illegalen Verteilern.

Interessanterweise bringt Watermarking auch eine weitere Portion Verbindlichkeit ins Spiel. Mit Watermarking in der Datei oder im Signal lässt sich immer noch jeder beliebige Track an jemand anderen versenden, aber nun ist auch die persönliche ID darin einprägt. Man offenbart also so die eigene Beteiligung an dem Prozess, und zwar für jeden, den das interessiert. Klar ist aber auch, dass Watermarking entfernt werden oder von sachkundigen Leuten, die dazu neigen sowas zu tun, unbrauchbar gemacht werden kann, und viele Watermarking-"Hacks" sind im Internet erhältlich – so wie alle technologischen Gegenmaßnahmen immer machbar sein werden, wenn adäquate Ressourcen zur Verfügung stehen.

Letztendlich gibt es keine strikt *technologische* Lösung, die dem Benutzer volle und uneingeschränkte Benutzung des Inhalts erlaubt, während ebenfalls eine effektive Kontrolle durch den Erschaffer, Eigentümer oder rechtlichen Repräsentanten des Inhalts eingehalten werden soll. Denn jede gute Technologie wird sich auch immer auf die darauf basierenden Geschäftsstrukturen auswirken und diese ändern. Das ganze Dilemma begann an dem Tag, als Computer erfunden wurden, und es kann wahrscheinlich nur durch sorgfältige und smarte, wirtschaftliche und/oder Sozialtechnik gelöst werden – in Bezug auf Preis, Wert und Ethik.

Im Sommer 2003 gab BMG eine kopiergeschützte CD auf Arista heraus. Der vielgepriesene Schutz von Macrovisions Erzrivalen SunnCom wurde innerhalb von Tagen von einem Studenten der Universität Princeton geknackt. Der Student wurde folglich von BMG verklagt. Der „Hack" bestand darin, an einem Windows-PC einfach die Shift-Taste gedrückt zu halten, während die CD in den Computer geladen wurde. So war die CD einfach zu kopieren. Die gleiche Situation passierte, als Sony eine kopiergeschützte CD herausgab, die bezwungen werden konnte, indem man mit einem Permanent-Filzmarker entlang ihres Randes malte. Die menschliche Genialität hat kein Ende und Gott sei Dank findet sich immer ein Weg, den Keuschheitsgürtel zu entfernen.

Vom Marketing-Standpunkt aus könnten jedoch einige der Technologien, die für den Kopierschutz von CDs benutzt werden, das Hinzufügen von sogenanntem „Second Session"-Inhalt ermöglichen, auf den der Konsument über seinen Computer Zugang hätte. Dieser Inhalt könnte zur „CD Extra" oder erweiterten CD werden und Bonusartikel beinhalten wie Fotos, Biografien und Ähnlichem. Die Idee wäre, den Konsumenten im Austausch für ihre Akzeptanz der Antikopier-Vorschriften ein paar extra Angebote zu machen – gib immer ein paar JPEGs und Videoclips dazu, dafür dass die Datei an das kleine Stückchen Plastik angebunden daherkommt. Obwohl zusätzliche Multimedia-Angebote eine sehr gute Idee sind, hat sich dieser Ansatz jedoch als grundsätzlich falsch erwiesen. Es ist höchst unwahrscheinlich, dass irgendein Kunde für so ein paar Häppchen schnell mal auf seine fairen Nutzerrechte verzichtet.

Den neuesten Schachzug auf diesem Gebiet sah man, als SunnCom mit Microsoft tatsächlich eine Vereinbarung zur Benutzung von Windows Media 9-Technologie traf, um den Kunden zu gestatten, Tracks auf einen Computer zu kopieren, sie aber nicht hoch zu laden und im Internet zu tauschen. Und wenn ich den Track für meine Library im Auto, für meinen MP3-Player oder für meine Dusche digitalisieren möchte?

Das Ziel von DRM ist es, digitale Piraterie zu bekämpfen und Filesharing-Aktivitäten zurückzuhalten. Wir glauben jedoch, dass es den Traditionen von fairer Benutzung widerspricht, die, obgleich ohne signifikante, rechtliche Verankerung, tief verwurzelt sind in das, was man allgemein als „Gewohnheitsrecht" betrachtet.

Mit dem Digital Millennium Copyright Act und der entsprechenden Denkweise am Ursprung seiner Übernahme, scheinen die Rechteinhaber zunehmend mehr Kontrolle zu gewinnen. Die Strafen für die Umgehung von Kopierschutz-Maßnahmen sind hoch, obwohl es noch keine klare Definition davon gibt, auf was genau das Gesetz anwendbar ist – eine Carte Blanche für Content-Monopole?

DRM scheint ein beträchtlicher Teil der Strategie der Major-Plattenfirmen zu sein, die nach wie vor beabsichtigen, auch den letzten möglichen Cent aus dem alten Geschäftsmodell herauszuquetschen. Charles Goldstuck, Präsident und COO von BMG Nordamerika, legte während seiner Keynote im Rahmen der „Plug-In"-Konferenz in New York BMGs Agenda für 2005 vor. BMGs Prioritäten sind die Konzentration auf den Kampf gegen Piraterie mit rechtlichen Mitteln, Druck auf den amerikanischen Kongress auszuüben, um Verleger zu obligatorischen Raten zu zwingen (solange solche Raten nicht auf die Plattenindustrie angewendet werden) und den Konsumenten DRM aufs Auge zu drücken, ob denen das nun gefällt oder nicht.

Zuckerbrot statt Peitsche

Das DRM ist die „Long Box" des 21. Jahrhunderts. Kurz nachdem 1983 die CD auf dem Markt eingeführt wurde, entschieden die geistigen Giganten der Musikindustrie, dass der „Jewel Case", in dem die CD verpackt wird, zu schwer zu handeln und zu leicht zu stehlen ist. So wurde die Long Box, eine Kartonstecktasche, die den Jewel Case und die CD beherbergte, erfunden. Zwei von diesen Long Boxes passten genau nebeneinander in die bestehenden LP-Regale. Die Plattenfirmen stellten sich vor, dass sie auch eine abschreckende Wirkung auf Ladendiebe hat, da sie zu lang war, um sie zum Stehlen in die Tasche zu schieben. Die Auswirkungen, die diese reichlich verschwenderische Idee allerdings auf die Musikindustrie hatte und die Gegenreaktion von beleidigten Konsumenten und ökologisch eingestellten Künstlern, wurde bestens dokumentiert. Es genügt zu bemerken, dass die Long Box letzten Endes aufgegeben wurde.

DRM für digitale Musik wird das gleiche Schicksal erleiden. DRM scheint eine Lösung zu sein, die ein Problem sucht, ein System entworfen zum Schutz von Eigentumsrechten von Inhaltebesitzern *nach* dem Zeitpunkt des Erwerbs. Es wurde ebenfalls entworfen, um fernzusteuern, wie und wann Inhalte benutzt, angesehen oder kopiert werden können. Theoretisch hört sich die Idee plausibel an, aber sie entstammt offensichtlich der Welt physischen Eigentums. Praktisch gesehen profitiert niemand von den bestehenden DRM-Anstrengungen.

KAPITEL 8 | DIE TECHNOLOGIE VERKABELT DAS MUSIKBUSINESS NEU

Bisher gab es noch kein DRM, ob kommerziell verwertet oder nicht, das nicht auf die eine oder andere Art von fleißigen Hackern geknackt wurde. Dies trifft auf DRM im Einsatz in Computersoftware, Videospielen, Kabelfernsehen, Mobiltelefon-Übermittlung, DVDs und viele andere Formen der Verschlüsselung zu. Führende Computersoftware-Anbieter wie Microsoft und Intuit haben sich schon vor langer Zeit von übermäßig restriktiven Kopierschutzschemen verabschiedet, nachdem die Konsumenten mit rechtmäßig erworbenen Programmen zunehmend verärgert wurden, da sich diese nicht sauber installieren ließen oder nicht richtig liefen. Wenn das Softwarebusiness mit 57 Prozent Piraterie leben kann, wie kann dann die Musikindustrie behaupten, dass weniger als 20 Prozent sie umbringt?

Die Musikindustrie handelte vielleicht wenig vorausschauend, als sie sich mit der Herausgabe all ihrer Inhalte in einem ungeschützten, unlimitierten Dateiformat auf Compact Disc selber reinlegte. Heute gibt die Musikindustrie den Piraten und üblen Filesharern die Schuld für ihre Leiden, aber man sollte bedenken, dass die Musikindustrie sich den Schaden durch die Herausgabe des Red Book Audio CD-Formats selber zugezogen hat, nicht realisierend, dass in nur ein paar Jahren die Fortschritte in der Heimcomputer-Technologie es den Menschen ermöglichen würde, eine endlose Zahl von perfekten digitalen Kopien jedes Songs, der jemals auf CD herausgegeben wurde, zu replizieren. Die Milliarden von Dateien, die auf KaZaA, Morpheus, Grokster, iMesh, Limewire und anderen P2P-Netzwerken getauscht werden, sind das unmittelbare Ergebnis der Entscheidung der Musikindustrie, das CD-Format einzuführen.

Es ist daher keine Überraschung, dass die Repräsentanten der Musikindustrie die Auswirkungen, die die digitale Technologie auf ihr Business hatte und haben wird, noch größtenteils missverstehen. Viele der sogenannten Macher der vergangenen zwei Jahrzehnte hatten bis vor kurzem noch nicht einmal einen Computer auf ihren Schreibtischen. Ihre Assistenten haben ihre E-Mail-Korrespondenz für sie erledigt – Dinosaurier-Stil.

Für all die Musik, die bereits auf CD veröffentlicht wurde, ist der Geist schon aus der Flasche. Es gibt kein Zurück zu den Zeiten, als Musik „mechanisch" geschützt werden konnte. Daher gibt es keine Möglichkeit, DRM rückwirkend für all die auf CD verfügbare Musik wirksam einzusetzen. Dies gilt ebenfalls für die Tausende von neuen CD-Veröffentlichungen, die die Plattenindustrie jeden Monat auf den Markt bringt.

Was also ist der Sinn eines DRM – und der daraus resultierenden beträchtlichen Unannehmlichkeiten für den Konsumenten –, wenn das System größtenteils bezwungen werden kann? Und welchen Sinn hat

Kopierschutz, wenn jeder halbwegs raffinierte Computerbenutzer, wenn gewünscht sogar von jeglichem *Content Stream*, eine Kopie abspeichern kann? Tatsache ist: Man kann das, was man auf dem Computer sehen oder hören kann, auf die eine oder andere Weise auch kopieren.

Die Konsumenten haben sich beharrlich geweigert, zu erzählen, was sie mit gekaufter Ware können und was sie nicht können – kein Wunder. Wie würden Sie sich fühlen, wenn Ihnen Ihr Autohändler, nachdem Sie ein Auto gekauft haben, erzählt, wo Sie fahren können und wo nicht? Oder Sie können sich vorstellen, was die Menschen zu einem Buchverleger sagen würden, der ihnen vorschreibt, dass sie das Buch nur selber lesen und nicht an ihre Freunde und Familienmitglieder weitergeben dürfen. Bei DRM geht es in Wirklichkeit um die ferngesteuerte Kontrolle nach dem Kauf – und daher wird sie auch nicht funktionieren.

Musikempfehlungen

Intelligente Software und musikspezifische Suchmaschinen werden das gute alte Radio als primäre Methode, von neuer Musik zu erfahren, ersetzten. Wenn alle Musik, die jemals aufgenommen wurde, auf eine Festplatte zum Preis von weniger als 400 US$ passt – wenn es mehr Gratis-Musik gibt, als man ein ganzes Leben lang hören kann –, dann dreht sich alles darum, die Musik zu finden, die man mag.

Man kann die Wichtigkeit von Musikempfehlungen, Playlisten-Tausch, digitalen Filtersystemen und Agenting gar nicht hoch genug einschätzen. Tausende von Musikmarketing-Experten haben schon probiert, diese Nuss innerhalb der Offline-Welt zu knacken – von Songkritiken bis MTV –, doch erst die digitalen Technologien bringen den Heiligen Gral in Reichweite. In einer Zukunft, in der alle Inhalte sofort in digitalen Netzwerken verfügbar sein werden, wird es einfacher sein, virale und exponentiell wachsende Verbreitungsmethoden einzusetzen, um genau den Musikfan zu erreichen, der am besten zu einem bestimmten Künstler passt.

Ob Neuveröffentlichungen oder Musik, die 35 Jahre lang in einem Archiv in Indien herumlag – die Menschen können viel schneller zu relevanten Musiktiteln kommen, sobald Software mit der Reichweite der Superdistribution eines digitalen Netzwerkes gekoppelt wird. Neben den guten alten und zuverlässigen Lieferanten solcher Informationen wie *Rolling Stone*, *Village Voice*, *Vibe*, *Mojo*, *Spin* und *NME* gehen zunehmend mehr Menschen für neue Musikkritiken, Empfehlungen und Hinweisen ins Internet.

Und wir meinen damit nicht nur die *Herausgabeinformationen* über neue Musik, sondern Sie sollten aktiv und mit hoher Genauigkeit zu der Musik geführt werden, die Ihnen sehr wahrscheinlich aufgrund Ihrer Hörmuster, Download- oder CD-Bestellungen, Mitgliedschaft in Gruppen, Konzertticket-Käufen gefallen wird – kurz, wegen Ihres Lebensstils und *deswegen, wer Sie sind*. Natürlich gibt dies hinsichtlich Privatsphäre und persönlicher Datensicherheit wiederum Anlass zu Bedenken.

Einige bestehende Technologien, wie MusicGenome, können tatsächlich musikalische Werke außerhalb der üblichen Genres empfehlen, so dass nicht alle Vorschläge Jazz-Titel sind, nur weil Sie viel Jazz hören. Die Zweckmäßigkeit dieser Anwendungen wird sich erst dann wirklich zeigen, wenn riesige Content-Datenbanken zur Verfügung stehen und präzisere und raffiniertere Übereinstimmungen mit Daten in „tieferen" Katalogen gefunden werden können. Warten wir ab bis endlich jemand die Idee hat, 1000 Studenten zu engagieren, um tiefgehende Meta-Daten für zehn Millionen Songs zu indexieren und damit das Puzzle im Musikbusiness zusammenfügt. Die erfolgreichsten Dienste der Zukunft werden sicherlich tiefgehende Profilierungs-Techniken mit einer Art „Musik-DNA"-Ansatz kombinieren, die wissenschaftlich versuchen, die Beschaffenheit eines bestimmten Tracks aufzuzeichnen, so dass dieser mit anderen verglichen werden kann.

Was das Lesen über Musik betrifft, so liefern Internetseiten wie Metacritic.com, Acclaimedmusic.net, Allmusic.com und Muze.com Ressourcen und Empfehlungen, die den Menschen helfen, Musik zu finden, aber keine der Seiten wurde bisher zum *Readers Digest* der Online-Musik. Diese Lücke wird hoffentlich bald gefüllt. Die Kombination von starken, redaktionellen Quellen mit innovativer Softwaretechnologie wird in der Zukunft einige recht lukrative Dienste produzieren.

Software zur digitalen Filterung hält ein starkes Potenzial für die Musikindustrie bereit. Diese Technologie wurde entworfen, um Konsumenten zu helfen, Produkte zu finden, die ihnen gefallen könnten, basierend auf Kaufgewohnheiten und Vorlieben von anderen Menschen, die ähnliche Gewohnheiten haben. Dieser Ansatz hört sich logisch an, stellte sich aber als schwierig für den tatsächlichen Einsatz heraus. Dies zeigt sich in der Verwirrung, die Amazon-Kunden erleben, wenn die Buchverkauf-Software das neueste Winnie The Pooh-Video empfiehlt, nur weil man vor drei Jahren mal eins für die Kinder bestellt hat. Eine eher simple Version von digitaler Filterung für Musikfans gibt es bei Amazon.com mit Empfehlungen in der Form von: „Kunden, die Titel von John Mayer gekauft haben, haben auch Titel von diesen Künstlern gekauft: Michael Franks, Dave Matthews, James Taylor."

Seit dem Erfolg und der Beliebtheit von MITs Firefly sind zahllose andere digitale Filter- und Empfehlungssysteme entstanden. Viele dieser Unternehmungen kamen für den Markt zu früh und konnten sich nicht halten. Die zweite Runde von Unternehmen auf diesem Gebiet sollte dennoch recht spannend werden.

Eines dieser Unternehmen ist Musicmatch. Das Musicmatch-System kombiniert redaktionelle Expertise mit Mustern von Hörgewohnheiten aus den Communities und führt die Benutzer auf der Suche nach Musik durch künstlerbasierte Kanäle. Diese Fähigkeit könnte sich als Schlüssel zum Erfolg von digitalen Musikvertriebssystemen erweisen. Mike McGuire, Medien-Forschungsleiter bei GartnerG2 Consulting, sagt: „Wenn man mal über den Punkt der bloßen Kaufabwicklung hinaus dahin kommt, wo es richtig Spaß macht, dann sind weitere Käufe sicher, denke ich."

Investitionen sollten darauf setzen, Wege zu finden, Menschen mit Musik zusammenzubringen.

Musikerkennung

Softwareapplikationen zur Musikerkennung sind im Kommen, darunter Shazam, Musikube, MusicPhone und Mediaguide/YesNetworks. Shazam aus London war ein früher Zugang zu dieser neuen Technologie. Die Anwendung wurde entworfen, um Zuhörern über Mobilfunknetze mehr Informationen über die Songs zu geben, die sie irgendwo hören. Wenn man zum Beispiel einen Song im Radio hört, dann braucht man nur eine bestimmte Nummer zu wählen und das Mobiltelefon 15 Sekunden lang an die Musikquelle zu halten. Die Software analysiert den Sound-Clip und recherchiert in ihrer kontinuierlich wachsenden Song-Datenbank und schickt per Link oder in einem Textmitteilungsformat den Künstlernamen, Song- und Albumtitel zurück und die Information, wo man den Klingelton oder Song kaufen kann und die Option, eine 30-Sekunden-Hörprobe an einen Freund zu senden. Shazam hat mehr als eine Million Benutzer quer durch Europa und Asien und konnte bereits den Verkauf von mehr als drei Millionen Tracks alleine in England generieren. In den USA ist dieser Dienst als MusicID über AT&T Wireless (dial #43) und Virgin Mobile verfügbar.

Innerhalb der nächsten Jahre wird der größte Teil des weltweit aufgenommenen Musikkatalogs wahrscheinlich per Software erkennbar sein, sei es per Funktionsanalyse, Audiospektrum-Vergleich, Fingerabdruck oder Watermarking-ID. Diese Software wird viele andere Teile des Puzzles für alle Zeiten verändern, wie Playlisting und Filesharing, Sendeüberwachung und die Abrechnung für Synchronisation und öffentliche Ausstrahlung. Sobald jeder vorhandene Track identifiziert werden kann, kann jedes Netzwerk mit Überwachungseinrichtungen und genügend Kapazität seine öffentliche Benutzung verfolgen und der Schöpfer des Tracks kann theoretisch angemessen vergütet werden. Dies wiederum berührt das Kerngeschäft der Verwertungsgesellschaften für Aufführungsrechte: Die Benutzung von Musik überwachen und die Rechteinhaber entlöhnen. Werden die Verwertungsgesellschaften der Zukunft einfach eine Software sein, die hier und dort ein paar andere Werte hinzufügt, oder werden wir ein globales Inkassonetzwerk haben, das die regionalen Gesellschaften versorgt? An alle Buchhalter: Bitte um Kenntnisnahme.

Digitale Voll-Macht den A&Rs

Die digitalen Technologien und Anwendungen werden durch den geschickten Ausbau von Arbeitsabläufen auch die Art und Weise verändern, wie die Musikindustrie neue Künstler und Hits entdeckt. Nun haben „Ohren" wie die von Clive Davis, Ahmet Ertegun oder Phil Spector wenig mit Technologie zu tun, doch für A&Rs wurden die neuen Technologien zu einem unentbehrlichen Werkzeug. Man checkt mal schnell die Internetseite einer Band, hört sich Hörproben an, „googelt" die Künstler und ihre Erfolgsgeschichte, kommuniziert per E-Mail und Instant Messaging und schickt Dateien hin und her. Durch neue Monitoring-Technologien wie Mediabase erhalten A&R Manager darüber hinaus minutengenauen Feedback aus den einzelnen Märkten, und zwar zu Radio-Sendezeit genauso wie zu Verkäufen oder PR-Abdeckung.

Viele weitere Entwicklungen finden in dieser Arena statt, einige ungewöhnlicher als andere und einige völlig weit hergeholt. Erinnern wir uns an die Kreativität der Jugendlichen. Es gibt Programme, die dazu entworfen wurden, einen Hit-Song bereits herauszufiltern, bevor er wirklich ein Hit geworden ist, indem man eine Kombination von demografischen Daten, bisherige Hit Meta-Informationen, regionale Varianten und allgemeine statistische Logiken anwendet. Grundsätzlich geht es um die Idee, die Wahrscheinlichkeit, dass ein Song zum Hit wird, vorauszusagen, und dadurch mehr oder weniger Geld für die Veröffentlichung ausgeben zu müssen. Trägt das vielleicht das Risiko für eine größere Neuveröffentlichung? Ähnliches wurde von Sonicbids (www.sonicbids.com) im Konzertsektor versucht, und bis zu einem gewissen Grad von Diensten wie Garageband.com – Beispiele zur Reduzierung des Risikos und zur Senkung der Anfangsinvestitionen, die notwendig sind um herauszufinden, ob etwas die Investition wert ist oder nicht. Wissen ist ein Hebel zur Macht, nicht wahr?

Die Pick-a-Hit-Software sammelt Daten von Songs mit dem Fokus auf musikalische Struktur, auf Harmonien, Takt, Tempo, Rhythmus, Tonlage, Akkordsequenz und Klangfülle. Sie nimmt Ausschnitte von früheren Hits, um Ähnlichkeiten unter extrem beliebten Songs zu ermitteln. Gerüchten zufolge soll Hit-Picking-Software den Erfolg der achtfachen Grammy-Gewinnerin Norah Jones vorausgesagt haben, bevor sie weltbekannt wurde. Nach unserer Ansicht kommt die wahre Verheißung aus einer Mischung von herkömmlichem A&R Hit-Picking mit Konsumentenforschung und der Entdeckung von Methoden, um ein besseres, effizienteres System zu erschaffen.

Musik Upgrades: Try & Buy-Modelle

Einige gewiefte Leute in der Musikindustrie werden bei den Taktiken, die von Videospiel-Entwicklern, Softwareherstellern und Film-Produzenten und Verleihern bereits eingesetzt werden, etwas genauer hinsehen. Diese Firmen werden Produkte entwickeln, die aufgerüstet und/oder „windowed", also auf mehrere Arten gesehen und gehört werden können. Dabei wird eine sich fortlaufend erweiternde Reihe von Formaten und Veröffentlichungsagenden entwickelt, nach der die Musik verkauft wird. Was könnte dies für die Musik bedeuten?

Aufgenommene Musik wurde lange als statisches Produkt angesehen. Wenn man es einmal gekauft hat, dann bleibt es immer gleich. Heute macht es die Technologie nicht nur möglich, dieses eine Produkt mit den zwölf Tracks darauf zu verkaufen, sondern dem Käufer auch Folgeleistungen und verwandte Produkte anzubieten wie weitere Musik, DVDs, Fan Clubs, Tickets und Videos. Dies unterstreicht unsere Voraussage, dass die Musikeinnahmen höchstens, sagen wir, ein Drittel der Gesamteinnahmen aus den wirklichen „Content"-Verkäufen ausmachen werden. Der Rest wird über dem Verkauf von verwandten Produkten und Dienstleistungen eingenommen werden.

In der Softwarewelt war die Idee der kostenlosen 30-Tage-Probierfrist sehr erfolgreich, die es einem Interessenten gestattete, ein Produkt oder eine Dienstleistung manchmal mit etwas eingeschränkter Funktionsweise 30 Tage lang ohne Bezahlung auszuprobieren. Danach kann man entscheiden, ob es einem soweit gefällt, dass man es erwerben möchte oder die Benutzung beenden will. Wir sehen einen ähnlichen Weg für das

Musikmarketing der Zukunft – und es wird mit einem digitalen Produkt sicher einfacher zu implementieren sein als mit einem physischen Produkt. Bevor es Computer gab, kannten, mit Ausnahme ihrer Plattenclubs, die Musikindustrie-Giganten letzten Endes noch nicht einmal die Namen ihrer Kunden. Hunderte Millionen von CDs wurden verkauft, ohne dass die Plattenfirma oder der Einzelhandel aussagefähige Daten sammelte. Heute kann jedes Anzeichen von Interesse an der Arbeit eines Künstlers verfolgt und mit einer Datenbank mit tatsächlichen Benutzern und Konsumenten verknüpft werden. Digitale Technologien geben uns die Macht, mit individuell entworfenen Mitteilungen Hunderttausende Individuen zu erreichen – und Up-Selling, Cross-Selling und Wiederverkauf werden um einiges machbarer.

In der Durchführung ähnlich wie ein Shareware-Anbieter, könnte der Marketing Manager eines Künstlers nach dem Versand von ein paar Vorschau-Tracks des neuen Acts an ein paar Leute, die Interesse gezeigt hatten, das gesamte erste Album gratis anbieten, um dem neuen Act Präsenz zu verschaffen. Ein Fernsehauftritt könnte mit der Download-Promotion verknüpft sein oder einem Premium-SMS-Spiel. Ein Großteil des Kampfes wird darin bestehen, sich in dem Lärm all der neuen Angebote Gehör zu verschaffen und Aufmerksamkeit zu erlangen.

Einige Künstler und ihre Manager könnten sogar so weit gehen, Leute für das Herunterladen, verbunden mit einem schnellen Feedback zur Musik, zu bezahlen, denn letztendlich wird es im digitalen Content-Spiel immer darum gehen, Präsenz zu gewinnen, entdeckt zu werden und *dann* aus der Fanbase Geld zu machen. Dies ist das Schlüsselthema, das für die meisten Major-Strategen immer noch außerhalb ihrer Reichweite zu sein scheint: Die digitalen Technologien werden dazu führen, dass die Konsumenten anscheinend wesentlich mehr umsonst bekommen, bevor sie zur Kasse gebeten werden. Und die Konsumenten sind bereit zu zahlen, wenn sie davon überzeugt sind, dass sie auch das bekommen, was sie wollen.

Ganzheitliches Musikerlebnis

Ausübende Künstler und ihre Manager fangen an, Technologien für die Erschaffung von neuen Live-Unterhaltungsformaten und neue Liefermechanismen zu nutzen, die sich direkt an ihre Fans wenden. Man stelle sich ein Konzert vor, bei dem das Publikum die Auswahl der Songs, die die Band aufführt, durch das Senden von SMSs an den Bühnenmanager in Echtzeit beeinflussen kann. Oder eine elektronische Bestelloption, die es Konzertbesuchern ermöglicht, eine Kopie vom Live-Konzert über ihr Mobiltelefon oder PDA gleich an Ort und Stelle zu erhalten.

Man stelle sich ein virtuelles Konzert vor, das direkt an die Abonnenten in einen Pay-Per-View-Modell gestreamt wird, wo die Band auf einer Studiobühne spielt und die Aufführung live über Satellit streamt und anschließend als digitales Archiv dem Kreis der Abonnementen zur Verfügung gestellt wird. Wie wir bereits dargestellt haben, tun dies viele Bands bereits.

Die Grateful Dead haben alle ihre Shows den Fans *gratis* zur Verfügung gestellt und das Aufnehmen und Tauschen von Konzertmitschnitten erlaubt. Neue Dienste wie DiscLive, eMusic, Livephish.com und Rockslide steuern in die gleiche Richtung. Man gebe mobile Technologien wie WiFi, WiMAX und Bluetooth in den Mix und theoretisch könnten die Künstler Live-Konzerte spielen, während sie ihre Musik direkt an die Fans im Publikum, in Echtzeit oder nach der Show, verteilen. Die Möglichkeiten sind endlos.

Wahrscheinlich sind diese Ideen für einige Künstler völlig weit hergeholt und für andere möglicherweise eine ausschlaggebende Komponente – die zwiespältigen Segnungen und Flüche der Technologie.

Megatrends, die die Zukunft der Musik beeinflussen werden

9

DIE ZUKUNFT DER MUSIK

Verglichen mit anderen Industriezweigen ist das Musikbusiness mit weltweit rund 75 Milliarden US$ Einnahmen (inklusive Konzerte, Fanartikel, CD-Verkäufe und Musikverlag) noch relativ klein. Es macht weniger als zehn Prozent der globalen Unterhaltungswirtschaft von über 1,1 Billionen US$ aus.

Wie bei allen unbeständigen Geschäftsbereichen, beeinflussen viele Trends, die sich auf Business, Kultur und Gesellschaft im Allgemeinen auswirken, aufgrund der immateriellen Natur ihrer Produkte und Dienstleistungen das Musikbusiness noch direkter. Was kann kurzlebiger sein als ein Song, eine Erinnerung, die mit einer vor langer Zeit gehörten Melodie wieder auftaucht, oder das Gefühl, das man hat, wenn man einen bestimmten Sänger hört? Die Trends, wie Menschen leben, arbeiten und miteinander umgehen, sind für das Musikbusiness von großer Wichtigkeit, und wenn man weiß, wie man einen Trend erkennt, dann führt das meist zu einer daraus resultierenden, besonderen Chance – und das Erkennen von Chancen entfacht letztendlich die unternehmerischen Feuer, mit Unterschieden quer durch die kulturelle Landschaft.

Wir wollen nun einige dieser Trends betrachten und sehen, welche Konsequenzen sich daraus für die Zukunft der Musik ergeben könnten. Wenn Sie sich wirklich für Musik interessieren, dann könnte Sie das Verständnis für diese Trends zu einigen großartigen Gelegenheiten führen.

Die explosionsartige Ausbreitung von Auswahl und Vielfalt

Während in den Tagen vor den digitalen Netzwerken der erhebliche Mangel an echter Vielfalt, Auswahl und Verschiedenheit das größte Problem war, wird das Problem von morgen das Gegenteil sein. Die Technologie wird uns mehr und mehr uneingeschränkten, billigen „all-you-can-eat"-Zugang geben – mehr Fernsehkanäle, hunderte Millionen Internetseiten, digitale News Feeds, SMS-Schlagzeilen, E-Bücher, Streaming-Medien, digitale Fotografie und so weiter. Mehr Optionen zu haben bedeutet selbstverständlich nicht automatisch mehr Vielfalt. Wenn wir uns aber anschauen, was in den USA und Westeuropa geschieht, dann können die bestehenden „Inhalt"-Angebote kaum als frei von Vielfalt bezeichnet werden.

In Europa ist die Vielfalt im Fernsehen offensichtlich. In den meisten europäischen Ländern kann man Fernsehprogramme in vier oder fünf Sprachen empfangen. Öffentliche Sender leisten ganz gute Arbeit und bieten Programme von allgemeinem Interesse an, die nicht von Werbung unterstützt werden müssen. „Alternative" Sender wie ARTE zeigen Kunstfilme und unabhängige Produktionen. Letztendlich kann das digitale Fernsehen nur dann wirklich abheben, wenn Vielfalt das Leitprinzip ist.

Ein weiterer, großer Faktor im Wachstum von Vielfalt ist, dass in der Zukunft die Medien weniger und weniger „push" werden und mehr und mehr „pull", wobei der typische Stubenhocker zu einem „Stuben-Programmdirektor", zu einem spontanen „Stuben-Produzenten" oder sogar zu einem „Stuben-Verleger" wird. Die meisten Konsumenten mögen das Gefühl von Wahlmöglichkeit und Kontrolle, das „pull"-Angebote gewähren. Dies ist eine Begründung dafür, warum starke Internet-Nutzer so viel weniger fernsehen. Man stelle sich vor, was passieren würde, wenn alle Fernsehprogramme ebenfalls in den verschiedenen digitalen Netzwerken verfügbar und PC und Fernseher ein einziges Gerät wären – und genau das kommt bereits mit der Idee von „Entertainment Center"-PCs auf uns zu. Egal wie, die Stube bleibt uns erhalten, wenn die digitalen Technologien von Büro und Arbeitsplatz in die Wohnzimmer und Schlafzimmer Einzug halten.

Mit der Realisierung von echter Vielfalt und Mannigfaltigkeit treten Themen wie Reiz- und Informationsüberflutung und die undurchschaubare Herausforderung, wie die Menschen mit dem unermesslichen Überschuss an Informationen und Medien umgehen werden, in Erscheinung. Dies sind unserer Ansicht nach viel ernsthaftere Themen, die die Bedenken über digitale Piraterie und durch digitalen Vertrieb verursachte wirtschaftliche Veränderungen weit überwiegen. Schauen wir uns einmal an, wie und warum Technologie im Allgemeinen Vielfalt erschafft, und warum sie dasselbe im Musikbusiness tun wird.

Heute werden bei den Filmtheatern immer noch die Filme per Kurier geliefert und dann mit ziemlich billigen, aber hochauflösenden, analogen Projektoren auf die silbrige Leinwand projiziert. In der Vergangenheit kamen Innovationen nicht durch aufgerüstete Projektoren oder von irgendeiner Verbesserung in den Standard-Geschäftspraktiken, sondern von verbesserten Sound-Systemen. Der Grund, warum es 95 Prozent der veröffentlichten Filme noch nicht einmal in die Kinos schaffen, ist, dass es für die Kinobesitzer einfach zu teuer ist, eine Kopie der Rollen zu bestellen und einen Film ins Programm zu nehmen, wenn nur eine Handvoll Besucher zu erwarten ist.

Und warum sollten nur ein paar wenige Leute kommen? Ist der Film wirklich so schlecht? Haben die Schauspieler keine gute Arbeit gemacht, war das Drehbuch schlecht oder war der Film nicht sehenswert? Das mag in *einigen* Fällen so sein, aber der wahre Grund ist, dass es Nischenmarkt-Filme kaum in das System der großen Medien schaffen. Es ist einfach zu teuer, physische Kopien der Filmrollen an Tausende von Kinos zu vertreiben, die ein Publikum für die weniger bekannten Produktionen finden könnten. Es sind meistens die angeblich hippen und „brummenden" Orte wie Soho, Cambridge, Berkeley, Amsterdam und Barcelona, wo wir Kinos finden, die ein Publikum bedienen, das was anderes sehen will als Sex, Gewalt und Special Effects, mit denen uns Hollywood anscheinend gefüttert hat. Schon mal gehört? Es ist der gleiche Grund, warum wir nicht dazu tendieren, Musik zu hören, die vielleicht nur 25.000 Menschen über den Globus verteilt gefällt. Auch wenn diese Menschen voll hinter dieser Musik stehen, so kann das derzeitige physische Vertriebssystem sie nicht so einfach unterstützen, und es ist auch nicht unbedingt profitabel. Wirtschaftliche Bedingungen und das Streben nach Profit drosseln die Vielfalt. Wenn diese Hürde entfernt werden kann – wenn digitale Technologien die nahtlose Verbreitung von Medien an alle Empfänger, jederzeit, zu marginalen Kosten ermöglicht – dann werden wir mehr Vielfalt darin sehen, was die Menschen sehen und hören wollen. Technologischer Fortschritt erzeugt Auswahl, erzeugt Vielfalt.

Mit dem Erscheinen der digitalen Technologie ist es jetzt theoretisch machbar, jeden einzelnen, existierenden Film an jedes einzelne Kino für einen Bruchteil der Kosten zu vertreiben. Dies sind gute Nachrichten für alle, die Vielfalt mögen, und wir glauben, dass das letztendlich das ist, was jeder will. Makellose digitale Filmkopien können über Satellit, DVD und anderweitig geliefert werden, und sobald digitale Projektoren an mehr Orten installiert sind, können sogar Kinos mit nur 30 Plätzen mit einem gemischten Angebot von ausgewählten Vorführungen florieren. Man denke an das Paris der Achtziger, oder die Filmclubs der Studentenvereinigungen und was die vielen Colleges in den USA heutzutage anbieten.

Die meisten Kinoeigentümer zögern, Geld für diese neuen Technologien auszugeben, aber irgendwann werden die Geräte beträchtlich günstiger. Und ehe wir uns versehen, wird es nebenan schon angeboten. Ein Lightning 6000 DLP-Projektor, der aber nicht so gut projiziert wie ein analoger Projektor, kostet kolossale 75.000 US$. Aber wir werden zuschauen können, wie die Preise schnell dahinschmelzen, während die Qualität sprunghaft dazugewinnt. Letztendlich besteht die Möglichkeit, dass es zahllose kleine Kinos mit digitalen Systemen und günstigen Eintrittspreisen geben wird, während viele große Kinos nach wie vor mit den großen Filmrollen arbeiten werden.

KAPITEL 9 | MEGATRENDS

Nun fragen Sie uns, warum wir meinen, dass irgendjemand den Film eines angesagten neuen Regisseurs aus Polen statt Spielbergs neustes Epos wird sehen wollen? Unsere Antwort: Vielfalt inspiriert und die Menschen öffnen sich dafür, wenn sie fertig und einfach verfügbar ist. Inspiration ist letztendlich für jeden wichtig. Genau wie beim Essen, die Ergebnisse durch das einfache Anbieten vieler Optionen sind erstaunlich. McDonalds gibt es in jeder einzelnen Stadt in den USA und in den meisten Städten in Europa, trotzdem isst nicht jeder die ganze Zeit bei McDonalds. Es gibt so viele Optionen, und der Big Mac ist nur eine davon. Die Deutschen haben jetzt chinesisches Essen, die Italiener servieren Sushi und in London gibt es so ziemlich jede Küche, die man sich vorstellen kann. Im Vergleich zur Situation von vor 20 Jahren sind dies willkommene Änderungen. Vielfalt ist auch exponentiell, denn sie erzeugt Aufmerksamkeit, die wiederum den Wunsch nach Vielfalt erzeugt.

Werden die Menschen auch weiterhin die Massenmarkt-Musikprodukte kaufen, die sie heute kaufen, wenn all diese anderen Optionen sofort, einfach und billig verfügbar sind? Werden sie mit der „Push-Pipeline" Verbindung halten oder werden sie beginnen ihr „pull" zu gebrauchen? Wir meinen, einige werden und einige werden nicht, aber der Endeffekt ist, dass Vielfalt letztendlich einen größeren und harmonischeren Markt erschafft. Vielfalt markiert das Ende eines jeden Monopols. Heute haben wir ein echtes „Musik-Monopol" und es setzt einen wahren Dämpfer in das Wachstum.

Natürlich werden die verantwortlichen Herren der „Push"-Methode alles daransetzen zu verhindern, dass sich das Business über ihre Kontrolle hinaus entwickelt, sei es Film, Musik, Fernsehen, Radio oder Bücher. Wired News (www.wired.com) hält fest, was Scott Dinsdille, Executive Vice President der Motion Picture Association of America (MPAA) beim Digital Media Summit Anfang 2003 sagte. Als er gebeten wird, Hollywoods Einstellung zur PC- und Computerindustrie zusammenzufassen, kommentiert er: "Du legst mich nicht rein, also lege ich dich nicht rein. Wenn du nie wieder Filme auf deinem PC abspielst, dann werde ich auch nie wieder was sagen."

Die Weigerung einiger Plattenfirmen und Musikverleger, ihre Produktionen auf der Basis einer Flat-Fee oder flexiblen Pauschale zur Lizenzierung anzubieten, beschränkt die Ausbreitung der angestrebten Angebotsvielfalt. Wir glauben, dass diese Lizenzangelegenheiten letzten Endes, und höchstwahrscheinlich unfreiwillig, durch den Gesetzgeber geregelt werden, was uns jede Menge Gebühren und obligatorische Pauschalabgaben bringen wird. Zugang und Vertrieb werden kein Thema mehr sein, aber die Angebotsauswahl und die Endeckung von Musik sehr wohl.

Ohne Zweifel haben technologische Fortschritte immer zu einem höheren Grad an Vielfalt geführt und das Musikbusiness wird keine Ausnahme sein. Autos führten zu weiteren Reiseformen, billige Flugtickets zu einer größeren Vielfalt von Ferienoptionen, das Kabelfernsehen zu einem gewaltigen Anstieg von Programmangeboten und das Internet zu einer breiten Vielfalt von Nachrichtenquellen, die so ziemlich jedem zur Verfügung stehen. Selbstverständlich war nicht alles immer zum Vorteil oder nach dem Geschmack der Beteiligten – schauen wir uns die aufgebrachten Einheimischen im Süden Spaniens an, die sich mit Hunderten von Schnäppchenjägern aus Manchester auseinandersetzen müssen, die Easyjet alle paar Stunden ablädt.

In den Zeiten von „Musik als Produkt" standen Massenmarkt-Alben, die mit dem millionenteuren Gießkannenprinzip verteilt wurden, unangefochten an erster Stelle, und Vielfalt wurde in Nischenmärkte verbannt, die sich oft kaum über Wasser halten konnten. In der Zukunft der Musik wird die angesammelte Macht der Nischenmärkte die Massenmärkte an Wichtigkeit übertreffen und Vielfalt wird zum Grundzustand.

Die Paradigmen von Arbeit und Freizeit ändern sich

Der Soziologe und oft zitierte Guru Thomas Maslow zeigte einen sehr bedeutungsvollen Trend der modernen Gesellschaft auf: Während wir uns von der Informationsgesellschaft zur „Traumgesellschaft" bewegen – einer Gesellschaft in der Emotionen, Geschichten, Erlebnisse und immaterielle Werte erheblich an Bedeutung gewinnen –, nehmen die bislang hochwichtigen Grundbedürfnisse wie Nahrung, Kleidung und Schutz an Bedeutung ab. Sie werden gegeben sein. Es wird zunehmend wichtiger werden, nach Selbstverwirklichung und persönlicher Befriedigung zu streben, wie auch immer das zu definieren ist. Maslows Bedürfnis-Hierarchie beschreibt treffend die Trends in Richtung der ansteigenden Bedeutung von sozialen Kontakten, von Anerkennung und Selbstverwirklichung, die im Gegensatz zu körperlichen Bedürfnissen und Sicherheit stehen.

Diese Trends und natürlich die globalen wirtschaftlichen Realitäten, die nun ein lebenslanges Lernen und extreme berufliche Flexibilität diktieren, werden einen erheblichen Einfluss auf die Definition von „Arbeit" haben. Diese Realitäten werden dann mehr Bedürfnis und Raum für Freude an den Medien schaffen und ebenfalls das Interesse an solchen Karrieren wecken, die sich mit Emotionen und Erlebnissen wie Kunst, Schreiben, Geschichtenerzählen, Filmemachen, Tanz, Schauspielen, Komponieren und Darbietungen aller Art beschäftigen. Kurzum, unsere Gesellschaft wird wahrscheinlich ihre Horizonte mit einer wachsenden Betonung auf Wissen, Kunst, Erlebnis, Emotionen und soziale Berufe drastisch erweitern – Horizonte, die insgesamt die wirtschaftliche Realität der Menschen, die in der Musikindustrie arbeiten, beeinflussen werden.

Zusammen mit der ungeheuren Macht, die moderne Audioproduktionen, Vertrieb und Sendetechnologien so ziemlich jedem in die Hand geben, bedeutet diese Entwicklung, dass es starke Trends dahingehend geben wird, sich die eigene Musik zu kreieren, ob nun per Cut & Paste oder tatsächlich „handgemacht". Und es wird das Bestreben geben, zur globalen Musik-Community dazugehören zu wollen statt nur ein Musikkonsument zu sein. Man kann natürlich über die Horden von Amateuren streiten, die freigesetzt werden, um mit Bergen von „musikalischer Geländeaufschüttung" die digitale Landschaft zu gestalten. Das könnte passieren, aber dennoch kann es nicht wirklich falsch sein, einer großen Zahl von Menschen ein paar Mittel zum Selbstausdruck zu geben, solange potente Filter- und Selektionsmethodik dabei die Besten an die Oberfläche schwimmen lässt.

Ein weiterer wichtiger Aspekt dieser Maslowschen Prioritäten-Transformationen ist, dass es sehr wahrscheinlich ist, dass die Menschen konstant zwischen verschiedenen Jobs oder anderen wirtschaftlich motivierten Aktivitäten wechseln und zu jeder Zeit mehr als nur einer Geld bringenden Beschäftigung nachgehen werden. Dementsprechend werden sie laufend neue Qualifikationen dazulernen. Tatsächlich werden einige Menschen dafür bezahlt werden, nicht im herkömmlichen Sinne zu arbeiten – vielleicht vermehrt mit Zuschüssen und Mitgliedschaften –, so dass die Gesellschaft in ihrer Gesamtheit von den Beiträgen dieser Menschen an alle profitieren kann. Dies ist eine denkbare, neue Rolle für Visionäre, Erfinder, Unternehmer und Künstler.

Diese frei fließende Annäherung an Arbeit und letztendlich auch an Geld mag für viele ganz und gar Furcht erregend erscheinen, bis es gemeinhin akzeptabel wird, dass der Wert der Menschen in ihrer Fähigkeit liegt, das einzigartige Zusammenspiel von Verstand, Herz und Körper zu erfahren. Dies wird große Auswirkungen auf das Musikbusiness haben: Mehr Zeit zum Teilhaben und Beitragen und mehr Wunsch, dies zu tun, und mehr Raum, Zeit und Mittel zum Konsum von Musik. In der Tat werden sich „Konsum" und „Beitrag" irgendwann einmal auf so viele Arten vermischen, dass sie letztlich nicht mehr zu unterscheiden sein werden. So oder so, Musik und jede Art von Kunst werden eine wachsende Rolle in unserer Gesellschaft spielen, viel mehr als wir es jemals erlebt haben, und verwandte Geschäftsaktivitäten werden exponentiell profitieren.

Um an diesen Gelegenheiten teilzuhaben, müssen wir versuchen vertieft zu verstehen, was die Menschen wollen. Wir müssen verstehen, wo, wie und zu welcher Zeit sie es wollen und sie dann mit den richtigen Künstlern zusammenbringen. Wenn wir das verstanden haben, ist der nächste Schritt das Marketing – und die Kunst des Marketings wird wahrscheinlich die größten Veränderungen in diesem ganzen Puzzle durchmachen.

Die unauffällige Ausbreitung der Technologie

Technologie ist an sich keine große Sache mehr – nur noch wenige Menschen bestaunen Dinge, die wie erwartet funktionieren, so wie beispielsweise Flugzeuge oder Mobiltelefone. Hochentwickelte und fast immer verfügbare Kommunikation wurde für viele von uns zum Standard. Genauso wie Telefon und Auto nahtlos in unser tägliches Leben integriert wurden, werden digitale Medientechnologien in jeden Abschnitt unseres Tagesablaufs eingewoben. Es wird einfach zum Bestandteil unseres Lebensstils. Heute steht der Computer im Büro und der Fernseher im Wohnzimmer, aber mit Medien-Unterhaltungszentren, Streaming Mediaserver, TIVO, Web TV und Nokia Visual Radio beginnen die Grenzen bereits zu verwischen. Mobiltelefone bieten bereits viel mehr Rechnerleistung als die ersten Altair-Computer damals im Jahr 1975. Sie werden rasch zu omnipotenten, mobilen EDV-Geräten, die Bilder machen, Musik spielen, Videos streamen, Kontakte und Kalender managen, durch das Internet surfen, uns mit anderen in Verbindung treten lassen und uns zum nächsten Bankautomaten führen. Apropos unauffällig – stellen Sie sich einmal vor, Ihre Armbanduhr könnte das alles!

Wir verlassen uns jeden Tag mehr auf die Technologie, mit allen ihren Vor- und Nachteilen. Wir verlassen uns auf Autos, Züge und Flugzeuge für den Transport, auf Satelliten, Kabel und Mobilfunk für die Kommunikation, auf Computer und Speichergeräte für unsere Daten, auf Fernsehen und das Internet für Information, auf GPS um unseren Weg zu finden, auf Online Banking und Online Börsenhandel für unser Geld und so weiter. Das irre Tempo des Fortschritts steigt stetig an und das technologische Gebot („Was getan werden kann, muss getan werden") steht all zu oft unangefochten an erster Stelle, bis die menschliche Sensibilität wieder das Ruder übernimmt.

Während die landwirtschaftlichen Gesellschaftsformen 10.000 Jahre und die Industriegesellschaft 200 Jahre andauerten, fragen wir uns manchmal, wie lange die Informationsgesellschaft andauern wird bis sie etwas noch weniger Greifbareres hervorbringt, was vom Danish Future Institute als Traumgesellschaft bezeichnet wird, wir aber einfach „Erlebniswirtschaft" nennen werden. All dies sind gute Nachrichten für die Zukunft der Musik: Je mehr die Erlebniswirtschaft sich etabliert, desto höher wird Musik bewertet.

Es ist vielleicht noch beeindruckender festzustellen, wie sich die Technologie eigentlich den Menschen anpasst und nicht umgekehrt. In den Siebzigern, Achtzigern und sogar den Neunzigern erforderten viele Technologien, dass unwissende Benutzer einige ernsthafte Änderungen in ihren Gewohnheiten vornehmen und sich an die strenge Logik der Maschine anpassen. Großartige Beispiele dafür sind die Online-Reservierungssysteme wie Sabre, oder die ersten kabellosen Geräte und nicht zuletzt das Windows-Betriebssystem.

Heute jedoch hat keine technologische Innovation wirklich Erfolg, es sei denn sie ist perfekt abgestimmt auf die Vorstellungen der Menschen. Die Messlatte wurde heraufgesetzt, die Konsumenten können hinter den Vorhang schauen, Vergleiche anzustellen ist einfach geworden. Konsumenten daran zu hindern etwas zu tun, in das sie reingewachsen sind, kommt in der Zukunft einem schnellen Todesstoß gleich.

Für das Musikbusiness bedeutet dies, dass jegliche dem Markt angebotene Innovation keine Fallen haben darf. Es muss voll und ganz auf der Linie dessen sein, was die Konsumenten akzeptieren und möchten, und seine Integrierung in den Tagesablauf des durchschnittlichen Musikkonsumenten muss unauffällig und mühelos vor sich gehen. Mit anderen Worten: Mach's einfach und gib den Konsumenten was sie wollen.

Die Überlastung durch Information und Medien

Auf dem Ausläufer der Welle der coolen Technologie stehen wir einer einzigartigen Situation gegenüber. Wir haben uns ausgehend von der einst von den politisch motivierten Selbstbeschränkungen der Medienfirmen in den USA und der Trägheit der öffentlichen Sender in Europa hin zu einer heftigen Welle von Medien und Information gewandelt, die rund um die Uhr auf uns zurollt. Mobiltelefone und andere mobile Geräte entwickeln sich zur treibenden Kraft hinter dem Informationsvertrieb, ob uns das nun gefällt oder nicht, es gibt kein Entrinnen. Wir werden alle lernen müssen, wie wir mit dem 15 Meter langen, virtuellen Buffet umzugehen haben.

DIE ZUKUNFT DER MUSIK

EMarketer (www.emarketer.com) sagt voraus, dass 70 Prozent der amerikanischen Haushalte bis 2007 mit digitalem Fernsehen ausgerüstet sein werden, und dass innerhalb von weiteren zehn Jahren eine wohl unbegrenzte Anzahl von Fernseh- und Radiokanälen fast allen in der „Online-Welt" zur Verfügung steht. Man stelle sich einmal 1000 und mehr digitale Programme vor, aus denen man auswählen kann, zusätzlich zu den Gratisangeboten im Internet, wo sich die Zahl der verfügbaren Informationen alle 18 Monate verdoppelt. Da wünscht man sich manchmal, man wäre gar nicht im Netz!

Das digitale Radio wird ähnliche Entwicklungen durchlaufen, wobei es bereits in den USA digitale Radioempfänger (XM und Sirius) für das Auto gibt. Comcast und andere digitale Kabelanbieter haben Movie-on-Demand-Dienste lanciert und Online-Spiele gewinnen monatlich zehntausende Nutzer. Eines der beliebtesten Spiele, Sims Online von Electronic Arts, umgarnt bereits mehr als 300.000 leidenschaftlich loyale Abonnenten pro Monat – und das sind *zahlende* Abonnenten.

Und all dies zusätzlich zur guten alten Killer-Applikation des Internets, E-Mail, die nach wie vor überall zunimmt und immer noch der Spitzenreiter auf der To-Do-Liste der Menschen ist, die das Internet benutzen. Forschungen zeigen, dass in einigen Ländern die Geschäftsleute zwei Stunden pro Tag damit verbringen, E-Mails abzuarbeiten. Man zähle SMS, Chat, Instant Messaging und Networking hinzu und berücksichtige die Tatsache, dass der Tag immer noch nur 24 Stunden hat. Das sieht nach einer ernsthaften Zeitkrise aus.

Gehen wir nochmals zurück zum dokumentierten Trend: Starke Internet-Nutzer verbringen 38 Prozent weniger Zeit mit Fernsehen. Was bedeutet das für die Zusammenführung von Fernsehen und Computer und für die Werbung? Ob und wann Fernsehprogramme (und Werbespots!) im Internet gesehen werden können, werden diese Programme nur eins von einer Unmenge angebotener Kanäle sein? Es ist auch interessant, dass die Menschen immer mehr Geld für „Content" (Medien) ausgeben. Ganze 80 Prozent der amerikanischen Bevölkerung haben bereitwillig eine monatliche Gebühr von 25 bis 80 US$ für Kabelfernsehen akzeptiert, egal wie viele behaupteten, dass niemand jemals für Fernsehen zahlen würde. Heute sind die Menschen noch bereitwilliger, auch für Online-Inhalte zu zahlen: Im Jahr 2001 haben amerikanische Konsumenten 670 Millionen US$ für Online-Inhalte ausgegeben, eine Zahl, die sich 2002 trotz ernster gesamtwirtschaftlicher Lage auf 1,3 Milliarden US$ verdoppelte (eMarketer).

Gemäß Forschungen der Pew Internet Group ist eines der häufigsten

Hemmnisse, die Menschen daran hindern, das Internet zu benutzen, die Befürchtung, von allem Möglichen überrannt und von Informationen überschwemmt zu werden, was gleich mit der Sorge um die Privatsphäre einhergeht. Und das Spiel hat noch gar nicht mal richtig angefangen! Zur gleichen Zeit ergibt eine Umfrage von eMarketer 2002, dass 33 Prozent der Jugendlichen zwischen acht und 17 Jahren das Internet dem Fernsehen, Radio und Telefon vorzögen, wenn sie nur eines davon haben könnten. Ganz klar werden die Kids von heute und die nachfolgenden Generationen damit aufwachsen, das Internet als gegeben anzunehmen (wie Strom und Wasser), und sie werden daran gewöhnt sein, durch eine Flut von Informationen zu schwimmen, die daraus hervorquillt. Man vergleiche dies mit den alten Prä-Internet-Tagen, als wir sieben Tageszeitungen kaufen mussten, um ausreichend objektive Ausführungen über ein Thema zu erhalten.

Man stelle sich vor, jederzeit Zugang zu einer Sammlung von 10.000 und mehr Songs zusammen mit Streams von Nachrichten und Sportanlässen, SMS Messages, E-Mail, Chats, Instant Messages und unseren Lieblingsspielen zu haben – alles in einem Gerät so groß wie eine Brieftasche. Wie entscheidet man, was zu tun ist? Wird man zu einem Informations-Junkie, der konstant seinen E-Mail-Eingang prüft, während er in einer Konferenz sitzt, oder Textnachrichten schickt, während man an der Ampel wartet und mit seinen Kollegen über VoIP spricht und dabei den CNN News Stream anschaut? Welche Nachrichten sind wichtig, welche Musik hört man, welche Mails liest man und welche nicht? Wird das „technische Gebot" uns ausrasten lassen und eine fortwährende Informations-Überbelastung in unseren Köpfen auslösen? Fühlt man sich „ausgeschlossen", wenn man nicht konstant mit Informationen befeuert wird? Wird dies zu einer völlig übersättigten Gesellschaft führen mit Bergen von hausgemachtem und halbgebackenem Content, der die Leitungen verstopft – und unsere Gehirne?

Dieses Thema wird einer der Haupt-Arbeitsbereiche für Firmen sein, die sich mit digitalem Medienkommerz beschäftigen. Vielmehr wird letztendlich die Frage nach dem, *was man Aufmerksamkeit schenkt* die Frage nach dem Zugang dazu komplett ersetzten. Es dreht sich alles nur um Entdeckung und Präsenz.

Die Überwachungs-Gesellschaft und die Bedenken zum Datenschutz

Eines der Hauptbedenken der Menschen heute ist, dass alles irgendwie aufgezeichnet, archiviert und überwacht wird – ähnlich wie *The Truman*

Show, der Kinofilm, in dem ein Versicherungsverkäufer entdeckt, dass sein Leben in Wirklichkeit eine Fernsehshow ist. Mit immer neuen Methoden zur angeblichen Verbesserung der nationalen Sicherheit stellt die amerikanische Regierung jede Woche neue Überwachungsmaßnahmen vor, und die Lobby der Plattenindustrie ist dann nicht weit, wenn unter der Flagge der Anti-Piraterie die Filesharing-Aktivitäten von Millionen von Online-Musikfans verfolgt werden.

Dies beweist der erfolglose Versuch der RIAA gegen Ende 2001, ihren rigiden Anti-Filesharing-Vorschlag, der das Eindringen in die Computer der Konsumenten zur Suche nach illegalen MP3-Dateien legal gemacht hätte, Huckepack auf eine nationale Vorlage zu nehmen, die als Antwort auf die Anschläge vom 11. September lanciert wurde. George Orwell hätte es sich nicht besser ausdenken können.

Die Überwachungs-Gesellschaft hat sich in den Millionen von Videokameras manifestiert, die jetzt an öffentlichen Gebäuden, Banken, Kreuzungen, Tankstellen, Flughäfen und Krankenhäusern hängen. Man sieht es auch an den automatisch lesbaren ID-Karten und biometrischen Sicherheitslösungen, die jetzt aufkommen. Heute existieren bereits diverse Initiativen, die es Firmen erlauben, geplant oder missbräuchlich jeden Schritt der Nutzer im Internet oder in anderen digitalen Netzwerken zu verfolgen. Eine davon ist die Microsoft.Net-Initiative. Zusammen mit Kreditkarten-Abrechnungen und Telefonrechnung können diese Daten dazu benutzt werden, ein wasserdichtes Profil eines Nutzers anzulegen. In den Händen der falschen Leute kann das zu erschreckenden Missbrauchs-Szenarien führen, wie Menschen bei Bewerbungen zu überprüfen, indem man ihre Ausgaben- und Reiseprofile anschaut, oder ihre politischen Neigungen herausfindet, indem man ihre Medien-Abonnements, Reisedaten und ihr Online-Kaufverhalten abcheckt.

Die Menschen sind zu Recht um den Schutz ihrer Daten auf dem digitalen Highway besorgt, auf dem alles von Buchkauf und Zeitungsabo bis Filedownload und DVD-Bestellung verfolgt werden kann. Wenn digitale Medien an einen großen Teil der Bevölkerung über das Internet oder andere digitale Netzwerke geliefert werden sollen, dann muss hierfür eine Lösung gefunden werden, und es bedarf strenger Sicherheitsmaßnahmen und echter Datenschutzgarantien – noch eine gute Chance für junge Unternehmen.

Herz vor Verstand

Die Informations-Gesellschaft hat die Industrie-Gesellschaft auf den Kopf gestellt und die neue Erlebnis-Wirtschaft überfällt die Informations-Gesellschaft. Der erste Internet-Boom wurde teilweise von dem Glauben angetrieben, wenn man unendliche Informations-Mengen geschickt aufsaugt und unsere Kapazitäten für die Datenaufnahme laufend erweitert, könnten wir das Spiel gewinnen, was immer es auch sein mag. So könnten wir vermeiden, in schwarze Löcher gesogen zu werden, wenigstens in kommerzieller Hinsicht. Auf mancherlei Weise reflektierte dieser Gedankenprozess tatsächlich den Glauben an eine Illusion des Verstandes als ultimative Kraft hinter Selbstausdruck und Selbsterfüllung. Das ist: „Wenn ich das lernen und verstehen kann, dann könnte ich wirklich bestimmen."

Allerdings werden uns diese selbstaufgeblasenen Formen und diese gekonnte Selbsttäuschung rechtzeitig wieder einholen. Jetzt ist die Blase geplatzt (tatsächlich platzte sie schon vor Jahren), und die Zukunftsforscher schauen sich Intelligenz und Wissen des Menschen genauer an um herauszufinden, was ihn so einzigartig macht, denn das Ergebnis wird sich sicher in der Zukunft der Musik widerspiegeln. Es ist offensichtlich, dass es sich bei der menschlichen Intelligenz nicht nur um die Fähigkeit des Gehirns handelt, eine Menge Daten aufzunehmen und sich an diese zu erinnern (und sie kombinieren zu können). Stattdessen ist es die Fähigkeit des Verstandes, das *tatsächliche, multidimensionale Erlebnis* zu behandeln, das die Räder der menschlichen Intelligenz rundlaufen lässt.

Das Copenhagen Institute for Future Studies, eines der führenden Zukunftsforschungs-Institute in Europa und eine großartige Ideen-Schmiede, hat den folgenden Faktor umrissen, den *das Herz* anzubieten hat (im Gegensatz zum Verstand): Erfahrung, Identität, Ästhetik, Wertschätzung, Impuls und Emotionen – und wir würden dem noch gerne ganz bescheiden Intuition und Voraussicht hinzufügen.

Eine hohe Informations- und Wissensebene (d.h. „die Macht des Verstandes") wird heute oft als Ausgangspunkt für die meisten beruflichen Situationen angesehen, aber nun beginnen wir eine zunehmende Betonung der kurzlebigen „Sozialkompetenz" zu erkennen. Letztendlich richtet sich dieser Trend auf die Beobachtung aus, dass Technologie jetzt so viele Möglichkeiten anbietet, an Informationen zu kommen und unsere Knowhow-Reservoire zu füllen, dass pure Information nicht länger ein unterscheidender Faktor an sich ist.

Weitaus wichtiger muss Information eine Verbindung zum Unterbewussten schaffen – zum Herzen oder zum Geist, wenn sie als bedeutungsvoller Beitrag hervorgehen soll. Natürlich hat uns das Internet mehr als nur Informationen zu bieten. Wir brauchen auch *Erfahrung*. Das spiegelt sich in Werbe- und Markenkampagnen wider, in denen Werbefachleute das Verkaufsargument „Emotion" maximieren, indem sie emotionalen Inhalt statt oberflächliche Fakten und objektive Daten liefern. Letztendlich ist es das, was eine Marke verkauft – die *Vorstellung* im Verstand des Käufers, das Gefühl. Die ist für die meisten Musikprofis keine Überraschung. Musik verkauft sich nicht aufgrund von objektiven Fakten – z.B. „Er ist der schnellste Gitarrist der Welt" –, sondern weil sie eine geheimnisvolle Verbindung zum Herzen herstellt. Musik verkauft sich, weil sie die Menschen berührt.

Und natürlich wollen wir neben dem Verstand und dem Herzen nicht die Rolle „des Körpers" vergessen, denn Musikmachen ist immer ein Ausdruck von viel Körperbewegung und der Körper reagiert sehr stark auf Musik. Der Körper ist das Vehikel unseres Ausdrucks, und demzufolge die Manifestation von Herz sowie Verstand. Vorreiter in der Körperarbeit, wie der bekannte Moshe Feldenkrais, haben eine Menge Forschung dazu betrieben, wie Bewusstsein und „innere Einstellung" die Körperreaktionen mit Anreizen verändern. Sie haben auch gezeigt, wie sehr der Körper von internen Prozessen und mentalen Bildern beherrscht wird. Wenn die Menschen von Musik berührt werden, dann resultiert das oft in einer körperlichen Empfindung, in „reale" und greifbare Erlebnisse, die weit über die Logik von einfacher Informationsverarbeitung hinausgehen.

Wir bewegen uns in Richtung einer Gesellschaft, in der der Verstand sicherlich recht beschäftigt sein wird, aber in der man auch den Körper konstant pflegt und nährt und in der das Herz die wahren Werte liefert. Und die allgegenwärtige Musik wird unser Soundtrack sein.

Auf in die Zukunft
10

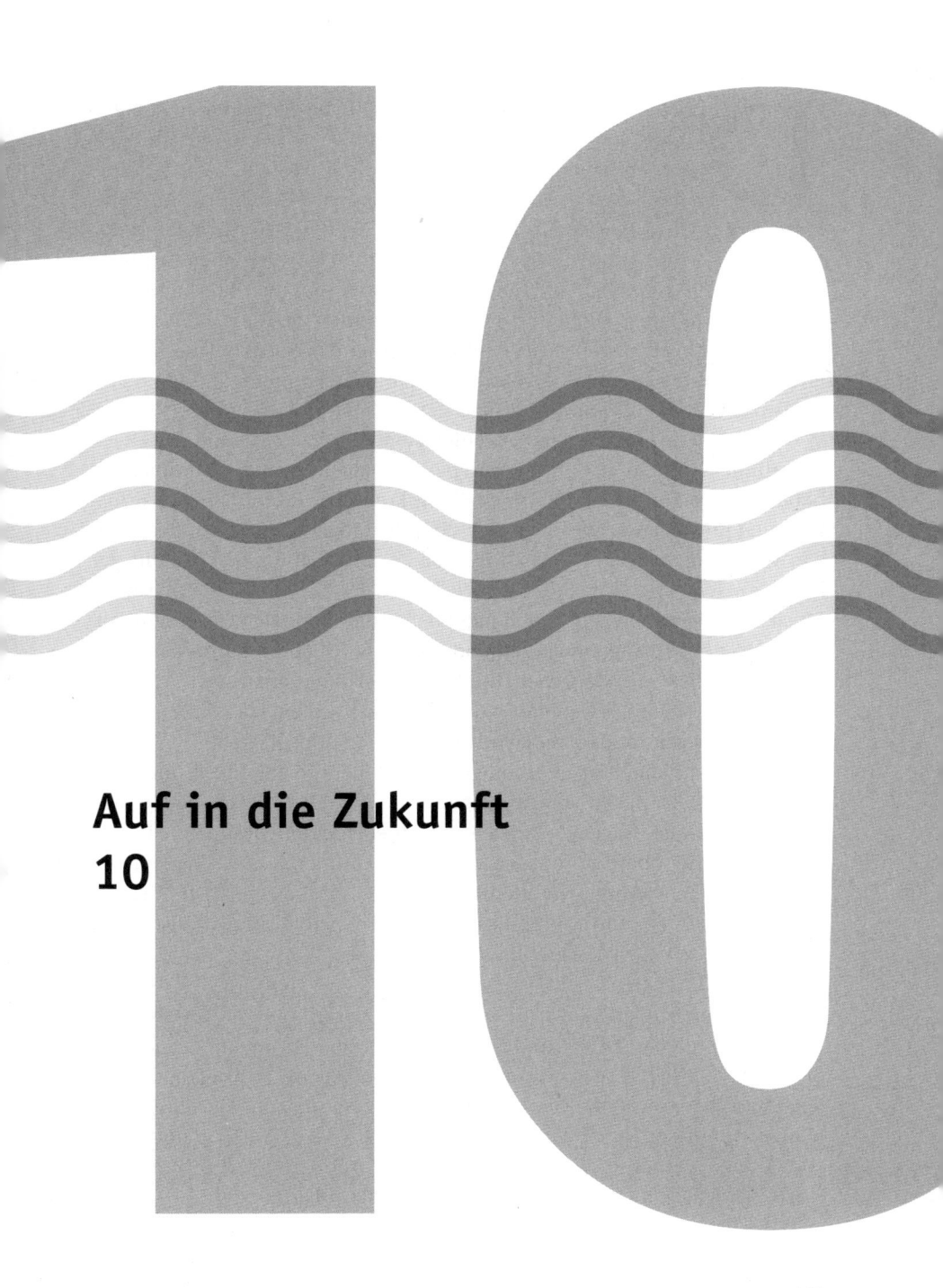

DIE ZUKUNFT DER MUSIK

Der Futurist Alan Kay sagte einmal: «Am besten sagt man Zukunft voraus, indem man sie neu erfindet.» Wie wir in diesem Buch gesehen haben, arbeitet eine ansehnliche Zahl begabter Individuen hart daran, neue Methoden zur Erschaffung, Auslieferung, Vermarktung von Musik zu entwickeln. Sie erfinden die Zukunft der Musik. Das „Musik wie Wasser"-Modell nimmt vor unseren Augen Formen an, während die digitalen und mobilen Netzwerke und die Unterhaltungselektronik ineinandergreifen und ihre Umlaufbahnen um die digitale Auslieferung von Musik ziehen. Selbstverständlich ist das Musikbusiness heute erheblich anders als noch vor zehn Jahren, und die kommenden zehn Jahre werden sich ähnlich, wenn nicht sogar noch transformativer auswirken.

Wir hoffen, wir konnten helfen, einen kleinen Teil der Zukunft der Musik zu erfinden, indem wir Ihnen ein paar mögliche Szenarien vorgestellt haben. Unser Ziel ist es, Ihre Vorstellungskraft anzuregen, Sie zum Erforschen zu provozieren. Sie sollen sich über die Möglichkeiten wundern und wir wollen Sie anstacheln, selber ein Teil der Erschaffung der Zukunft der Musik zu sein. Die einfache Wahrheit hinter der Sache ist doch, dass die Musik den Menschen gehört und nicht den multinationalen Unternehmen, die sie in der Vergangenheit während mehr als 75 Jahren kontrolliert und verwertet haben. Die Menschen, und zwar Musikfans genauso wie Musiker, werden entscheiden, welche Art von Zukunft sie wollen. Sie können sicher sein, dass das ganz anders sein wird als in der Vergangenheit.

Selbstverständlich ist es unmöglich, die Zukunft der Musik mit 100-prozentiger Genauigkeit vorauszusagen. Wir sind uns bewusst, dass einige Abschnitte dieses Buches schnell von aktuelleren Entwicklungen in der Musikindustrie überholt werden, und wir könnten ohne Frage jeden Monat ein neues Kapitel veröffentlichen. Unsere Arbeit mit „Die Zukunft der Musik" ist ein fortwährender Prozess, den wir weiterverfolgen und in späteren Auflagen dieses Buches, in unseren Blogs und in anderen, verwandten Projekten beschreiben wollen.

Wir ermuntern jeden, der dieses Buch interessant und informativ fand, uns in einem dynamischen und interaktiven Online-Forum auf der „Future of Music"-Internetseite (www.futureofmusicbook.com) zu treffen, wo wir das Einstellen von Aktualisierungen zu diesem Buch zum Herunterladen planen. Auf dieser Seite befinden sich auch unser Blog, ein Spiel und Links zum Thema. Ferner finden Live Chats mit den Autoren und mit Unternehmern, Künstlern und Fachleuten aus der Musikbranche auf der ganzen Welt statt Wir freuen uns darauf, von Ihnen zu hören.

Dieses Buch ist Pflichtlektüre in einem Kurs mit dem Titel „The Future

KAPITEL 10 | AUF IN DIE ZUKUNFT

of Music and the Music Business", der am Berklee College of Music gelehrt wird. Der Kurs wird online über Berklees Online Extension School, Berkleemusic (www.berkleemusic.com), angeboten. In ihm kann man mehr über die Zukunft der Musik erfahren und sie erkunden, und zwar aus der Sicht von Künstlern, Musikern und Geschäftsleuten, die sich bemühen, in der Musikindustrie beschäftigt zu bleiben, während sie sich entwickelt. Wenn Sie daran interessiert sind, tiefer zu diesem Thema zu forschen und sich mit anderen zu vernetzen, die sich aktiv für eine Musikkarriere engagieren, dann möchten wir Sie ermutigen, am Online-Kurs teilzunehmen.

Beide Autoren dieses Buches bieten strategisches Consulting und Beratungsdienstleistungen für Unternehmen und Einzelpersonen in den Musik- und Unterhaltungsindustrien an. Für weitere Informationen können Sie uns über die futureofmusicbook.com-Seite erreichen.

Wir wünschen Ihnen eine aussichtsreiche und musikalische Zukunft.

Die Autoren

Dave Kusek ist ein Musiker, der die Zukunft der Musik bereits seit mehr als 20 Jahren erfindet. Er war einer der Ersten, die aus dem kommerziellen Potenzial von Computer und Musik Kapital schlugen. Als früher Pionier von Synthesizern und elektronischer Musik war Kusek immer Vorreiter in Sachen Innovation. Im Alter von 19 war er der Mit-Erfinder von elektronischen Drums bei Synare, die halfen, die Disko-Ära zu begründen. 1980 gründete er seine erste Musiksoftware-Firma, Passport Designs, die es Musikern ermöglichte, ihre Musik mit einer preisgekrönten Software zu Hause aufzunehmen und zu produzieren.

Kusek ist ebenfalls Mit-Entwickler des Musical Instrument Digital Interface-Standards (MIDI), der buchstäblich Millionen Menschen den Zugang zu elektronischer Musik ermöglichte. Neben anderem schafften seine Bemühungen die Voraussetzungen für den Online-Musikmarkt wie wir ihn heute kennen. Kusek arbeitete bei A&M Records, als er 1993 die erste kommerziell verfügbare, erweiterte CD entwarf und entwickelte, die Audio-CDs mit dem Personalcomputer verband. Er produziert ebenfalls interaktive DVDs für BMG Music, Windham Hill Records und Berklee Press.

Heute bringt Dave Kusek seine Innovativen Ideen in das Berklee College of Music in Boston, Massachusetts, USA, ein, seit einem halben Jahrhundert die führende Schule für aufstrebende Berufsmusiker. Kusek ist Vice President of Berklee Media, der Fortbildungsabteilung des Colleges. In dieser Funktion leitet er einige der visionärsten Projekte des Colleges. Diese beinhalten: Berkleemusic (www.berkleemusic.com), die Online-Schule des Colleges mit der ambitionierten Initiative, die Musikausbildung weltweit anzubieten; das Projekt Berklee Shares (www.berkleeshares.com), bei dem das Potenzial von digitalen Netzwerken und der Lizenzierung von Musikinhalten genutzt wird, um eine breite Auswahl von Berklees Lehrinhalten gratis und universell online verfügbar zu machen; und Berklee Press (www.berkleepress.com), die Verlagsabteilung des Colleges. Als Associate

AUTOREN

Professor of Music Business am Berklee College bietet Kusek auch Strategie-Consulting und Beratungsdienstleistungen für Unternehmen und Einzelpersonen in den Musik- und Unterhaltungsindustrien an.

Dave Kusek wurde in *Billboard, Boston Globe, New York Times, Wired, Christian Science Monitor, Associated Press* und *San Francisco Chronicle* zitiert. Er war Sprecher und Referent am Berklee College of Music, bei den Messen MacWorld, Comdex, PC World, NAMM, AES und an der California State University.

Kusek wohnt in der Nähe von Boston und kann kontaktiert werden über die E-Mail-Adresse: dkusek@digitalcowboys.com.

Gerd Leonhard ist ein angesehener Futurist und viel zitierter Visionär, ein bekannter Repräsentant der Musikindustrie und Unternehmer im Musikgeschäft, ein gesuchter Strategieberater der Musikindustrie – und ebenfalls Interpret (Gitarre), Autor und Produzent. Geboren in Deutschland, hat Leonhard mehr als 20 Jahre in der amerikanischen Musik-, E-Commerce- und Unterhaltungstechnologie-Branche gearbeitet. Er ist in den USA genauso zu Hause wie in Europa und wohnt derzeit in Basel, Schweiz.

Während der dot.com-Tage betätigte sich Leonhard als Gründer und Präsident/CEO von LicenseMusic.com, einer Firma, die die Lizenzierung von Musik revolutionierte, indem sie die durchschnittliche Bearbeitungszeit zur Lizenzierung von Musik von sechs Wochen auf zwei Stunden reduzierte. LicenseMusic Inc. bediente zwischen 1996 und 2002 Tausende von Kunden, darunter Disney, Paramount Pictures und Fox TV.

Gerd Leonhard ist Gründer und CEO von ThinkAndLink (TAL), einer spezialisierten Beratungsagentur in Basel und San Francisco. TAL bringt Menschen, Ideen, Firmen und Ressourcen in den sich annähernden Sektoren von Entertainment und Technologie zusammen und forciert ihre Entwicklung. Als CEO von ThinkAndLink bearbeitet Leonhard als Seniorberater die Themen Media Rights Technologies, BlueBeat und ShareTheMusic Networks. Er sitzt im Beirat von Musicrypt Inc. und arbeitet mit Dutzenden von Start-ups und neuen Unternehmungen in den Unterhaltungs- und Technologie-Industrien in Europa und den USA zusammen.

Leonhard war als Executive Producer für den europaweiten Talentwettbewerb EuroPopDays tätig, von 1993 bis 1996 als Expert Advisor on the

Cultural Industries bei der EU-Kommission in Brüssel und als Senior Strategy Advisor bei Rightscom Ltd. in London.

Gerd Leonhard absolvierte 1987 das Berklee College of Music in Boston, USA, mit einem Diplom in Jazz Performance (Gitarre) und gewann den Quincy Jones Jazz Masters Award des Colleges. Seine Auftritt-Referenzen beinhalten internationale Tourneen inklusive Engagements für berühmte Acts wie Miles Davis.

Er wurde zitiert in *Billboard, Variety, Hollywood Reporter, San Francisco Chronicle, Business2.0, Wall Street Journal* und *Wired* und spricht, moderiert und/oder präsentiert fortwährend bei den größten Meetings der Musikindustrie. Er veröffentlicht seine Musikbusiness-Visionen bei MusicFuturist (www.musicfuturist.com) und ist der Begründer des MusicEntrepreneurs Network (www.musicentrepreneurs.com), einer Netzwerkplattform für Unternehmer im Musikbusiness. Besuchen Sie seine Internetseite www.gerdleonhard.com und schauen Sie bei seinem Blog vorbei unter gerdleonhard.typepad.com.

Danksagungen

Vielen Dank den Berklee-Rechercheuren Laura Burczak, Eric Schleicher, Ariane Martins, Margie Braunstein und Doug Hampton-Dowson für ihre Hilfe, die Daten und Geschichten zu sammeln, die wir in diesem Buch verarbeitet haben. Don Gorder, Vorsitzender der Musikbusiness-Abteilung am Berklee College of Music, und Berklee-Professor Peter Alhadef unterstützten uns mit unschätzbarer Hilfe und Rat. Jim Griffin, John Parres und alle Mitglieder der PhoList erhellten unsere Geister und schürten unzählige Male unsere Diskussionen. Und Dank der Electronic Frontier Foundation: Weiter so mit der guten Arbeit. Wir danken auch John Perry Barlow für seine Inspiration und ermutigenden Worte, und Lawrence Lessig und der Creative Commons für den Fingerzeig in die Zukunft. Und letztendlich danken wir unserer Lektorin Susan Gedutis Lindsay, dass sie uns half, dieses Buch zustande zu bringen und unsere Gedanken zu einer einzigen Stimme zu vereinen.

Dieses Buch, das Berklee College of Music und die Autoren stehen in keinem Zusammenhang mit der Future of Music Coalition.